『教』引活水 『研』筑清渠

『双新』背景下高中英语课堂教学的思考与实践

楼蕾 著

图书在版编目（CIP）数据

“教”引活水 “研”筑清渠：“双新”背景下高中英语课堂教学的思考与实践/楼蕾著.—上海：上海教育出版社，2023.4
ISBN 978-7-5720-1958-6

Ⅰ.①教… Ⅱ.①楼… Ⅲ.①英语课-课堂教学-教学研究-高中Ⅳ.①G633.412

中国国家版本馆CIP数据核字(2023)第062928号

策划编辑 刘美文
责任编辑 李清奇 王 璇
封面设计 titi studio 周 亚

“教”引活水“研”筑清渠：“双新”背景下高中英语课堂教学的思考与实践
楼 蕾 著

出版发行 上海教育出版社有限公司
官 网 www.seph.com.cn
地 址 上海市闵行区号景路159弄C座
邮 编 201101
印 刷 上海普顺印刷包装有限公司
开 本 787×1092 1/16 印张 18.5
字 数 382 千字
版 次 2023年6月第1版
印 次 2023年6月第1次印刷
书 号 ISBN 978-7-5720-1958-6/G·1760
定 价 68.00 元

如发现质量问题，读者可向本社调换 电话：021-64373213

序

不久前，收到楼蕾老师发来的新书稿《“教”引活水　“研”筑清渠——“双新”背景下高中英语课堂教学的思考与实践》。第一眼，新书的标题就引起了我的兴趣。我想，这个标题道出了作者对英语教学及教学研究的思考。活水，是指流动不息的清水，象征着活力与生命的能量。打造富有活力的课堂，使之充满生机、智慧与灵动，是教学工作的魅力所在，更是每一位教师的追求。如何创建这样的课堂，楼老师的书给了我们答案，教师的根在课堂，课堂是培育学生学科核心素养的主阵地。而带着课堂教学中的真问题去学习、研究与探索，不断破解难题，创新实践，则为活力课堂、教师的成长成熟和专业发展铺筑了一条清渠。正如楼老师在本书中所说的：师者心中的“源头活水”来自“对教学孜孜不倦的研究”，她多年来也是这样践行的。

认识楼蕾老师已有多年，曾多次听过她的英语课：有写作教学、阅读教学等不同课型，最早的一次是在2008年左右，受虹口区教育学会的委托，去复兴高级中学听学校推荐的两位优秀青年教师的英语课，其中一位就是楼蕾。我也在不同的途径和活动中与楼蕾老师有过交集：普教系统“双名工程”的英语学科名师培训基地和虹口区英语学科高地等，特别是在名师培养基地，与她有了更密切的接触与合作。作为第三期“双名工程”的英语学科名师培训基地的学员，她参与了“高中英语课堂教学设计丛书”《高中英语词汇活动设计》与《高中英语写作教学活动设计》的撰写。给我印象很深的是，她不仅积极参与基地课题研究与实践，还将课题研究在所在区域和学校进一步深化、拓展与延伸。她在虹口区英语学科高地开设了“高中英语词汇教学设计与微课制作”的研训一体化课程，通过线上微课学习和线下工作坊相结合的培训方式将课题研究落到实处，发挥了引领辐射作用。她在名师培养基地写作教学的研究实践中发挥了关键作用，带领小组成员高效完成记叙文部分的撰写工作，同时将上海市复兴高级中学作为我们实践探索的课堂，促进了课题的推进与深入。不仅于此，楼老师还主持了区级课题《高中英语过程体裁写作教学法的研究》，在深入了解和分析高中英语写作教学现状的基础上，关注教师实施教学和学生学习的过程，继续探究过程体裁写作法在高中英语写作教学中的应用。这些都让我看到了一位勤于耕耘、善于研究的老师，她能发现课堂英语教学中的问题，及时抓住自己的灵感和触动，并不断地实践探索和开展行动研究，找到解决问题的途径和方法，最后有所突破。这本记载了楼老师多年来教学研究成果的新书，不仅提供了大量的可借鉴的实践案例，还使我们从中感悟到她“为有活水源头来”的初衷与用心。

在《“教”引活水　“研”筑清渠——“双新”背景下高中英语课堂教学的思考与实践》一

书中，作者基于对于中华人民共和国教育部制定的《普通高中英语课程标准》的学习理解，围绕“英语学科核心素养落实在课堂”，选择了她长期以来带领团队研究探索的语法教学、词汇教学、写作教学和复兴高中英语“博雅课堂”等几个维度，运用丰富的课堂教学实例，诠释了如何在课标的指引下，通过教材内容分析、单元整体设计、教学目标设定、教学活动设计、活动情境创设和过程评价任务等路径，实施体现主题语境、语言知识、文化知识、语言技能和学习策略六要素融合的课堂教学，帮助学生在学习理解、应用实践与迁移创新的英语学习活动中整合发展语言知识与语言技能、增强文化意识、提升思维品质和提高语言能力。这些理论联系实际、充满教学智慧的教学探索，无疑能帮助一线英语教师打开视野，激活思路，联系实际，从而在自己各自的课堂里迁移创新。

本书具体阐述了作者是如何抓住英语教学中的关键问题，从语法、词汇、写作等不同类型的教学入手，坚持通过教学研究改进教学，提升课堂品质，而这些均来源于她多年来孜孜不倦的努力。以语法教学为例，从 2011 至 2017 年，针对语法教学中存在的重规则、轻语用的问题，楼蕾申报了区级课题，并带领团队经过理论学习、实践探索、反思研究和提炼总结，在 2017 年完成了《基于语用的高中英语情境语法教学案例集》，推出了微视频课程《高中英语基于语用的情境语法教学策略》。2019 年开始，基于《普通高中英语课程标准》所倡导的以语言运用为导向的“形式—意义—使用”三维动态语法观，楼蕾又带领她的项目组开始了更深入的研究。他们聚焦如何从学科核心素养和单元视角出发，扎根课堂，依托新教材的单元主题和语法体系思考教学策略；研究如何与单元板块活动相结合，以任务驱动，关注语法教学活动设计的适切性和可操作性，以及活动设计的情境化、策略化、任务化和多元化，并形成了《单元视角下指向核心素养的语法教学设计》的微视频培训课程。正由于她能持之以恒，不断与时俱进以找到新的突破口和生长点，使教学研究得以逐步深入，活水源源而来，英语语法教学课堂得以优化，而这一切都大大地促进了学生的英语学习。

简而言之，楼蕾所著《“教”引活水　“研”筑清渠——“双新”背景下高中英语课堂教学的思考与实践》一书，反映了她“教”和“研”的心得、反思与感悟，集聚了她和所带领团队的努力与教学智慧。衷心希望本书能激发和启迪更多的教师，胸怀教育理想，为教而研，以研促教，引活水，筑清渠，让我们的课堂“活水”源源不断！衷心祝愿更多的青年教师在专业发展的道路上走得更远，飞得更高！

何亚男

（上海市英语特级教师，原上海市第三女子中学特级校长。曾任上海市人大代表、上海市妇联委员、上海市中小学英语教育学会副会长。上海市普教系统一至三期“双名工程”英语学科名师培养基地主持人。）

2023 年 3 月

目 录

第一章

落实英语学科核心素养在课堂

第一节 “双新”背景下英语课堂的转型

一、引言

《教育部关于全面深化课程改革 落实立德树人根本任务的意见》(教基二〔2014〕4号)中提出要培育学生的核心素养,并把其定义为“学生应具备的适应终身发展和社会发展需要的必备品格和关键能力”。核心素养概念的提出具有重大的意义,标示着我国的基础教育课程改革实现了从“双基”(基本知识、基本技能)到“三维目标”到“核心素养”的转变。英语教学,作为中学基础教育的一个重要组成部分,义不容辞地担负着培育学生核心素养的重任。

《普通高中英语课程标准(2017 年版 2020 年修订)》(以下简称《课标》)指出:英语学科的核心素养由四个要素构成,即语言能力、文化意识、思维品质和学习能力。语言能力是构成核心素养的基础要素,不仅包括我们熟知的语言运用能力,还包含了语言意识和英语语感;文化意识体现了英语学科的价值取向,赋予语言运用正确导向和丰富的文化内涵;思维品质注重学生的心智表现,为语言运用注入智慧和动力;学习能力为语言运用能力的有效性提升提供重要条件和保障。总之,核心素养的四个要素相互渗透、融通互动、协调发展,共同成就学生综合素养的养成。继 2018 年国家颁布了全新的高中英语课程标准后,2020 年上海高中英语学科开始全面使用新教材。在这样的“双新”背景下,我们必须以核心素养为导向,以新课标为指引,依托新教材进行新一轮的课程改革和课堂转型。

二、“双新”背景下英语课堂的转型

英语学科核心素养培养的主阵地是课堂。教师必须在课堂教学中,围绕英语课程内容,秉持英语学习活动观来组织和实施教学,才能帮助学生发展语言能力、培育文化意识、提升思维品质、提高学习能力,实现立德树人的根本任务。笔者身为高中《英语》(上外版)①教材的编写者在参与新教材的编写过程中深刻地感受到了“双新”背景下的英语课堂教学必将经历的以下三种变化:

(一) 教学目标从知识技能到核心素养的转变

在过去的英语教学中,教师尤其注重词汇和语法知识,强调单一的技能训练,缺乏语

① 高中《英语》(上外版),上海外国语大学束定芳教授主编,由上海外语教育出版社出版,后文简称上外版新教材。

境，忽略主题，情感态度、价值观教育往往是标签式的，未能将育人目标很好地融入教学内容和教学过程之中。反观现在的新教材，编写之初，我们就明确了教材编写必须体现国家意志，要全面贯彻党的教育方针、落实立德树人的根本任务，培养具有爱国情怀，具有正确的世界观、人生观和价值观，具有构建人类命运共同体意识，具有适应世界多极化、经济全球化和社会信息化能力的人才。因此，我们在教材编写过程中一直秉承“以人为本”的原则，充分考虑学生的发展和需要。教材编写的程度、分量、体系、方法与活动的设计等都应适应和满足学生身心发展的需要。如考虑到高一学生刚升入高中，整本教材的必修第一单元特地设置了 School Life 的主题，通过描述新生入学故事的语篇，让学生产生共鸣，消除进入新环境的紧张感，以积极的态度和信心应对新的学习环境。整套教材中的语言知识和技能由浅入深、由易到难、由简到繁，系统地、循环反复地安排。但是每个单元的教学目标不是仅仅停留于知识与技能，而是指向培育学生的核心素养。如在增强文化意识方面，此次教材编写充分体现了中国特色，坚持语言学习与文化内容相结合，增加反映中华优秀文化的内容，在加深学生对中国文化理解的基础上形成中外文化的双向交流，有意识地引导学生在每个单元主题中通过文化内容的学习和文化对比的活动，增强爱国情怀，坚定文化自信，主动传承和弘扬中华优秀文化。又如在培养学生思维品质方面，高中《英语》（上外版）教材专门设立了 Critical Thinking 的板块，围绕主题情境，整合单元阅读和视听语篇，引导学生通过梳理信息、运用思辨策略、表达个人见解或观点、提出解决问题的方法，提升思维品质。

既然新教材的编写理念有如此大的革新，我们在使用这本教材的时候，也要相应地改变我们传统的以知识技能为核心的教学观念，深刻理解学科育人的重大意义，积极探索基于新教材育人的有效途径。

（二）教学方式从碎片化到主题意义引领，六要素整合的转变

过去教师的教学方式模式化、表层化、碎片化，未能实现对语言的深度学习（即语言、文化、思维的融合），而本次新教材的编写突出以主题为引领，以语篇为依托，在具体语境中帮助学生将语言知识、文化知识、语言技能、学习策略等课程内容要素进行整合运用，从而体现英语学习活动的综合性、关联性和实践性。就单元板块设计而言，每个板块都有相对独立的教学内容和教学目标，但各板块之间从话题和语言上互相联系，互相支撑，输入和输出相结合，理解与表达相结合。为了给学生提供综合运用英语的空间，我们专门设计了 Further Exploration 的板块，展示他们的多元智能与综合素质。此次教材中的活动设计也有机融入了主题语境、语篇类型、语言知识、文化知识、语言技能和学习策略六个要素。教材系统安排基础语言知识和技能训练，更加重视语义、语境、语篇和语用。在问题的设计上思维度明显提高，让学生从观察、发现、比较、分析、推断到归纳、评价和建构自己的观点，教材设置的讨论问题更具开放性，有利于发展学生的多元思维，特别是批判性思维。

由此，我们一线教师在课堂教学中要努力改变碎片化的教学方式，采用以主题意义为

引领的、六要素整合的教学方式，基于对主题的探究和主题意义的深度学习，开展以解读、建构和交流为目的的教学活动，整合语言知识和语言技能的学习与发展，将特定主题与学生生活建立起密切联系，层层递进地开展语言、思维、文化相融合的活动。

（三）教学活动从教师中心到学生中心的转变

在高考的压力下，为了让学生在短时间内，高效地提高分数，许多英语课堂采取灌输式或填鸭式教学，缺乏真实语境下的语言实践活动。学生主要以接受性学习为主，注重知识点的训练和记忆。在此次编写新教材的过程中，笔者发现新教材的活动设计有以下几个特点：第一，强调学习过程。重视学生对学习过程的参与，尤其是思维参与。教材的每一个板块都有一个相对独立的任务，是一个独立的教学活动，并标有活动标题，形成独特的学习过程。第二，重视技能整合。教材活动设计有机整合不同的语言技能，比如 Moving Forward 板块根据单元主题和内容的不同，会整合 Speaking 和 Writing 的技能；Further Exploration 的板块要求学生综合运用各种技能，结合现实生活进行主题意义的探究。第三，加强策略指导。新教材在听说、阅读与思辨等板块都有计划地设计了学习策略指导。每项学习策略都有相对应的教学活动支撑，有目的地培养学生听力理解、阅读理解和口语表达的策略。比如通过关键词来获取信息、辨别文本特征、预测文本大意、根据语境猜测词义、交谈如何开场、继续以及澄清、协商、建议、劝告等。4. 培养学习能力。比如，在语法探究板块，教材采用了"发现式"编写模式，引导学生通过观察、发现、归纳、练习、运用等方式学习和运用语法知识，让学生在发现语言规律的过程中去感悟语言，把握语言特征，从而准确地运用语言。学生发现和体验语言规律的过程也是学生独立学习能力的发展过程。

新教材活动设计的这些特点给我们的启示是，我们要改变传统的以教师教学为中心的课堂模式。我们应该深度挖掘教材的文本内涵，充分利用教材的资源，在教学过程中能灵活把握"生成性"问题以及尽可能采取"开放式"的策略，让课堂"留白"，给学生自由探索、自主思考的时间和空间，激发学生的个性与潜能。

第二节　如何在课堂落实英语学科核心素养

如何培养学生英语学科的核心素养是我们在课程教学中的核心任务，但当前高中英语教学中还存在"核心素养的口号高高挂起，课堂教学活动依旧我行我素"的情况。因此，如何优化英语教学设计，构建有效英语课堂，在引领学生学习英语课程知识和发展"听、说、读、看、写"技能的过程中提高学生英语学科的核心素养，全面提升英语课堂教学价值是目前一线教师们急需思考的问题。下面笔者将从四个方面入手，探究如何落实英语学科核心素养在课堂。

一、采用大单元备课，提升教学设计的站位

华东师范大学的崔允漷教授曾指出：“教师备课从知识点到单元，标志着教师备课的站位提升了，而什么样的站位决定什么样的眼界或格局。以知识点为站位，看到的目标只是了解、理解、记忆；以单元为站位，看到的目标才是学科育人的关键能力、必备品格与价值观念。因此，指向学科核心素养的教学必须要提升教师的教学设计站位，立足单元，上接学科核心素养，下连知识点的目标或要求。”由此可见，立足单元进行备课和教学设计是培育学生核心素养的有效途径。然而，在落实单元教学设计理念的过程中，在如何整体处理单元内容，如何搭建具有整体性和结构化的单元框架上还是存在着困难，甚至有部分教师在理念上并没有认识到位，导致了教学内容碎片化，缺乏整合，学生学习存在仅仅停留在浅层、零散的知识上等问题。那么，我们该如何开展指向学科核心素养的大单元备课呢？

（一）聚焦单元主题，把握单元的关联

第一，要把握好单元之间的关联。不管按照哪种方法进行单元规划，都要充分考虑到单元之间的联系。以高中《英语》（上外版）教材为例，教材内容按话题分布于不同的单元，这些自然单元之间互相关联，既具有并列关系又有递进关系，前一个单元为后一单元的基础，单元之间呈螺旋上升发展。

第二，要把握好同一个单元不同课时之间的关联。单元内各板块的学习不是割裂的。在单元主题的统领下，单元内各板块之间及板块育人功能之间可建立联系，形成具有整合性、关联性、发展性的单元育人蓝图。教师如果忽视了各课时教学内容之间的逻辑思考，那么就无法在单元学习完成后帮助学生建构和生成围绕单元主题的深层认知、态度和价值判断。以高中《英语》（上外版）教材为例，每个单元由八个部分内容构成：Reading A；Grammar；Vocabulary；Listening，Viewing and Speaking；Reading B；Critical Thinking；Moving Forward；Further Exploration。可以根据教学内容的不同进行课时的划分，他们之间是互相关联的，比如：Reading A 部分的语篇为 Grammar 部分的词法句法教学提供语言素材和基本词汇支持，而词法句法教学又为口语、书面表达提供正确的语言框架和语法保障，所以，课时之间的关系应该是既互为支持，同时又层层递进。

第三，要把握好同一课时不同任务之间的关联。我们在设计课堂任务的时候一定要考虑到教学目标的关联性，依此来设计不同的课堂任务。这些任务通常是一个整体任务的不同阶段或步骤，它们是彼此关联、有机衔接的，围绕一个或几个统一的目标。任务有大有小，有分有总，分任务为总任务服务。在设计任务活动时，要保证活动的目的与总任务的目的是一致的。最终，形成有效的任务链，帮助学生达成单元学习的总目标。

下面就以高中《英语》（上外版）选择性必修第二册第四单元为例来说明教师应该如何进行单元主题和板块分析：

2B Unit 4 Disaster Survival

教材分析

本单元属于"人与自然"主题语境中的"灾害防范"主题群，要求学生了解自然灾害与防范，安全常识与自我保护。本单元中的听、说、读、看、写等板块均围绕该主题语境。

Reading A 是一篇记叙文，讲述了居住在旧金山的 11 岁男孩 Leo 在地震发生时的经历与感受，以及他在灾难之后与朋友、市民一起重建家园的信心。Grammar 教学围绕 Reading A 中多次出现的非谓语-ing 形式（包括动名词和现在分词）展开。Listening, Viewing and Speaking 板块中，视听部分包括一则台风"山竹"侵袭中国南部的新闻报道音频，以及一段震中与震后应该如何进行自我保护的教学视频；而口语部分则要求学生协助地方救灾中心调查当地居民对自然灾害应急措施的了解程度。Reading B 是一篇说明文，介绍了台风、洪水、雪崩和山火四种自然灾害的多发地区、成因和影响，以及人类可以采取的应对措施，是对 Viewing 部分地震安全常识的延续和补充。而 Critical Thinking 紧随其后，要求学生结合自身情况以及在 Viewing 和 Reading B 中所学知识，量身定制一个自然灾害应急计划。Writing 板块创设了自然灾害双语科普周的校园情境，要求学生仿照 Reading B，以小组合作的形式用中英双语写一篇介绍自然灾害的说明文，涵盖其定义、危害、成因、多发地区以及对应的救援措施。最后的 Further Exploration 则要求学生以小组为单位进行角色扮演，改编以灾难为主题的故事、小说、回忆录、纪录片、电视剧、电影，并编写人物对白，体会人物情感。

（二）聚焦单元主题，分析学生的学情

单元备课中学情分析的内容应指向学生的"起点学情"。人脑完成意义建构一方面是对新信息的意义建构，另一方面也包含对原有经验的改造和补足。学生的学习是一个积极主动建构知识结构的过程。因此，想要帮助学生逐步构建基于单元主题意义探究的知识结构，教师首先要寻找与该单元主题相关的单元结构化知识的起点，如此才能在后续学习过程中不断扩充、补偿与主题相关的已有认知结构。基于主题的学情分析能帮助教师更加明确学生所掌握的与单元主题相关的前置性知识，更为准确地分析学生的学习困难，从而有依据地设计有针对性的教学过程。

下面就以高中《英语》（上外版）教材选择性必修第二册第四单元为例来说明教师应该如何进行学情分析以及确定单元教学重点和难点：

学情分析

本单元内容涉及自然灾害，该话题对于缺乏相关经历的上海高中生而言较为陌生，在学习过程中不易产生共情，且 Reading 和 Listening, Viewing and Speaking 部分涉及大量超纲词汇以及难度较大的新闻体裁，可能会打击学生的学习积极性。因此教师在单元整体备课的过程中，需要细致地设计每个板块之前的情感铺垫，以及每个板块之间的知识迁

移，并基于学生已有的背景知识和语言技能，建立新旧知识之间的有机联系，扫除可能存在的语言障碍，层层推进，最终将输入转化为输出。此外，教师需要有意识地引入学习策略，从长远角度培养学生的思维品质以及学习能力。

教学重点、难点

1. 教学重点：

(1) 学习自然灾害与灾害防范相关的语汇；

(2) 根据上下文理解动词在记叙文语篇中的意义以及对灾难场景的烘托作用；

(3) 运用 mapping 策略整合听力笔记，把握新闻报道的主要内容。

2. 学习难点：

(1) 综合所学的知识与技能，仿写介绍自然灾害及其对应救援措施的说明文，并量身定制自然灾害应急预案，培养开放性思维能力；

(2) 模拟新闻主播和现场记者，使用恰当的语言形式和语音语调，播报自然灾害相关新闻；

(3) 与受灾群众建立起情感共鸣，体会自然灾害面前的人性力量。

(三) 聚焦单元主题，制定单元教学目标

单元主题处于整个单元统领的地位，学生语言学习最核心的内容就是对主题意义的探究，这是教师帮助学生发展学科素养的关键。因此，大单元备课要围绕单元主题，确定单元教学目标。单元教学目标是总体目标的有机组成部分，基于核心素养有所侧重，但又不是面面俱到。不论是语言能力、文化意识、思维品质还是学习能力的发展都要紧紧围绕单元主题，充分挖掘育人价值，确立单元育人目标和教学主线。确立了单元总体目标后，教师应围绕单元主题深入解读和分析单元内各板块，结合学生的认知逻辑和生活经验，引导学生基于对各板块内容的学习和主题意义的探究，逐步建构和生成围绕单元主题的深层认知、态度和价值判断。每个课时逐步递增的知识结构都是基于对单元主题意义的探究而来的，最终实现结构化知识和单元主题意义的深度融合并促进学生核心素养综合表现的达成。

下面就以高中《英语》(上外版)教材选择性必修第二册第四单元为例来说明教师应如何确立单元教学目标和课时目标：

单元教学目标

通过本单元的学习，学生能够掌握以下六个方面内容：

1. 主题语境：了解自然灾害，以及应对不同自然灾害的安全防范措施。

2. 语篇类型：鉴赏记叙文语篇，分析说明文语篇，接触真实生活中的多模态语篇(如新闻报道)，挖掘主题意义，丰富生活经历，体验不同情感。

3. 语言知识：学习与自然灾害和灾害防范这一主题语境相关的词汇；在语篇中正确

地理解和使用动词-ing形式作句子中的主语、宾语、表语、定语、状语和补语等；理解记叙文和说明文语篇的主要写作目的及其语篇结构特征；熟悉新闻报道的常见语篇结构和语言特点。

4. 文化知识：鉴赏阅读语篇中的修辞手法和动词运用，体验英语语言之美；通过整个单元的学习加深对人与自然关系的理解，从而获得积极的人生态度和价值观念启示。

5. 语言技能：以"看"促"听"，通过多模态形式理解单词在语境中的意义；模拟新闻播报的情境，选择正式的语言形式传递信息，报道自然灾害相关新闻；仿写介绍自然灾害的说明文，并设计个性化自然灾害应急预案。

6. 学习策略：根据图片和关键词预测阅读和听力篇章的主要内容；在有意义的语境中加深对词汇的理解和记忆，构建词汇语义网，扩充词汇量；利用mapping策略梳理笔记，整合信息，把握整体，并在学习过程中监控、评价并反思该策略的运用；培养合作探究意识。

课时分配

课时	内容	教学目标
第1—2课时	Reading A *Survive an Earthquake*	(1) 学习自然灾害和灾害方法相关语汇； (2) 把握比喻、对比、夸张等修辞手法对场景描写、情节推动和情感铺垫的作用； (3) 理解动词在地震场景描绘中的烘托作用； (4) 解读人物情感，体会灾民感受，发现无情灾难中的人性光辉。
第3课时	Grammar: *-ing form*	(1) 掌握非谓语-ing形式的完成式、否定式和被动式； (2) 了解-ing形式作句子中的主语、宾语、表语、定语、状语和补语等。
第4—5课时	Reading B: *How to Survive Natural Disasters?* & Critical Thinking	(1) 了解四种自然灾害的多发地区、成因、影响及其应对措施； (2) 运用mapping策略梳理说明文的框架结构和细节信息； (3) 综合已学的知识与技能，自主制订自然灾害应急预案，培养开放性思维能力。
第6课时	Listening and Speaking	(1) 借助图像拓展自然灾害相关语汇； (2) 锻炼从新闻导语中捕捉关键信息的能力； (3) 运用mapping策略梳理新闻报道的主要信息，整理听力笔记； (4) 以新闻报道的形式将文字输入转化为口语输出； (5) 认识到灾害防范的重要性，并唤醒共情意识； (6) 培养合作学习能力。
第7课时	Viewing, Speaking & Writing	(1) 了解震中与震后应该如何进行自我保护； (2) 模拟调查当地居民对自然灾害应急措施的了解情况，并编写对话； (3) 仿写介绍自然灾害及其对应救援措施的说明文； (4) 进一步认识到灾害防范的重要性，并唤起自救、救援意识。

二、创设“情境交融，生成开放”的有效课堂

著名语言学家、北京外国语大学刘润清教授曾在一篇文章中提出“外语课堂教学的五个境界”。这五个境界按照层次从低到高分别是：

Information——一堂课起码要充满信息；

Facts—教学内容应尽量都是事实；

Knowledge—最好把事实放在一个系统中成为一门知识；

Wisdom—让知识充满智慧，就是让课堂充满智慧；

Philosophy—最理想境界：让智慧上升到哲学。

根据笔者的理解，第一、二个层次注重的是学科知识的传授，却不是“结构化，有设计”的课堂。如果老师在上课的过程中缺乏明确的教学目标和条理性，没有在头脑中建立科学的课堂教学策略模型，这样的课堂即便信息量再大也无法帮助学生实现学科基础知识的有效积累。而要达到第三层次境界则要求教师能高屋建瓴，在课堂教学的目标、内容的设计中关注学科知识的内在脉络，突出知识的系统性和内在逻辑关系，为学生学科思维的训练和素养的培育打下坚实的基础。如若要达到第四层次和第五层次，让知识转化为智慧，让智慧上升为哲学，那就应该创设“情境交融，生成开放”的课堂。它重在“情境性”，要求教师在实施过程中灵活把握“生成性”问题，尽可能采取“开放式”的策略，突出学生在课堂学习过程中的主体地位，给学生充分自主学习的时空。尊重差异，允许学生在思想和行为上的多样性表现，从而促进学生个性、潜能的发展。

课堂教学是动态的生命体，是种种要素复杂交织而又与时俱变的现象。课堂中的每一个人都作为各具个性的、独特的存在，时时刻刻在感悟着、思考着、坚守着、互动着，并且发生着变化。这就意味着教师在课堂上不能仅仅根据教学目标忠实地执行预设的教学计划，控制着学生学习，而应在整合英语课程内容和联系学生生活实际的基础上，科学创设英语情境，增加开放性的任务活动以发挥具体化情境的功能作用。倡导学生围绕真实情境和真实问题，激活已知，参与到指向主题意义探究的学习理解、应用实践和迁移创新等一系列相互关联、循环递进的语言学习和运用活动中，帮助学生发展语言能力、提升思维品质、建构文化意识、学会学习。接下来，笔者将结合具体的案例来谈谈如何创设“情境交融，生成开放”的有效课堂。

（一）“情境交融”的课堂

以语法课堂教学为例，直观的情境可以使抽象的知识具体化、形象化，有助于学生对知识的理解与掌握，并能提高学生学习的趣味性、自主性和积极性。因此，在教授抽象的语法知识时，教师可以有目的地创设恰当的情境，引导学生在情境中体验、理解、归纳语法规则，在真实的语言交际活动中灵活运用语法知识以提高语言运用能力，同时使学生的认知水平、智力状况、情感状态等得到优化与发展。

例如，高三复习被动语态专题时，教师考虑到学生对于被动语态在各种时态中的结构变化已经基本掌握，但是对于“为什么要用被动语态？什么时候被动语态是更佳的选择?”这些深层次的问题，他们完全没有概念，所以当学生在完成翻译或作文这类书面任务时，往往不会自觉地考虑主动、被动的选择，而是“跟着感觉走”，结果常会写出一些没有语法错误但是不符合英语表达习惯的句子。针对这一现象，教师在备课时，尽量把被动语态融入到适当的情境中，从对情境内容特点的分析入手，让学生对于被动语态的语用功能有最直观、感性的认识，并鼓励他们用已学到的语用功能试着分析语篇内容、改进表达方式，在体会到学以致用快乐的同时，把被动语态的学习上升到“知其然，亦知其所以然”的境界。

教师从期中考试的作文题目“Stay hungry stay foolish”入手，引出了美国苹果公司已故CEO乔布斯，并自然而然地引出了维基百科上关于乔布斯和苹果公司的简介。在文章中有两句话，表达的内容是一致的，但是却用了不同的语态，教师请学生对比这两句话，找出它们使用主动语态和被动语态的原因——强调的对象不一样。由此引出了本堂课的主题——被动语态，以及它的第一个语用功能——强调动作接收者。由于苹果在学生中的品牌认知度非常高，所以学生对于这部分的讨论十分热烈。课堂教学也达到了预期的效果。

Steve Jobs

An American business man and inventor who is widely recognized as an extraordinary pioneer of the personal computer revolution. Jobs founded Apple Company on April 1, 1976.

Apple Company

An American multinational corporation that designs and markets consumer electronics, computer software and personal computers. It was founded by Steve Jobs on April 1, 1976.

（二）“生成开放”的课堂

以阅读课堂教学为例，笔者分享的阅读教学案例选取的语篇是《英语（牛津上海版）》高一年级第二学期的第一单元《剧院魅影》（*The phantom of the opera*）。这是根据同名的音乐剧改编的一个跌宕起伏、扣人心弦而又感人至深的爱情故事。针对这样一篇教材文本，教师要对教材和学情进行深入的分析和定位：作为牛津教材首次出现的文学性作品，教师应引导学生对文章的背景、人物和情节进行简单的文学赏析，培养学生的批判性思维。由此，制订明确的教学目标，从背景设置、人物刻画、悬念制造和结局留白四个维度来赏析这篇文本。

理想的课堂永远是火花四溅、能源充沛的思考世界。为了让更多的学生能积极思考，表达自己的观点，教师在课堂讨论环节设计了一个开放性的活动。首先，教师在黑板上依次写下能引发学生深入思考的问题，如“克里斯汀最后亲吻魅影是出于同情吗?”等等。然后，教师把教室划分成三个区域：Agree（同意），I can't decide（不能确定）和 Disagree（不同意），并请学生根据自己的观点走到相应的分区，如果不能确定就走到 I can't decide 的区域。在分区完成后，各区的学生必须从书中找到确凿的证据来捍卫自己的观点，进行辩论。如果某个学生被对方说服了还可以随时调换立场，走到相应阵营去。一时间，教室里你来我往，唇枪舌剑，气氛好不热烈。教师对于学生的各抒己见并不发表结论性的意见，而是全程鼓励和引导学生表达自己的看法，认真聆听他人的观点。这节课上教师给予学生充分的话语权，就像一个导演，在其所营造的和谐、宽松、平等的氛围中，用一个个精心设计的问题和开放性的活动保护了学生进行批判性思维的积极性，培养了学生深层次阅读文本并援引文章中确凿的证据来捍卫自己观点的能力。

本课的教学还体现了“差异化”的特点。“差异”即多样化，意味着不同的思维方式、不同的学习风格。“差异”绝不是课堂教学的绊脚石。恰恰相反，它是课堂教学的原动力，因此我们在课堂教学时要尊重差异，利用差异。如在本课讨论文章结局的环节中，有一个学生说不喜欢原文的结尾，而把结局改写为魅影跳到了湖中，穿越到了 21 世纪整容业十分发达的韩国。韩国的医生改变了他丑陋的面貌，使他成为万众瞩目的超级歌星。这个结局的改写应该说并不符合文章的基调，有些过于天马行空，但如果教师否定了这种奇思异想，则会极大地打击学生的积极性。因此教师充分肯定了她的创意，把她的回答评为最富有创意的结局。同时也引导学生去思考并比较读者在读完这样完满的结局和文本中的结局后，会有什么样不同的体验。学生在冷静思考后大都认为如果魅影整容后，从外在到内里都成为了完美的人，那就失去了神秘性，反而失去了原有的魅力。书上的结局虽然留了许多遗憾和疑问，但正因为读者心中有了这些问号，才会对这部作品心存牵挂，无法释怀。如此，教师把握住了课堂生成的契机，尊重差异，既保护了学生创新性思维的积极性，又使学生对文本的理解上升到了一个新的境界。

总之，课堂不仅是一个“名词”，还是一个“动词”，一个拥有偶然性、混沌性、复杂性的“生命体”。我们希望通过创设“情境交融，生成开放”的有效课堂，能不断提升课堂教学的境界，将知识和能力转换为素养，激发学生的个性与潜能。

三、实施六要素整合的学生评价

（一）引言

课堂教学活动主要由教、学、评等活动构成。一般来说，教师对教和学的活动比较重视，而对评的认识不够清晰准确。传统课堂活动评价模式的主体单一化，并且教师对学生的评价反馈通常以分数或字母等级作为定论，缺乏在教学活动过程中的评价。千变万化的课堂活动过程及其动态表现最终仅凭考试分数来测量，对学生缺乏指导性和可操作性。这种主体单一的终结性评价模式，不仅忽略了师生间的双向交流，更忽视了学生的主体地位。长此以往，学生被动地受评、被动地学习，不利于其在英语学习过程中的核心素养的发展。

《课标》围绕着课堂教学评价提出了新的要求：首先要突出学生在学业评价中的主体地位，关注学生的全面发展和进步。"学生是学习的主体，也是评价的主体"，这是课程改革的重要理念。学生成为学业评价的主体，依据课程目标对自己的学习和发展状况进行判断与评估，有利于学生自我认识，自我激励，主动发展。其次，注重评价方式的多样性和合理性。评价有多种方式和途径，也有不同的表述，我们平时往往重视终结性评价而忽略形成性评价。形成性评价是指在教学和学习过程中收集信息，并根据信息来改进教学、促进学生的学习和发展。实际上就是教师、学生，或者是其他参与课堂教学活动的人员，对教师的教和学生的学进行监控、观察、反思、调整。

《课标》倡导的评价方式符合建构主义的学习理论。建构主义理论的核心观点有三：一是学习者和教师在学习过程中的地位和作用不同。学习者是学习的主体，应该通过自身努力而积极参与到对周边世界和自身经历的知识建构当中去；教师在此过程中充当中介角色，只为学生提供必要的帮助和引导。因此，"当学习者学习时，他们应当积极地去理解周围的语言输入以及学习任务。在这个过程中，教师帮助并鼓励学习者进行建构是很重要的。教师不应当把他们当成知识的被动接收者"（Williams & Burden，2011：16）。二是学习活动存在有意义和无意义之分。有意义的学习活动不仅在于学习知识本身，更在于对知识本质的理解和方法的掌握。学习者积极参与建构自己的知识体系活动，在该过程中，学习者不仅掌握和理解已知知识，更会建立个人对世界和经历的新认识。三是学习产生的环境能够对该环境中的学习活动产生深刻影响。学生的学习活动从来都不可能在与世隔绝的情况下发生，它总是在一定的社会环境中进行，这些环境有利于学习者的情感认知和知识建构。建构主义对英语课堂教学评价模式的改进有一定的指导作用。建构主义强调在良好的学习环境中以学生为主体，进行师生评价、学生互评和自评，倡导英语课堂评价中师生之间和生生之间的交流与协作。这样的课堂教学评价有助于反馈信息、强化认知、激发动机、激励情感以及引领价值观念，发挥、促进教师有效教学和学生有效学习的重要作用。

（二）六要素整合的评价实践

1. 评价任务的设计。

（1）评价任务的具体目标。

基于《英语（牛津上海版）》①高二年级第二学期 Unit 3 的课文 *The many meanings of color* 笔者设计了本次课堂评价任务。阅读文本是一篇杂志上刊登的文章，属于说明文体。文章通过介绍色彩性格研究，从色彩的意义、影响以及色彩在我们日常生活中的应用来说明色彩是一种强大的工具，希望读者看完这篇文章后能加深对色彩的理解并重视色

① 《英语（牛津上海版）》，上海市中小学（幼儿园）课程改革委员会编，上海教育出版社出版，以下简称牛津上海版教材。

彩在我们生活中的作用。本节课为针对文本学习的第二课时。在第一课整体阅读中，学生已经了解了文章的大意，理清了文章框架结构并基本掌握了课文中提到的色彩的各个方面。在此基础上，学生将把课文内容和自身以及生活实际联系起来，进一步体会到掌握生活中的“色彩密码”对于我们认识自身和周围世界的积极作用。本次课堂评价的目标是通过学生在主题情境中把本单元所学的有关色彩的知识运用到生活中去解决实际问题的活动来评价学生是否真正掌握色彩在生活中的意义和象征，以及能否在表述中得体地运用本单元所学的主题词汇和句型。

（2）评价任务的具体细则。

评价活动任务：请你扮演色彩方面的专家，根据四个客户不同的诉求，为他们提供有关色彩方面的建议，解决他们的实际问题。

评价活动组织形式：个人展示，小组评价。

As color experts, give suggestions to the four clients about their color choices.

Task: ***As color experts, give suggestions to the four clients about their color choices.***

For this task, you will:

- Review what you have learnt about the meanings and effects of color in the text.
- Search for more related information on the Internet and elsewhere.
- Have a discussion within the group.
- Give a presentation on behalf of the group within 3 minutes.

Specific Guidelines:

1. Data collection
    - Read for information about the meanings and effects of color from the textbook.
    - Search for more information about how color is applied in daily life on the Internet.
2. Organization of the speech
    - Indicate your awareness of the important role color plays in daily life.
    - Prepare and present your speech with proper aids.
    - Use as much language related to this topic as possible, including the language describing the meanings, effects and applications of color.
    - Use the sentence patterns which indicate the relationship of cause and effect.
    - Develop the introduction in a complete and coherent presentation.
3. Presentation of the speech
    - Be aware of your audience.
    - Deliver your speech with proper body language.
    - Give your presentation with proper tones, pauses and repetitions.

(3) 评价活动所涵盖的六要素的相关内容。

主题语境

本单元属于"人与社会"主题语境,通过要求学生了解色彩的意义、影响以及与性格的联系,激发学生探究世界与认识自我的兴趣;色彩在生活中的应用能激发学生的深度思维,帮助其运用已知的关于色彩的知识去分析、探究一些日常现象背后的原因并解决一些实际的问题。

语篇类型

本活动是口头表达形式的说明文文体,学生需要用恰当的辅助材料来完成任务。

语言知识

有关色彩体现性格的语言知识,如:energetic、adventurous、in control、ambitious、optimistic。

有关体现性格和色彩联系的语言知识,如:remind... of, associate... with, symbolize, stimulate。

有关体现色彩在生活中应用的语言知识(表因果),如:It is not surprising that... /It is only natural that... /It is no secret why...

语言技能

本评价任务主要涉及"说"的技能。

以口头或书面形式传递信息、论证观点、表达情感。

在口头表达中能借助连接性词语、指示代词、词汇衔接等语言手段建立逻辑关系。

根据表达的需要选择词汇和语法结构。

使用恰当的语调、语气和节奏,提高表达的自然性和流畅性。

根据表达意图和受众特点,有意识地选择和运用语言。

在口头表达时运用目光、表情、手势、姿势、动作等非语言手段表达意义。

讲话时进行必要的重复和解释。

文化知识

了解色彩在不同文化中的象征意义。

了解常用英语词语表达方式的文化背景;对比汉语词语相似的表达方式,丰富历史文化知识,从跨文化角度认识词语的深层含义。

了解中外文化的差异与融通,在跨文化交际中初步体现交际的得体性和有效性。

学习策略

本活动相关的学习策略体现在学生:

对所学内容进行整理和归纳。

借助手势、表情等非语言手段提高交际效果。

通过解释、澄清或重复等方式克服交际中的语言障碍,维持交际。

有学习英语的兴趣,主动参加各种学习和运用语言的实践活动。

有合作学习的意识,愿意与他人分享各种学习资源。

在获得的信息与个人的经历之间建立有意义的联系。

根据目标,实施并监控计划的实施过程和效果,根据需要调整自己的目标与计划。

根据主题表达的需要,列出主要信息,组织基本信息结构。

借助语音、语调、重音和节奏的变化以及眼神、手势等手段进行交流。

遇到沟通障碍时,通过解释、复述、举例等手段重建交流。

监控交际中语言运用的得体性,并根据需要做出相应调整。

(4) 六要素整合的评价量表。

组别__________ 小组成员____________________

表现指标 (主要针对上述六要素的考虑)	下级指标(表现评估)	评分		
语音语调	语音语调准确恰当			
	有部分语音语调错误,不影响理解			
	语音语调的错误明显,影响表达的内容			
主题语言使用	有丰富的有关色彩及其应用的语言,且正确使用			
	有较多的有关色彩及其应用的语言,且正确使用			
	有关于色彩及其运用的语言,数量较少,使用有错误,但不影响理解			
	有关于色彩及其运用的语言,数量很少,使用有较多错误,影响理解			
语法结构使用	有丰富的名词性从句,且使用正确恰当			
	有较多的名词性从句,且使用正确恰当			
	有名词性从句,数量较少,使用有错误,但不影响理解			
	有名词性从句,数量很少,使用有较多错误,导致影响理解			

（续表）

表现指标（主要针对上述六要素的考虑）	下级指标（表现评估）	评分		
主题内容（色彩的意义、色彩的作用、色彩在日常生活中的应用）	能根据客户的诉求，运用本单元所学的有关色彩的知识，提出有针对性的建议，解决客户的实际困难			
	能根据客户的诉求，运用本单元所学的有关色彩的知识，提出合理的建议，基本解决客户的实际困难			
	能根据客户的诉求，运用本单元所学的有关色彩的知识，提出完整的建议			
现场表现	表达流畅且富有激情，有恰当的肢体语言			
	表达较流畅，缺乏激情，有一定的肢体语言			
	表达不流畅，没有激情，没有肢体语言			
小组合作	小组内分工明确，互动合作良好			
	小组内有较明确的分工，互动合作较好			
	小组内无明确分工，互动合作有障碍			

2. 评价活动的实施过程。

第一，评价活动前的教材，并进行学情分析。

教材分析

(1) 从文本的体裁看，本文属于说明文。在说明色彩的意义、影响和作用时，大量运用了举例说明和阐明因果关系的方法，教师可以引导学生关注表述因果关系的句型。

(2) 从文本的结构来看，文章由四大部分组成，脉络清晰。第一、二段讲述色彩与性格的联系；第三段讲述色彩的象征意义及影响；第四、五、六段介绍了色彩在我们日常生活中的应用；第七段总结了色彩是一个强大的工具。本课的教学活动设计和情境创设就是围绕文本这四个方面展开。

(3) 从文本的内容来看，色彩的意义、影响以及与性格的联系很容易引起学生探究世界与认识自我的兴趣；色彩在生活中的应用能激发学生的深度思维，帮助其运用已知的关于色彩的知识去分析、探究一些日常现象背后的原因并解决一些实际的问题。

(4) 从文本的语言来看，虽然文章篇幅较长，生词较多，但大都为描述性格或体现色彩象征意义及作用的主题词汇，如 ambitious/optimistic/remind... of/associate... with/symbolize/stimulate 等以及表述因果关系（cause and effect）的句型 It is not surprising

that.../It is only natural that.../It is no secret why...等。教师在授课时可以结合文本主题,创设适当的情境,引导学生在语境中进一步理解并运用这些主题词汇及句型。

学情分析

(1) 学生在高一和高二上半学期已经学习过近十篇说明文体裁的课文,对于说明文的体裁特点,如通过举例来阐明事理等比较熟悉。

(2) 学生对于本话题的兴趣比较浓厚。通过第一课时的学习,学生已经了解了文章的大意,理清了文章框架结构并基本掌握了课文中提到的色彩的意义、影响和应用。

(3) 对于文本中出现的主题词汇和句型,学生通过第一课时的整体阅读,在上下文语境中初步理解了其意义。

第二,设定评价活动前的教学目标。

教学目标

By the end of the lesson, the students will be able to:

(1) Have a further understanding of different color meanings by associating them with their own personalities and feelings.

(2) Talk about how colors are used appropriately in life by applying color effects to some practical problems.

(3) Learn how to use some words and sentence patterns properly by practicing them in different contexts. (fascinating/remind... of/associate... with/symbolize/stimulate/It is not surprising that.../It is only natural that.../It is no secret why...)

(4) Be aware of the importance of color code in life.

第三,评价活动前的教学内容。

(1) 学生通过教师所给的提示推测出教师的性格,再根据文本中色彩与性格的联系猜出教师偏爱的色彩是"黄色"。这个活动既自然地引出话题,也帮助学生复习了第一课时所学的内容。师生对话中复习了词汇 preference/optimistic/ambitious。学生仿照教师,通过选择色彩偏好和谈论文本中相应的性格描述是否符合实际的活动,既复习了文本内容,又把它和自身联系起来。

(2) 通过谈论自己最喜爱的色彩的意义,学生不仅回顾了文本的相关内容,还适当展开想象,并在语境中运用了 remind... of, symbolize 和 be associated with 等目标词汇。针对重点词汇 symbolize,教师利用生动的图片让学生在语境中进一步理解其意义并操练其用法。

(3) 通过复习文本中色彩在生活中的应用,引出表示因果关系的三个句型,教师引导学生在语境中归纳其语用功能,并创设情境让学生运用上述句型,联系色彩的意义和影响解释生活中的一些常见现象。

第四，评价活动的教学。

（1）创设情境。

Suppose the students are color experts and there are four clients who have difficulty in color choices.

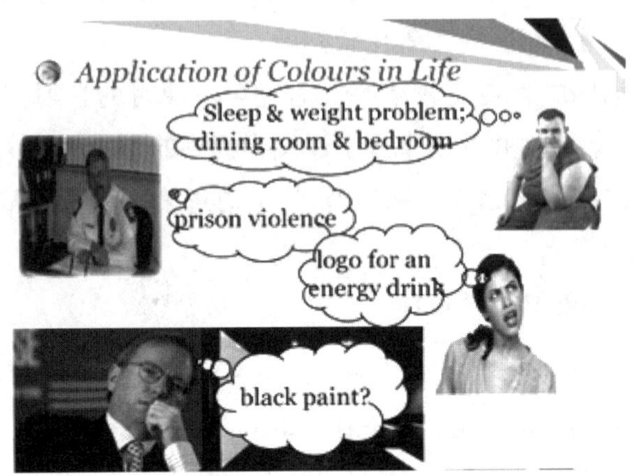

1）Tom has both weight and sleep problems. (Colors for his dining room and bedroom)

2）Mr. Smiths is a warden and wants to reduce prison violence. (Color for the prison walls)

3）Helen works for an advertisement company. (Color for the logo of an energy drink)

4）Mr. Green is CEO of a network company. (Colors for the offices)

（2）分组和布置任务。

让学生扮演色彩方面的专家，把今天所学的有关色彩的知识运用到生活中去解决实际问题，根据四个客户不同的诉求，为他们提供有关色彩方面的建议。同时，鼓励学生在表述中运用今天所学的主题词汇和句型。

Ask the students to apply what they have learned about color to the real life and give suggestions to the four clients about the color choices. (The students will be divided into four groups and one task for each group.)

（3）介绍评价量表和活动细则。

教师向学生介绍评价量表的维度，引导学生从语音语调、主题语言使用、语法结构使用、主题内容（色彩的意义、色彩的作用、色彩在日常生活中的应用）、现场表现和小组合作几个方面来观察别的小组的表现，并按照量表的下级指标来打分。最终根据评分量表评选出最佳小组。

3．评价活动的实施效果。

（1）评价活动的有效性。

此次课堂评价活动是对整节课所学内容的综合运用和评估，包括内容和语言。在内容方面，通过此次评价活动，确实可以看到学生对某些色彩的意义和作用掌握得比较好，如为减肥、失眠的客户设计餐厅、卧室的颜色和为功能性饮料标签设计颜色时，学生可以很轻松地选出适合的颜色并联系色彩的意义讲出理由。但是对于监狱墙壁和网络公司办公室的色彩选择，学生则一筹莫展，可见对于某些色彩的意义与功能掌握得并不牢固。在语言方面，学生大都能运用本课所学的词汇来表述，但是对于表示因果的句型则需要教师提醒才会记得使用。教师可以针对此次评价活动中学生表现出的不足，在后续的教学活动中进一步帮助学生巩固。

（2）评价实施后的教学反思。

此次课堂评价活动也存在一些不足：1）由于课时有限，没来得及请各小组根据量表打分，因此打分是在课后完成的，也少了各小组之间互相点评的步骤。今后将合理安排课堂内容，留出充分的时间。2）评价量表设计存在不合理的地方。如在“能根据客户的诉求，运用本单元所学的有关色彩的知识，提出有针对性的建议，解决客户的实际困难”这条下级指标中应该不光要求学生提供色彩选择的建议，还需他们提供选择的理由，自圆其说；再如，对于小组合作的评价，下级指标过于笼统，学生很难根据量表打分。应该把小组合作的指标具体化，如小组分工要落实到人，由组长在展示的时候依次介绍；小组展示如果由多个小组成员一起展示可以加分等。

综上所述，有些教师会认为在一节 40 分钟的课上进行评价会浪费宝贵的教学时间，但其实形成性评价是和我们的教学活动相伴而生，不可分离的。教师应在教学过程中树立评价意识，精心设计评价活动和量表，巧妙地融教学和评价为一体，使得教学活动顺利、高效完成。

第二章 高中英语语法教学实践研究

第一节 "双新"背景下的语法教学

一、高中英语语法教学现状分析

英语语法教学在高中英语教学中占有重要的地位,其成效在一定程度上影响着学生的英语水平。第二语言习得的实践与研究结果表明:忽视语法教学会导致英语学习者语言质量的下降。因此,语法教学重新受到了大多数外语教学工作者的重视,成为当今国内外英语教学论坛上的热门议题。但是传统语法教学的原则、策略与方法必须改革,它们必须为学生在现实生活中运用语言进行交际服务。

在语法教学中,教师常有这样的困惑:鉴于语法在高中英语学习中的重要性,教师往往会花比较多的时间教授某一语法项目。学生通过教师的讲解和操练,能记住语法结构,完成诸如选择、改错等语法练习,但却不能正确适切地运用到翻译、写作和日常会话的交际活动中,在语言表达方面依然存在许多困难和问题。比如,学生很容易通过机械练习掌握否定词提前引起部分倒装的句子结构,但在写作时却不会想到运用部分倒装结构"Never will I forget such an experience."来强调一段难忘的经历;再如,学生知道可以用虚拟语气中的非真实条件句"If I were you, I would..."来向他人提建议,却不清楚什么场合,对什么样的人使用。学生在语法学习中出现的种种问题和教师教授语法的理念、策略和方法密不可分。可以说,目前的语法教学存在着"费时低效"的现象,比较突出的问题有:

第一,教师对语法本身的认识不全面。很多教师把语法与语音、词汇一起归类为"语言知识",而非"语言能力",所以通过知识传授的方法来教学,通过大量书面单项练习来操练,通过书面测试来评价。这样做,把语法教学孤立起来,未能与听、说、读、写其他技能训练结合在一起促进学生语言交际能力的发展。

第二,语法教学重形式,轻意义,忽略语用。很多教师比较注重语言形式,即语法结构和规则的讲解、记忆和操练,却往往忽略了语法结构表达的意义,尤其是语法结构具体的使用场合,即语用条件。因此,学生虽死记硬背了语法规则的条条框框,但由于脱离了语义和语用,并不能把它们正确适切地运用到实际的语言交际活动中。

第三,语法教学脱离情境,停留在单句层面。大多数教师在语法教学中给学生的语言输入量很少,而且大都是脱离了特定场合与上下文的例句。语法操练的形式也多为单句层面的选择题或句型转换。长期用这种脱离情境,以孤立的单句为主,仅注意字面意义的方法进行语法教学会导致学生在真实情境中用英语进行交际或阅读英语原著时就会遇到

困难，因为课堂上学习的语言与实际生活中使用的语言相距甚远。(左焕琪，2011)

二、如何理解指向核心素养的语法教学？

《课标》指出：学科核心素养是学科育人价值的集中体现，是学生通过学科学习而逐步形成的正确价值观念、必备品格和关键能力。英语学科核心素养主要包括语言能力、文化意识、思维品质和学习能力。核心素养目标的达成需要落实在英语教学的各个环节。语法教学在高中英语教学中占据着非常重要的地位。它不仅是学生语言学习的重要组成部分，也是提升学生学科核心素养的重要途径。

(一) 语法教学与语言能力

高中阶段英语语法知识的学习是义务教育阶段语法学习的延伸和继续，应在更加丰富的语境中通过各种英语学习和实践活动进一步巩固和恰当运用义务教育阶段所学的语法知识，学会在语境中理解和运用新的语法知识，进一步发展英语语法意识。在日常语法教学中，教师应改变过去重“形式”、轻“运用”的语法教学方法，要更加关注目标语法的语用功能，要将语法教学融入基于主题语境的听、说、读、写、看等教学活动当中，使学生通过大量的专项和综合性语言实践活动，理解口头和书面语篇所传递的信息、观点、情感和态度，并运用所学语法项目通过口头和书面等形式创造新语篇。这些活动是学生发展语言能力的重要途径，也是不可多得的语法学习的过程。

(二) 语法教学与文化意识

在核心素养的背景下，很多教师都有一个疑问：语法知识点比较零碎，教师该如何在语法教学中培养学生的文化意识呢？其实，语法教学是依托语料来进行的。语料是语言教材的基础，是体现语法功能、实现语言交际的“血肉”。教师可以精心选取适合目标语法的语料并深挖它的语言文化内涵，从而将文化意识的培养渗透在语法教学中。除此之外，教师可以为语法教学巧妙地创设各种涉及中西文化、习俗、历史等的语言情境，让学生身临其境，在不知不觉中获得文化的浸染。

(三) 语法教学与思维品质

语言是思维工具，也是使思维外显的手段。思维需要借助语言，而语言学习又能促进思维的发展。《课标》指出：思维品质是思维在逻辑性、批判性、创造性等方面所表现的能力和水平。高中英语课程应达成的思维品质目标是：使学生能辨析语言和文化中的具体现象，梳理、概括信息，建构新概念，分析、推断信息的逻辑关系，正确评判各种思想观点，创造性地表达自己的观点，具备初步运用英语进行独立思考、创新思维的能力。在语法教学中，教师应尝试运用多种语法教学策略促进学生英语思维的发展，同时提升英语语法教学的效率。比如：指导学生通过观察，理解目标语法在具体语境中的意义，培养思维的逻辑性；引导学生通过比较、分析和总结等手段，解释具体文本中目标语法的语用功能，培养思维的批判性；通过创设任务情境，让学生在语言实践活动中运用语法进行交流与表达，培养思维的创新性，等等。

（四）语法教学与学习能力

《课标》对于学习能力的定义丰富了，它不单指某种特定的学习方法或学习策略，还包括在学习过程中对于学习策略的调控和管理，以及更广泛的学习态度与价值观。语法教学可以促进学生学习能力的培养，在乐学善学、选择与调整、合作与探究三个方面都有所体现。首先，语法教学可以和听、说、读、写、看等各类课堂活动结合起来，调动学生的学习积极性，使学生对于英语语法学习有持续的兴趣和明确的学习需求及目标。在语法运用的各类活动中积极用目标语法进行交流表达，化被动学习为主动探索，做到会学、爱学；其次，教师在语法教学中应加强对学习策略的指导，例如引导学生运用认知策略，从形式、意义和使用三个角度关注和学习语法，善于发现语言规律，并能运用规律举一反三；最后，语法教学可以帮助、培养学生的探究能力与合作能力。教师应改变“满堂灌”的教学方式，引导学生在合作学习活动中主动探索语法现象、概括语法规则和语用功能，并引导学生在语境中使用。长此以往，学生便能逐渐形成自己概括归纳语法规则并加以运用的探索能力，并在语言交际中正确、恰当地运用语法。

三、“双新”背景下的语法教学应关注哪些方面？

（一）语法教学要基于主题语境

《课标》对英语课程内容提出了新要求，增加了“主题语境”与“语篇类型”等要素。依照《课标》对语法教学的要求，教师需要以主题语境为依托，聚焦主题，从语用层面开展语法教学。主题语境由“主题”与“语境”两个概念合成。“主题”指围绕与人们生活、学习和工作相关的某一范围展开的话题类别，为语言学习提供内容范围。《课标》列出了“人与自我”“人与社会”和“人与自然”三大主题，各个主题涉及相应的主题群及主题群下的子主题，涵盖人文社会科学和自然科学领域等内容，为学科育人提供话题和语境。主题语境为语法学习提供场域依托，为语法理解提供意义支撑，为语法运用提供语用载体。教师要引导学生在语境中理解目标语法的功能，培养学生在语境中学习语法的能力。

（二）语法教学要做到任务化、策略化和多元化

核心素养背景下的语法教学要求教师改变碎片化的、脱离语境讲解语法的教学方式，语法教学要做到任务化、策略化和多元化。首先，在教学中，教师应根据学生实际需求，围绕“形式—意义—使用”采用和设计不同类型的学习实践活动，以既有层次又强调整合的多种教学任务来培养学生英语语法意识，提高学生运用语法的能力；其次，要加强学生语法学习的策略指导，有效使用语法学习策略有助于提高学生学习英语的效果和效率，有助

于学生发展自主学习的习惯和能力；最后，教师要把语法教学与听、说、读、写、看等技能结合起来，加强语言实践中的语法运用，切实提升学生的语法学习效果。

第二节 单元视角下的语法教学

一、语法教学与单元各板块结合的必要性

《课标》所倡导的英语教学语法观：以语言运用为导向的"形式—意义—使用"三维动态语法观。《课标》也提出：高中阶段英语语法知识的学习是义务教育阶段语法学习的延伸和继续，应在更加丰富的语境中通过各种英语学习和实践活动进一步巩固和恰当运用义务教育阶段所学的语法知识，学会在语境中理解和运用新的语法知识，进一步发展英语语法意识。那么，教师在备课过程中不仅要在一节微观的语法课堂中围绕"形式—意义—使用"采用和设计不同类型的学习实践活动，更应在单元的宏观整体设计中以语境为依托，体现对语法知识的理解、加工和内化，最终达到表达恰当意义的语用效果，促进学生交际能力的发展。而在"双新"背景下，新教材高中《英语》(上外版)每个单元各板块所形成的有机整体就起到了"培养皿"的作用，在同一主题语境下提供了充分的语言输入、语言输出和内循环的机会，让学生能够熟能生巧，学会根据使用场合、交际对象和表达意图恰当运用语法规则，真正达到学以致用的目的。

二、如何将语法教学与单元各板块相结合

高中《英语》(上外版)教材的一个自然单元中，Reading A、Reading B 和板块 Listening, Viewing and Speaking 提供了同一主题下的丰富语境和多模态的材料输入，或同一语法知识不同形式的复现，是学生识别语法形式、理解语用意义的有效场所。而说写融合板块和文化链接板块则是学生对于所学的语法知识不断加强，准确、恰当、得体地使用语言形式的有效途径。因此，在单元视角下的整体备课中，我们应将语法教学融入各个板块、各个环节。以下笔者将以高中《英语》(上外版)选择性必修第二册第四单元(简称 2BU4)和必修第一册第四单元(简称 1AU4)为例，具体谈谈语法教学如何与阅读、视听说、写作与文化板块相结合。

(一) 语法教学如何结合阅读板块

2BU4 所属的单元主题语境为"人与自然"，主题群为"自然灾害与防范，安全常识与自我保护"。本单元的目标语法是现在分词的不同形式，如完成式、否定式、被动式，用这

些分词短语来充当时间、原因、条件、结果等状语，替代状语从句，达到更加精练的表述效果。语法运用板块要求能在语篇中识别、理解和使用现在分词形式，包括其完成式、否定式、被动式，并让学生在情境中理解现在分词作状语的语用功能，并把其运用到描写灾难场景及灾难逃生的说写任务中，改善自身的语言表达。

本单元的 Reading A 的语篇类型是长篇灾难小说的节选，内容以主角里奥的亲身经历为主线，描写了美国旧金山大地震中的场景，生动展现了这一蓬勃发展的城市瞬间化为废墟的过程。里奥作为这次大地震中的幸存者，与许多其他幸存者一样，决心重建家园，展现了面对困难毫不屈服的坚强意志以及幸存者灾后的人生态度和团结精神。阅读语篇中有大量的现在分词形式。

我们的教学第一步，就是根据文章的脉络进行梳理，整理出四个阶段的情况描写，即：地震前、地震中、地震刚结束、数天之后。先让学生辨认出现在分词结构，引起对目标语法的关注。

before	Shopkeepers arranged their stores, getting ready for the day.
during	The houses came crashing down.
	Bricks poured down, hundreds of them, spilling out the door.
shortly after	Some people were stretched across the sidewalks, not moving.
days later	The mayor had stood in front of a crowd, calling on the crowd not to give up on San Francisco.

其次，让学生尝试添加 and, so that 等连接词，把原文还原成他们熟悉的状语从句形式，如方式状语从句、结果状语从句和伴随状语，帮助学生把过去的旧知识连接到现在新知识；紧接着，我们给学生提供一些地震的预防知识和救援知识，搭建框架，让学生尝试用现在分词来表达，之后让他们进行对比分析，到底使用现在分词做状语和状语从句有什么优劣差别。

create a survival plan, quickly get to safety, in the event of an emergency	e. g. If you create a survival plan, you can quickly get to safety in the event of an emergency. (If) creating a survival plan, you can quickly get to safety in the event of an emergency.
store sharp or heavy objects in a secure cabinet, prevent these objects from falling or causing injuries	Storing sharp or heavy objects in a secure cabinet, you can prevent these objects from falling or causing injuries.
take first aid classes, be a lifesaver if someone nearby is hurt	Taking first aid classes, you can be lifesaver if someone nearby is hurt.
not turn off the water, the electricity or the gas, be involved in flooding, fires, or explosions during the earthquake	Not turning off the water, the electricity or the gas, you may be involved in flooding, fires or explosions during the earthquake.

学生对比分析后会发现，现在分词所承担的状语片段比状语从句更加精练，语言成熟度更高，而且在表达灾难场景中，如灾难形成、发生、造成的损伤，重建以及预防方面，使用的频度很高，语用功能强大，价值突出。

最后，提供一篇描写教师个人亲身历险经历的文章，里面设计和本课相关的状语从句，学生可以根据课堂所学优化一些语言表达的习惯。其中大部分针对现在分词的设计，里面也包含了一个陷阱题目，容易让学生把正确的改成错误的，从而加强学生对现在分词表达的深层理解。

1. An unforgettable experience came to my mind automatically every time I met with the word disaster.
2. I studied for eight months in Taiwan University ~~and I was~~ doing my research paper on reading literacy. [**伴随**]
3. ~~Because I hadn't gained~~[**Not having gained**] enough precaution knowledge about the frequent disasters like typhoons or earthquakes there, I was caught in a severe trouble soon. [**原因**]
4. Shortly after we arrived safely, a terrifying typhoon hit us, ~~and caused a fierce~~[**causing**] a fierce storm and intense rainfalls which lasted for days. [**结果**]
5. The power went off, and we were confined in(受困) our apartment without any food, water or the phone signal available.
6. ~~When I felt hungry~~[**Feeling hungry**] and depressed, [**时间**] I was offered a precious snack—a small pack of pancakes by our neighbouring roommates, which was the only bite I got for the whole 17 hours.
7. They also told us something important: ~~if we kept~~[**Keeping**] away from the windows or walls that would collapse[**条件**], we would be safe inside the room.
8. ~~The red code hurricane had left~~[**Having left**] chaos behind it, ~~and then it~~[**the red code hurricane**] downgraded gradually. [**时间**]
9. Although ~~we saw~~[**seeing**] a terrible scene after the typhoon, we felt really relieved that we survived it. [**让步**]

（二）语法教学如何结合视听说板块

本单元的听力板块是关于台风 Mangkhut 的情况说明，目标是要能分析新闻语篇的情景语境，能识别新闻语篇的特征，并提炼其语篇成分，包括灾难发生的地点、具体过程、应对措施等，并且根据听力材料中的停顿、重音和关键词等进行信息分类，概括其要点，分析它们之间的关系。结合我们的目标语法，我们可以先让学生听 1—2 遍，按照如下两个部分进行信息整合、归纳；之后搭建他们熟悉的脚手架，让他们尝试用现在分词的形式重新整合语句。

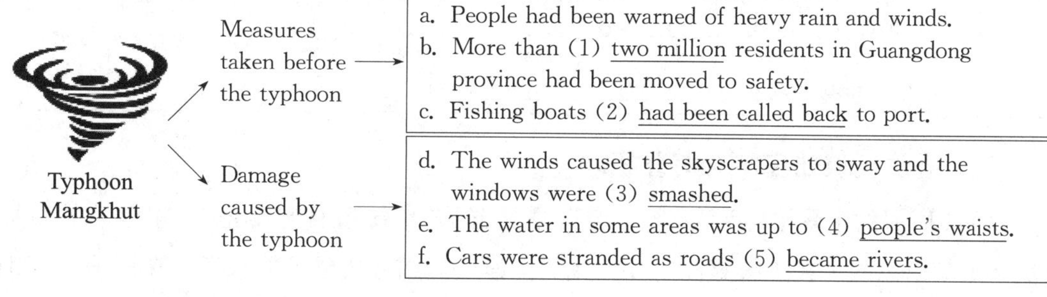

Having been warned of heavy rain and winds, people here were on high alert.
Have moved to safety, more than two million residents in Guangdong province were prepared before Mangkhut reached.
The winds is still strong, **causing the skyscrapers to sway, their windows to smash.**
Rising up to people's waists, the water in some areas makes roads become rivers.
台风造成的总损失还无法估量,但是目前最糟糕的部分已经结束。 **Not having known the full extent of damage caused by Typhoon Mangkhut**, we think the worst part is now over.(强调前后主语一致问题,易犯错)

为了进一步强化学生的语法迁移使用,我们继续提供更多类似的灾难场景来练习,补充一个 1 分钟左右的海啸科普视频,介绍海啸的成因、发展进程及危害性,让大家首先梳理信息,提炼其要素,然后参考本课提供的语法框架,再次整合语句,进行适当的表达。例如下图,图中标波浪线和下画线的部分都是反复观看视频素材之后可以整理下来的重要信息,再次强化现在分词在灾难场景中的语用功能,为未来的写作打下基础。比如描述灾难发展进程,现在分词可以充当伴随状语、时间状语等;在描述灾难结果时,可以充当结果状语等;同时,crashing 替代 that crashes 是替代定语从句的用法,为之后的 Reading B 埋下伏笔。

最终,依靠表格的梳理,演示文稿(PPT)上只保留有标线的部分,让学生依据这些发展规律还原本篇科普文。让他们进一步提升逻辑思辨能力,进行更有条理的表达。

Tsunamis

Cause	Tsunamis can strike without any warning, because 1 they are usually triggered by a sudden displacement of ocean water.	trigger *v.* 引发,触发 displacement *n.* 位移
Development	posing little threat In the deep ocean, a typical tsunami wave is barely noticeable, 2 and poses little threat. But its waves can spread out thousands of miles, 3 rolling across the ocean at the speed up to 600 mph.	pose *v.* 形成,造成 roll *v.* 翻滚
Impact	crashing Tsunami wave moves forward like solid wall of water that crashes over the coastline, 4 obliterating almost everything along its path. And just when you think the danger is over, it recedes (倒退), 5 dragging everything back to the ocean. A tsunami has multiple waves, which can continue to hit the shore for several hours, 6 causing even more destruction.	obliterate *v.* 消灭,冲刷 drag back 拉回,拽回 cause *v.* 造成 destruction *n.* 毁灭

(三) 语法板块如何结合写作板块

1AU4 所属的主题语境为"人与社会",主题群为"传统节日与习俗"。本单元的目标语法是被动语态的现在进行式和现在完成式。语法运用板块要求要求学生在语境中识别被动语态的形式，理解其意义和语用功能，并恰当运用被动语态介绍不同文化背景下的成人礼传统和庆祝活动。

语法板块首先复习了阅读语篇 A 中介绍的德国、拉丁美洲和印度的成人礼传统和庆祝活动，引出学生即将迎来的 18 岁成人仪式，并通过比较学校官方微信平台对 18 岁成人仪式的报道和一则学生发布庆祝成人的朋友圈，体会到根据不同的交际场合、目的、对象需选用不同的语言和恰当的语态，借此初步认识被动语态适用的文体之一——报刊类说明文。之后，学生通过阅读语篇 A 中若干被动句以及一篇关于日本成人礼的新闻报道加深对被动语态语用功能的理解。报道的第一句为："People held Urayasu city's Coming-of-Age Ceremony at Tokyo Disneyland." 但是全文的关键词是日本成人礼，而庆祝成人礼的人群是非常显而易见的，所以当需要强调动作接受方时，我们可以用被动语态"Urayasu city's Coming-of-Age Ceremony was held at Tokyo Disneyland." 由此引出被动语态的语用功能：1. 强调动作的接受方。2. 动作的发出方显而易见或不重要。

① On Monday, January 13, 2020, Urayasu city's Coming-of-Age Ceremony was held at Tokyo Disneyland. Wearing their best clothes, new adults were delighted to reunite with their classmates and were filled with youthfulness and possibilities!

再看报道第二段的空白处，到底是填主动语态的 A 句"Men and women who have turned 20 celebrate it annually."还是被动语态的 B 句"It is celebrated annually by men and women who have turned 20."呢？哪一句更合适？前一句以日本成人礼"Seijin-no-Hi, Coming-of-Age Day"结尾，如果后一句能够以 it(指代日本成人礼)开头，句与句之间的衔接会更为自然，由此引出被动语态的语用功能：3. 保持句与句之间的连贯性。

A ② The second Monday of January is a national holiday in Japan called Seijin-no-Hi, Coming-of-Age Day. Men and women who have turned 20 celebrate it annually.

This important rite of passage(人生大事) has a long history...

B ② The second Monday of January is a national holiday in Japan called Seijin-no-Hi, Coming-of-Age Day. It is celebrated annually by men and women who have turned 20.

This important rite of passage(人生大事) has a long history...

1AU4 的说写融合板块延续了成人礼话题，要求学生介绍中国某地区或某少数民族的成人礼。首先，学生阅读一篇美国交换生来访时介绍美国女孩成人礼传统的范文，找到主旨句和相关的支撑性细节，体会段落统一性的具体含义。接着，就范文中主动语态和被动语态的用法进行探讨，例如，"Young girls dance with their family and friends, have a festive meal and receive birthday gifts."一句中，年轻女孩是成人礼的主体，所以该句用主动；而"Sweet 16 parties are celebrated differently."一句中，Sweet 16 派对是全文强调的重点，且 celebrate 的动作发出方是显而易见的，所以该句用被动。

Sweet 16, like quinceanera, is the celebration of a young lady's transition from childhood to womanhood in the U. S. commonly scheduled on her 16th birthday, but there is no standardized ceremony. The celebration can range from an at-home party to a wedding reception-style event at a dance hall. During the ceremony, young girls dance with their family and friends, have a festive meal and receive birthday gifts. Although Sweet 16 parties are celebrated differently, one shared intention is to remind young people of their increased responsibilities as well as their increased freedom.

学生借由范文理解一篇完整、统一的自然段落应该采取"总—分—总"的结构，并从成人礼的时间、活动和意义三个维度进行介绍。但是学生对于少数民族的成人礼传统并不熟悉，课堂生成难度较大，对知识储备要求较高。因此在进行教学实践时简化了课前搜集资料的工作，将关于普米族青少年、侗族男孩和彝族女孩的成人礼以碎片信息的形式呈现给学生，要求按照时间、活动和意义三个维度完成信息的筛选和重组，形成完整、统一的段落。

与此同时，学生参考在语法使用板块所学的被动语态的语用功能，恰当地运用被动语态并能说明其原因。例如，在介绍侗族男孩在泥地里打滚象征着迈向成熟时，"nobody will receive them on the other end"一句不妨改为被动语态"they won't be received by anybody on the other end"，因前一句以 the boys 结尾，该句如果以 they(指代 the boys)开头，既能确保句与句之间的连贯性，也体现了成人礼的主体侗族男孩。至此，学生在改写的过程强化了对被动语态语用功能理解并能够加以运用。

The Dong boys

As a coming-of-age tradition, the Dong boys roll in the mud at the age of 5, 10 and 15 to show their courage. For the first two coming-of-age ceremonies, their parents or grandparents will stand on both sides of a muddy field to lead or receive the boys. On their 15th birthday, however, they won't be received by anybody on the other end. From this point forward, boys must be brave enough to deal with difficulties in the future on their own.

（四）语法教学如何与文化板块结合

本单元的文化链接板块通过介绍瓦努阿图的成人礼传统，对本单元已出现的各国、各地区的成人礼传统进行了进一步的拓展。在实际操作中，我们也可以将语法教学融入文化链接板块。首先，学生观看视频并记录关键词，获取关于瓦努阿图成人礼传统的关键信息，在此基础上尝试介绍瓦努阿图的成人礼传统。接着，请学生把自己生成的语句、语段和书上文化链接板块的语段相比较，并说明其中主动语态和被动语态的用法是否妥当，例如在“In their first dives their mother will hold an item representing their childhood and after the jump the item will be thrown away.”一句中，后半句被动语态的使用很好地衔接上了前半句的结尾 the item，增加了句子的流动性和连贯性。

Culture Link

Coming-of-Age Tradition in Vanuatu

In Vanuatu, a small island nation in the middle of the South Pacific, young boys come of age by jumping off a 98-foot-tall tower with a bungee-like vine tied to their ankles, just barely preventing them from hitting the ground. Boys there begin jumping at around 7 or 8. In their first dives their mother will hold an item representing their childhood, and after the jump the item will be thrown away, representing the end of childhood. As boys grow older they will jump from taller towers, showing their manliness.

第三节 语法教学中的语用原则

一、语法教学中的语用原则

第二语言习得领域的著名专家戴安·拉森·弗里曼(Diane Larsen-Freeman)在《语言教学：从语法到语法技能》一书中指出：语法由结构、意义和语用条件三部分组成。结构是指一个具体的语法结构的各种形式；意义是指一个语法结构表示的特定意思，包括词汇意义和语法意义；语用条件是指使用这一结构的场合。对一个语法项目的真正掌握应体现为对语法结构、语义和语用条件三方面的活用。基于这个理论，语法教学要将语法结构、该结构表达的意义与如何运用该结构进行交际(如关注说话人的身份、交际场合或上下文)等方面结合起来进行教学,不仅要使学生正确理解和掌握语法结构和意义,更要培养他们在各种交际活动中正确、得体地运用语法结构的能力。

二、目标语法语用功能的确定

基于上述的语用原则,当我们在教授目标语法的时候,首先要确定目标语法的语用功能。比如我们在教授非谓语时可能需要考虑以下几点语用功能:

(一) Defining phrases

利用分词短语和不定式短语修饰名词或补充名词信息是一种非常高效的表达方式,常常可以用来代替定语从句。

e. g. The man *living upstairs*(who lives upstairs) is very noisy.

e. g. The portrait *painted by my brother*(which was painted by my brother) was lovely.

e. g. The window seat is usually the first one *to be taken*(that is taken).

(二) Phrases of Reason, Condition, Result and Time

在书面语中,为了达到语言表达精练的目的,常常使用分词短语来充当时间、原因、条件、结果等状语,代替状语从句。

e. g. *Not having been asked*, I didn't really want to interfere. (reason)

e. g. *Treated gently*, the fabric should last for years. (condition)

e. g. The corporation shut down the plant, *leaving many workers unemployed*. (result)

e. g. *Turning the corner*, we saw the hospital in front of us. (time)

(三) Describing the setting

在书面语中,分词短语常常用来描绘环境、背景。

e. g. *Living in Los Angeles*, Brad was one of those ever-optimistic movie wannabes.

(四) Phrases of purpose and result

不定式短语常常用来表达蓄意的目的。

e. g. Davy took a year out *to see the world and broaden his experience of life*.

only 等副词引出的不定式短语常常用来表达意外的发现。

e. g. Eliza rejoined her friends, *only to discover that Mr. Darcy had left*.

(五) Comment phrases

分词短语和不定式短语常常用来发表评论。

e. g. I'm not very keen on it, *to tell the truth*.

e. g. *Generally speaking*, they're a pretty friendly bunch of people.

再如,我们在教授强调句时也应贯彻其语用功能:强调句是一种修辞,我们使用强调结构“It is/was... that...”来强调突出句子中的某个信息，给出说明或与原先的信息形成对照。

e.g. All of the Redgrave family are gifted actors. But it is Vanessa who made the greatest impact on the world of feature films.

e.g. —I remember your uncle taking us to the fair.

—No, it was my father that took us there.

三、依据语用功能确定语法教学目标

当设定一节语法课的教学目标时，教师首先应当明确目标语法有哪些常见的语用功能，然后根据学情和教学要求，挑选部分语用功能作为本节课教学的重点并指明要求学生运用的程度，即要求学生能在语境中识别、理解还是能够运用目标语法。一般来说，一节语法课的教学目标必须包括语法项目、语用功能和运用程度这三大要素。

例如，英语中的完全倒装结构在修辞上具有强调地点状语、保持句子平衡、使语篇上下连贯一致、使描写生动以及制造悬念等语用功能。笔者曾开设的一节教授完全倒装结构的语法课教学目标设定如下：

【语法项目】完全倒装结构：地点状语＋谓语＋主语/方位副词＋谓语＋主语

【语用功能】1. 制造悬念；2. 承上启下；3. 使描写生动

【运用程度】运用完全倒装结构描写故事的背景和场景

再如，非限制性定语从句与限制性定语从句的差别不仅体现在形式上是否有逗号与主句隔开，更体现在语用功能的不同。限制性定语从句主要是对先行词的限定修饰，而非限制性定语从句是对主句信息的补充说明。因此，在教授非限制性定语从句这一语法项目时，可把教学目标设定为：

【语法项目】由关系代词或关系副词引导的非限制性定语从句

【语用功能】补充说明现有信息

【运用程度】在介绍景点的语篇中识别并理解非限制性定语从句的作用

四、依据语用功能创设语法教学情境

在英语语法中，不同的语法项目具有不同的语用功能。甚至有些语法项目，同一个结构虽有相似的语义，但语用功能却千变万化。比如 if 条件状语从句，有推测、计划、委婉、假设、建议、承诺、警告等诸多功能。而教学情境的创设，语篇的选择，则要根据教学目标和语法功能来决定。比如在教授情态动词 must/may/might/could 表示推测这个语法项目时，教师首先通过查阅《朗文英语语法教程》，明确了这一功能表述为：说话人经常会基于一些事实来推测，尤其是 must，表示 logical deduction，即“基于证据或逻辑进行推测”。针对这一语用功能，教师在设计教学活动时就选用了“哥伦布发现美洲大陆”的语料并创设了如下的情境：首先，他告诉学生：关于哥伦布还有许多未解之谜，需要我们证实或推测。其次，他向学生提供了一些信息，比如哥伦布第一次前往美洲的航行中，舰队只有三艘船；第二次出海，他带了 1 000 多人，包括士兵、农民、牧师；在第三次和第四次任务时，哥伦布的一些手下指控他在数次航行过程中，监禁、屠杀当地土著，并进行奴隶交易。然后，他让学生根据这些信息对哥伦布几次航海的经历作一些基于事实的推测，并要求他们在语言输出时运用三个句型：... because/for, considering, I don't know exactly，为所作的推测提供理由。学生在情境中根据教师所给的线索很自然地运用上述情态动词以及句型进行基于事实的推测，产出如下的句子：

He must have lacked support, because/for he left Spain with only 3 ships.

He might have wanted to establish a colony, considering the farmers and priests he brought along.

I don't know exactly, but Columbus might have been a worse person than we imagined.

上述三个句型与情态动词一起使用能引导学生在情境中操练语法项目，并掌握其语用功能，有助于让学生理解语法项目的使用必须基于语篇语境，也有助于学生在阅读理解和写作产出时整理逻辑线索。

第四节 语法教学中的母语迁移

一、什么是母语迁移？

教师在教授宾语从句时，会发现学生对于否定提前掌握得不理想，虽然反复强调要使用"I don't think it is a good idea."学生却由于中文"我觉得这不好。"的表达惯性，时不时地产出类似于"I think it is not a good idea."的句子。这类问题，叫做"语言迁移"(language transfer)或"母语迁移"(L1 transfer)。"迁移"一词指已经获得的知识、技能、学习方法或学习态度对于新知识技能和解决新问题的处理所产生的影响。而"母语迁移"有各种定义。奥德林(Odlin)认为，母语迁移包括母语对第二语言习得的影响和母语向第二语言的借用(Odlin 1989)。他将前者称为"基础迁移"，后者称为"借用迁移"。

母语迁移也可以分为正迁移(positive transfer)和负迁移(negative transfer)两类。无论是正迁移还是负迁移，都会存在于目标语言的词汇、词法、句法、语音、语用学习中。母语的正迁移有助于第二语言的学习，可以利用，而母语的负迁移要注意避免。母语迁移产生的原因有许多，包括年龄、认知特点、学习动机、母语和目标语本身异同等。而在外语教学中，应该如何应对母语迁移呢？通过比较母语和目标语的异同，能最大程度帮助学生利用正迁移，克服负迁移。而具体到语法教学中，教师可以在情境中进行双语的基本结构比较，在此基础上，再进行基于情境的语用功能比较。

下面，就以实际的课例来向大家介绍，怎样进行结构和语用功能比较，来利用正迁移，避免负迁移。

二、如何利用母语的正迁移？

正迁移，指母语与目的语的相同之处会促进第二语言学习。“母语为汉语的人学习英语时，就很容易学会句子的语序，这是因为，表达同样意义的汉语语序和英语语序相同：‘He comes from Beijing 他来自北京’”。在语法教学时，教师应首先知道，汉语中有哪些语法结构与英语有类似之处，这样，在进行语法教学时，就可以充分利用正迁移，取得较好的教学效果。

例如，英语的完全倒装中，表示地点的介词结构前置，和中文极其类似。牛津上海版教材高一下第一单元 *The phantom of the opera* 课文第一段中，大量使用了这样的完全倒装，比如“Beneath the building, there was a strange dark lake. On the lake was an island. On the island, one hundred years ago, lived the Phantom.”在设计情境语法教学策略时，就首先要进行基本结构比较。教师可以让学生自行将上述文字翻成中文，并且进行比较，如“在歌剧院地下，有一个奇怪深邃的湖泊”与“有一个奇怪深邃的湖泊在歌剧院的地下”，哪一个版本更好。学生会发现，按照中文的表达习惯，前者的句式结构与英文非常相似。为了巩固结构比较的效果，在基本的语法结构学习后，学生可以进行双语互译的操练。如中译英：茂密的森林里有一座小木屋。(In the dense forest was a small wood hut.)；或英译中：Under the tree, beneath the ground, lies a secret we buried long time ago.(在树下，地底深处，埋藏着很久以前我们的秘密。)。

其次，要引导学生进行基于双语语用比较的教学设计。还是以完全倒装为例。中文和英语的该句型语用功能基本一致，为“描述背景，增添悬疑，以分句里的名词相扣增加语句的连贯性”等。那在设计教学活动时，教师可以基于情境，借鉴如下教学设计。例如，教师可以提供如下关键词：

山 mountain

溪 stream

林 forest

小屋 small house

接着要求学生使用关键词构建一个故事的中英双语的场景。可以要求学生先构建中文的场景，比如“山中有溪，溪边有林”，然后引导学生进行英文的产出：“In the mountain is a stream. Alongside the stream is a forest.”等等。而对于程度较好的学生，建议教师从语文课本的文言文里寻找教学情境。比如《桃花源记》中有这样一句话："林尽水源，便得一山，山有小口，仿佛若有光。"教师可以给出一定的翻译提示词，如"源：source of the river"，"口：cave"等，方便学生将这一段文字翻成完全倒装的英文："At the edge of the forest and the end of the river was a mountain. In the mountain was a cave. From the cave came a faint light."教师更可以采用中英互译的方式来巩固正迁移效果："At the border of Sichuan lived two monks, one of whom was poor and the other rich."(蜀之鄙有二僧，其一贫，其一富)。在学生熟悉的文言文中英互译的基础上，便能够引导学生，自行比较总结中英双语中状语提前的结构和语用的相似处：用于描述场景，进行上下句连贯衔接等。

三、如何避免母语的负迁移？

在教学中，比起正迁移，母语的负迁移让人头痛。一开始提到的宾语从句否定前置还只是其中之一，相信让各位教师头痛的问题还有不少。负迁移，或母语干扰，"主要是由于母语和目的语的某些形式和规则系统不同而被(学习者)误以为相同所致"。母语干扰会导致错误出现，且是第二语言习得中普遍存在的现象，甚至在第一语言的学习过程中，已有的知识和经验(如方言、父母教育、自学等)，也会在学校学习过程中造成一定程度的负迁移。负迁移有几种形式：

第一，生产不足(underproduction)。如果学生对目标语某结构没有把握，他可能很少或干脆不用这个结构，这就是生产不足。比如，有学者发现中国和日本的学生在英语作文中使用从句的频率偏低。

第二，生产过剩(overproduction)。生产过剩有时就是生产不足的结果，例如上面所举的例子中，中国和日本学生为了避免使用从句，而过多使用简单句。又比如学生在表示"……令人……"意思的时候，会过度使用"sth. makes sb."的结构，而诸如 enable, render 这些词的使用频率就很低。

第三，生产错误(production errors)。生产错误迁移即求助于母语规则的观点，也就是"中式英语"产生的主要原因。

第四，误解(misinterpretation)。母语结构影响对目标语信息的理解，有时甚至会导致与说话人意图完全背离的理解，两种语言的文化背景、习惯的表达方式等的不同都会成为误解的原因。这样的失误一般称为语用负迁移。

所以，如果要应对母语负向迁移，教师可以着眼于"生产不足"和"生产过度"。而以基于语用的情境化语法教学，强调语法结构在实际情况中的使用，可以应对语法教学中"生产、运用"的问题，并且教师依然可以通过双语的结构和语用对比，帮助学生在一定程度上克服母语负迁移。从语法层面来讲，汉语对英语学习造成的负迁移主要存在于如下方面：

(1) 第三人称单数使用;

(2) 疑问句与修饰语的语序;

(3) 语态,指学生难以分清动词主被动;

(4) 时态,指学生在口语或书面生成时,时态使用基本停留在一般现在时与现在进行时;

(5) 主从句的连接与并列句连词,指学生 although 与 but、because 与 so 连用以及遗漏并列句连词;

(6) 零主语现象,指学生面对中文零主语句子的翻译时,将英语也译成无主语句;

(7) 宾语从句的否定转移。

高中阶段的教学中,中文的零主语现象会对被动语态的生成和翻译产生负迁移。下面就以一例来进行说明。学生在做翻译练习时,有时会遇到"要鼓励人们积极参加锻炼。"这样的句子,有些同学会翻译成"We should encourage people to..."这一英语中出现频率偏低的句型,而有些同学写的翻译,会犯这样的错误:"should encourage people to..."那么如何来应对这个问题呢?教师在进行该语法项目的教授时,同样可以进行中英双语的语言结构和语用功能的比较。教学范例如下:

首先进行英语的结构和语用功能教学,学生阅读一段短文:

Geography is the study of the Earth and its people. It sounds exciting. Yet for decades, students yawned just hearing the words. They were forced to memorize the names of capital cities. They were taught where places were and what was produced there. But they could never be interested in it. Although students should be encouraged to love it, you know, love is never encouraged, or forced.

其次,学生将画线部分的被动语态转为主动语态。比如:

Teachers forced students to...

Teachers taught students where...

We should encourage students to...

We never encourage or force love.

此时学生已经可以察觉出,使用主动语态的句子表达不够自然,不自然的地方主要有:"teachers forced students"和"teachers taught students"中"teachers forced/taught"信息冗余,以及"we never encourage or force love"的意思转变。教师可以给出提示:"we should encourage students to..."这个 we 是谁,有没有具体所指?可以得出,如果这里用 we 作主语的主动语态,其实主语并不明确。这样,教师就可以通过 Why do we use passive voice? 这个问题引导学生总结出英语被动语态的语用功能:在动作实行者(doer of the action)并不明确或属于次要时,使用被动语态。

再次,进行汉语的结构与语用功能教学。学生将"although students should be

encouraged..."一句译为中文，可能会出现"虽然学生应该被鼓励去爱这门学科"的译法。教师此时出示"虽然应该鼓励学生爱上地理"这一翻译，与此同时，按顺序提出如下三个问题：

(1) 哪一句话更符合中文表达？

(2) 第二句翻译为何省去了主语，动作实行者是否不明确或不重要？

(3) 具有相同功能的英语句式的结构应该是什么？

在教师帮助下，学生可以自行总结出：在汉语中，若动作实行者并不明确或属于次要，可以用零主语的句子来进行表述。但英语大多数情况下，必须要有明确的主语。所以，汉语的无主句，经常可以翻译成英语的被动句式。两者的语用功能类似，但语言结构不同。这就是双语的结构与语用功能比较。

总之，在应对语法教学中的母语迁移这个问题时，进行双语的结构和语用功能比较是一个比较有效的策略。尽管汉语和英语的语法结构相差较大，但通过一定的汉语和英语的比较阅读，教师一定能够找到一些教学启发，帮助学生利用好母语的正迁移，避免母语的负迁移。

第五节 语法教学语料的选用

Larsen Freeman(2003)教授认为，语法是连接语言单位来创建完整而连贯的文章，用来成功地传达意思的工具，因此语法教学应该突破传统教学的认识和模式，将教学放入更高的语篇层次和真实的语境中进行，这会更有利于学习者语法知识的习得和交际能力的培养。那么什么样的语篇或语境适合目标语法的学习呢？接下来我将向大家介绍如何选取、改变和积累语法教学的语料。

一、语法教学语料选取的基本原则

语料是语言教材的基础，是体现语法功能、实现语言交际的"血肉"。它可长可短，可大可小，以口头或书面形式出现。一般来说，语料是指可用于任何研究的语言材料集合，即大规模的语言实例，可分为真实语料和非真实语料两种。前者指以英语为母语的人们在真实的交际场景中使用的口头或书面语言，包括日常对话、英语广播电视节目内容、英文原版报纸杂志中的文章以及英美文学原著的选段等；后者指教材编者对选取的真实语料进行深加工后的语言材料，或者是完全由教材编者根据某一目的，自己撰写的语言材料。

那么什么样的语篇或语境适合目标语法的学习呢？接下来我将向大家介绍语法教学语料选取的基本原则：

（一）契合语法学习的内容和要求

语料的选取首先要符合语法学习的内容和要求。以《课标》为基础，确定语法教学内容，制定教学目标。其中最重要的是，所选语料要考虑学习者的水平和学习需求，从而实现语料的真实性。也就是说，需要针对不同阶段的学习者选择不同难度的语料。

一方面要考虑适宜性。话题和风格的选择应坚持以学生为中心，考虑学生的真实兴趣。在各种真实的语料中，我们更倾向于选取现代的、流行的材料，因为它们与现代生活贴近，文化背景和语言都合乎实际，学生可以直接学到生活中的语言表达方式。

【案例 1】带有哲思的故事往往能引起高中生的阅读兴趣。高中生普遍热爱旅游，喜欢冒险。教师可采用以下文本语料进行非限定性定语从句的讲授（选自上外版新教材必修第二册 Unit 1 Reading A），将较为枯燥的语法知识潜移默化地融入到故事中去。教师引导学生阅读该语篇，找出相应的非限定性定语从句，熟悉该语法的形式、意义和语用，并使用该语法结构从一棵树的角度复述故事。

Getting Started

Discuss this question with your partner: when you think of nature, what first comes to mind? Note down what you like about nature in the mind map. Compare your notes with your partner's.

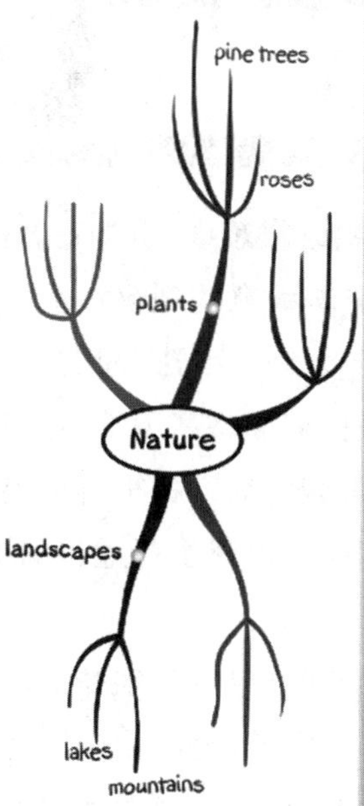

UNIT 1

Reading A

Do you know that things in nature are connected? Read the text and find out how.

THE NATURAL GARDEN

There once lived a king who had a palace with beautiful gardens. In those gardens lived thousands of creatures representing hundreds of different species. It was a paradise.

There was only one thing that the king disliked — the remains of a huge tree standing in the middle of the gardens. It was withered and dry. So, he had it cut down and replaced with elaborate fountains.

Some time later, a wise nobleman visited the king. "Your Majesty, people have been singing the praises of the beauty of these gardens and the many creatures that live in them. But I've hardly seen a thing move — not one animal. I feel tricked!" whispered the nobleman. The king realised that the wise man was right! The animals had left and the gardens were empty. The king sent for his advisers. He offered a reward to anyone with a solution. He was presented with many theories and ideas. He tried them all, but nothing could restore the royal gardens to their former splendour.

Years later, long after many of the grounds' plants and flowers had also disappeared or withered, a young man showed up. He had an explanation. "There

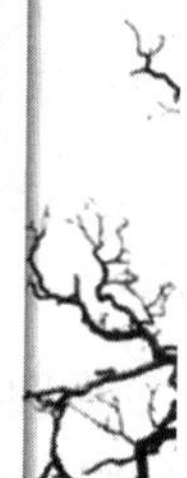

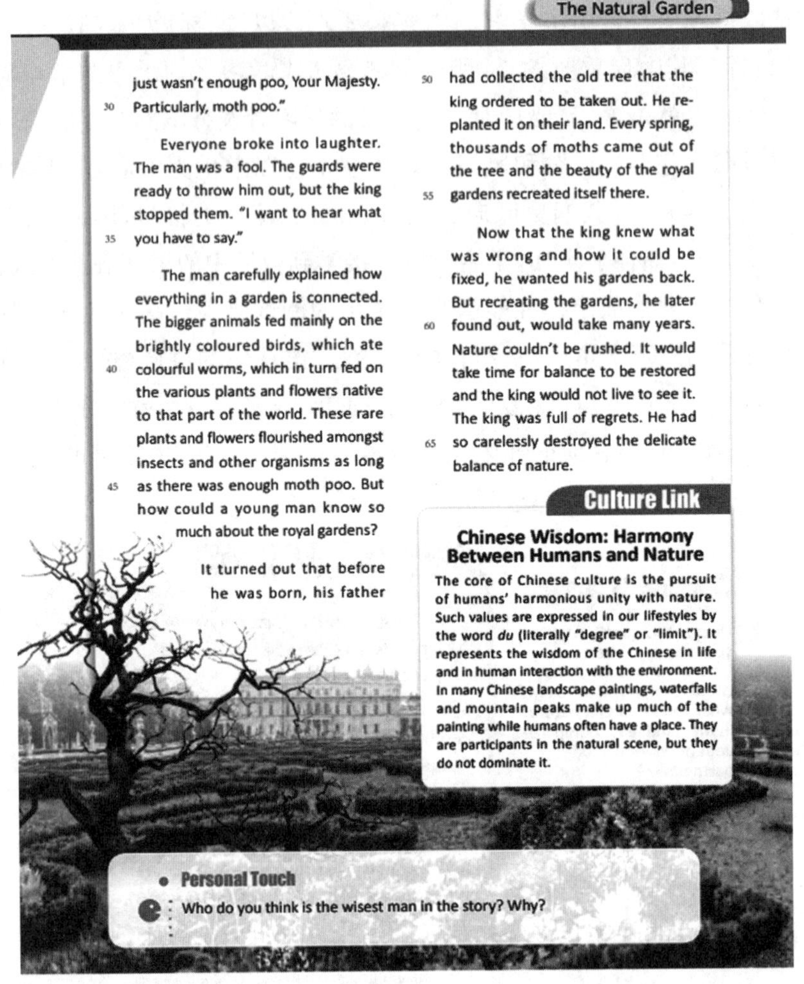

The Natural Garden

just wasn't enough poo, Your Majesty. Particularly, moth poo."

Everyone broke into laughter. The man was a fool. The guards were ready to throw him out, but the king stopped them. "I want to hear what you have to say."

The man carefully explained how everything in a garden is connected. The bigger animals fed mainly on the brightly coloured birds, which ate colourful worms, which in turn fed on the various plants and flowers native to that part of the world. These rare plants and flowers flourished amongst insects and other organisms as long as there was enough moth poo. But how could a young man know so much about the royal gardens?

It turned out that before he was born, his father had collected the old tree that the king ordered to be taken out. He re-planted it on their land. Every spring, thousands of moths came out of the tree and the beauty of the royal gardens recreated itself there.

Now that the king knew what was wrong and how it could be fixed, he wanted his gardens back. But recreating the gardens, he later found out, would take many years. Nature couldn't be rushed. It would take time for balance to be restored and the king would not live to see it. The king was full of regrets. He had so carelessly destroyed the delicate balance of nature.

Culture Link

Chinese Wisdom: Harmony Between Humans and Nature

The core of Chinese culture is the pursuit of humans' harmonious unity with nature. Such values are expressed in our lifestyles by the word *du* (literally "degree" or "limit"). It represents the wisdom of the Chinese in life and in human interaction with the environment. In many Chinese landscape paintings, waterfalls and mountain peaks make up much of the painting while humans often have a place. They are participants in the natural scene, but they do not dominate it.

Personal Touch

Who do you think is the wisest man in the story? Why?

另一方面，语料选取要根据学生的语言水平，控制语料难度，例如：语料篇幅有多长？涉及哪些人物和事件？生词比例有多大？生词是否影响大意的理解？生词的意思能否从上下文中猜测出来？句子结构复杂与否？文中是否包含修辞手法、固定习语？总而言之，所选语料的语言水平应在学生“最近发展区”内，即语言程度略高于学生原有的语言水平，学生在教师的帮助下就能理解它们。而超越学生语言能力的语料很有可能打击学生的学习积极性，让学生产生挫败感，在这种情况下，教师则应对语料进行适当的剪裁和修改，使其适应学生的语言水平。

【案例 2】否定词置于句首时需使用部分倒装句，该语法结构学生并不难掌握，但教学难点在于该语法的语义和语用，即突出强调所修饰的部分，可用于表达深刻情感或感悟。比如诺贝尔和平奖得主埃利·威塞尔在其代表作《黑夜》一书中有一整个段落使用了部分倒装。

Never shall I forget that night, the first night in camp, which has turned my life into one long night, seven times cursed and seven times sealed... Never shall I forget those moments which murdered my God and my soul and turned my dreams to dust. Never shall I forget these things, even if I am condemned to live as long as God Himself. Never.

通过反复朗读该段落，学生能体会理解部分倒装的强调功能。但原文所用词汇 curse, seal, condemn 超出了课标要求，其中有关西方文化的概念，如数字七、God Himself 等超出学生认知范围，故节选时作了相应的删减，减少学生的理解障碍。

Never shall I forget that night, the first night in camp, which has turned my life into one long night... Never shall I forget those moments which murdered my God and my soul and turned my dreams to dust. Never shall I forget these things... Never.

（二）凸显目标语法的语用功能

Larsen Freeman(2003)指出语法并非一套关于结构的僵硬规则，而是牵涉到形式(form)、意义(meaning)和语用(use)三方面的关系。要帮助学生准确地、有意义地、恰当地掌握英语语法结构，需要唤醒学生对目标语法的意识，要让学生通过语言活动从语料中体会语用功能，并归纳出普遍的语法规则。Schmidt(1990)也认为，教育的作用不一定在于它给学生的明确讲解，而在于它能引导学生的注意力，唤起他们的语言意识。他强调对语言形式的有意识注意(noticing)是语言学习的必要条件，其中两大重要因素就是频率和突显性。在同等条件下，出现频繁最高的语言形式最有可能被学生注意并内化；而语言形式在输入时越突出就越有可能被注意。因而选取语法教学语料时要选择目标语法语用功能相对集中和明显的语言材料。

【案例 3】以下视频语料节选自《老友记》第五季第 14 集，主人公 Rachel 和 Phoebe 发现 Monica 和 Chandler 秘密成为了情侣关系，双方开起了玩笑。语料中使用了大量的宾语从句。

[Scene 1]

Joey: I'm sorry! But hey, it's over now, right? Because you can tell them that you know they know and I can go back to knowing absolutely nothing!

Monica: Unless...

Joey: No! Not unless! Look this must end now!

Monica: Oh man, they think they are so slick messing with us! But see they don't know that we know that they know! So...

Chandler: Ahh yes, the messers become the messiest!

[Scene 2]

Rachel: Joey, do they know that we know?

Joey: No.

Rachel: Joey!

Joey: They know you know.

Rachel：Ugh，I knew it！Oh I cannot believe those two！

Phoebe：God，they thought they can mess with us！They're trying to mess with us?！They don't know that we know they know we know！（*Joey just shakes his head.*）Joey，you can't say anything！

Joey：I couldn't even if I wanted too.

场景中的笑点集中爆发在 They don't know that we know they know we know！一句，结合语境学生能理解该句的语义、结构(3 个宾语从句)和语用(宾语从句用于转述别人话语和想法等)，并且能从中了解口语习惯：that 引导的宾语从句，在口语中 that 常省略。

【案例 4】情态动词的推测性用法是学生语法学习的难点。传统教学中常常以单句形式呈现，学生无法通过具体语境来感知该语法结构的交际功能。若以语篇形式体现交际个体的关系，则能促使学生结合自身情感体验，推断、获取语义和语用，从而归纳出语法规则，提高语法学习效率。

Sue was expecting Peter to take the afternoon off in order to do some urgent work on the house. But he hasn't arrived. Sue and her sister are discussing what may have happened to him.

Sue：I wonder where Peter's got. He said he'd be here in time for lunch. I'm rather worried.

Elizabeth：Don't worry！He may still come.

Sue：I doubt it. It's past 2 o'clock. But I do think he might have rung me up！

Elizabeth：He may have done，and we didn't hear the phone！Or possibly his boss couldn't give him time off，after all！

Sue：Yes，that's possible，I suppose.

Elizabeth：Or the car's broken down again on the way home，perhaps！

Sue：Yes，he said that he thought it might well do so if he drove too fast！

Elizabeth：Oh dear！If he's struck on that lonely stretch of country road he won't be home until mid-night！You can wait an hour for another car to pass.

Sue：Or he may have had an accident！Do you think I should phone the police?

Elizabeth：Gracious，no. Don't fuss！He could be on his way right now！

该对话语料选自《新编英语语法教程(第五版)》，两位主人公 Sue 和 Elizabeth 正在谈论 Peter(Sue 的丈夫)没有按约回来吃午饭的事情，因为她们与 Peter 的人物关系不同，关心度(即焦虑程度)不同，所以对话中对于 Peter 未能回家原因的猜测使用了不同的情态动词和情态副词。Sue 焦急地盼望丈夫归来，担心丈夫车子抛锚或遇上了车祸，所以她使用了 might/may have done 这一表示对过去事态推测的结构，其中后者的肯定性程度高一些。而 Elizabeth 对于 Peter 显然不如 Sue 那么关心，同时她还要去安慰心急如焚的

Sue，所以情态动词的选择总是与 Sue 相反：Sue 选择可能性高的，她选择的反而是可能性低的，反之亦然。该语料通过生活化的语境，集中凸显了目标语法的语义和语用，更有利于学生的认知和识记。

（三）契合目标语法的适切语境

语料的选取还要契合目标语法的适切语境。语境指语言环境，它包括的范围很广，既可指上下文、社会文化背景，也可指说话时的情景。Larsen Freeman（2002）认为语法不仅包括了那些控制着表面形式的语法原则，而且还应该包括知道什么时候能够运用这些形式在具体的语境中表达你的意图。语言在语境中产生，也是在语境中运用，所以语法教学必须把语境纳入整个教学过程中。

【案例 5】 以下语料选自 *Focus on Grammar 4*，围绕学生喜爱的快餐文化主题，以调查问卷、图表分析、感谢和投诉信等形式创设交际语境，进行了目标语法（动名词和非谓语）的输入和输出。

Read this questionnaire about fast-food restaurants. Underline the gerunds and circle the infinitives.

FAST-FOOD QUESTIONNAIRE

Please take a few minutes to complete this questionnaire about fast-food restaurants. Check (✓) all the answers that are appropriate for you.

1. In your opinion, eating fast food is
☐ convenient ☐ fast ☐ healthy ☐ cheap ☐ fun

2. Which meals are you used to eating at a fast-food restaurant?
☐ breakfast ☐ lunch ☐ dinner ☐ snacks ☐ none

3. Which types of fast food do you like to eat?
☐ hamburgers ☐ pizza ☐ fried chicken ☐ tacos ☐ sushi
☐ Other: ________ ☐ None

4. What is the most important issue to you in selecting a fast-food restaurant?
☐ choice of food ☐ quality of food
☐ fast service ☐ low prices
☐ Other: ________

5. How often are you likely to eat at a fast-food restaurant?
☐ 1–3 times a week ☐ 4–6 times a week
☐ more than 6 times a week ☐ never

6. How much do you enjoy going to fast-food restaurants?
☐ I like it very much. ☐ It's just OK.
☐ I don't enjoy it. ☐ I never go.

7. How do you feel about seeing the same fast-food restaurants all over the world?
☐ I like it. ☐ It doesn't bother me. ☐ I don't like it.

8. Do you think the government should require fast-food restaurants to include healthy choices?
☐ Yes ☐ No

Complete these statements with the correct form—gerund or infinitive—of the verbs in parentheses. Use the bar graph to find the number of calories.

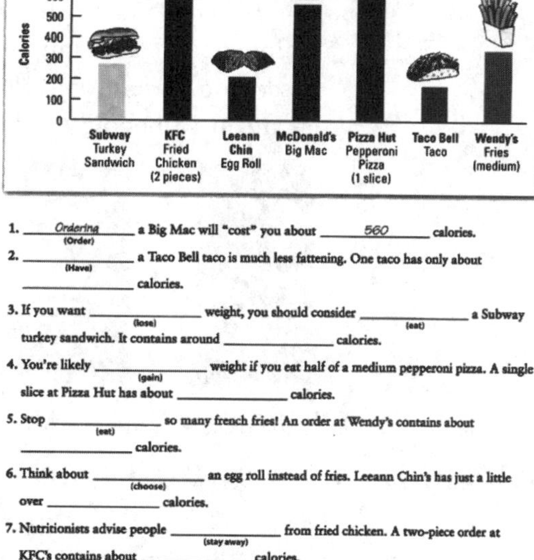

1. ___Ordering___ (Order) a Big Mac will "cost" you about ___560___ calories.
2. ________ (Have) a Taco Bell taco is much less fattening. One taco has only about ________ calories.
3. If you want ________ (lose) weight, you should consider ________ (eat) a Subway turkey sandwich. It contains around ________ calories.
4. You're likely ________ (gain) weight if you eat half of a medium pepperoni pizza. A single slice at Pizza Hut has about ________ calories.
5. Stop ________ (eat) so many french fries! An order at Wendy's contains about ________ calories.
6. Think about ________ (choose) an egg roll instead of fries. Leeann Chin's has just a little over ________ calories.
7. Nutritionists advise people ________ (stay away) from fried chicken. A two-piece order at KFC's contains about ________ calories.

因而，在教学过程中为了达到既定的语法教学目标，从教学的需要出发，引入、制造或创设与语法教学内容相适应的具体场景或氛围，引起学生的情感体验，帮助学生迅速而正确地理解目标语法，促进他们积极参与课堂交际活动。通过创设情境，语言顿时生动起来，更有利于学生吸收和掌握语法知识点。同时，课堂气氛也更加活跃。

二、语法教学语料改编的 SAT 原则

语言教学的最终目标并不仅限于教会学习者纯粹的语言知识，更为重要的是要让学

习者学会在实际生活中能熟练运用所学到的语言知识，以达到与他人交流沟通的目的。为了达成这一目标，教师在语料的选取上一定大费周章，希望能最大限度地为学生创设真实的语言环境，帮助他们在运用时顺畅地提取、模仿、转换、迁移自己已经掌握的相关语言知识。但是尽管语料的来源丰富，数量庞大，能与教学目标、学情分析、教学难点等要素完美契合、拿来就能使用的却并不多，所以语料的改编在所难免。那么，在改编语料时需要遵循什么原则呢？我想，从 S(Specific)、A(Attainable)、T(Time-sensitive)三个方面与大家分享自己的体会和教学实例。

(一) S(Specific)：语料内容的适切性

S(Specific)意思是"明确"，即语料内容的适切性。当我们依据某一语言情境寻找语料时，找到的材料往往主旨与所需情境吻合，而语言内容不一定与所教授的目标语法内容贴合，这就需要教师有"乾坤大挪移"的本事，通过增减、修改、整合，使原材料内容明确、直接指向所教授语法的语用功能。

【案例 1】在教授被动语态语用功能，强调动作承受者而非动作实施者时，我在网上找到了一家面包房介绍店内产品的一段文字，图文并茂，生动养眼。

Bakery Selections

Baked goods. That is all. Yet they are a marvel of ingenuity and simplicity. All of our recipes are based on traditional French baking techniques—beautiful to behold, but even better to eat!

 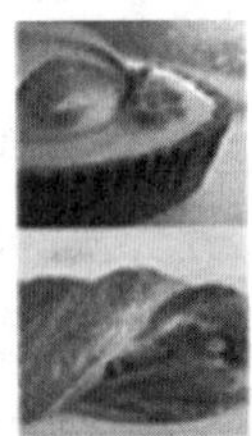 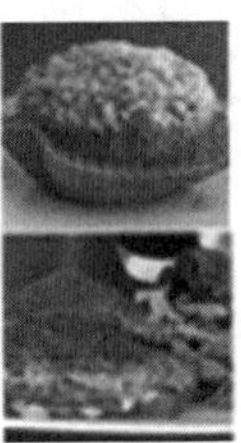 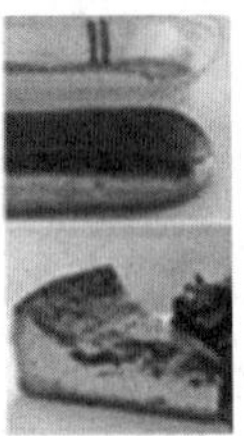

但为了让学生切实感受语料中 All of our recipes are based on traditional French baking techniques. 这句话被动语态的妙处，我修改了原文，学生看到的语料是这样的：

Bakery Selections

Baked goods. That is all. Yet they are a marvel of ingenuity and simplicity. We base all of our recipes on traditional French baking techniques—beautiful to behold, but even better to eat!

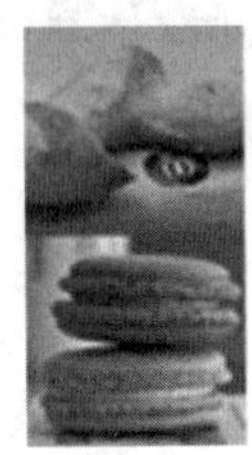  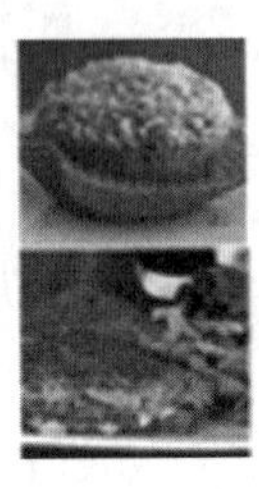 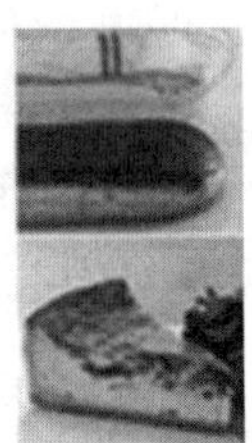

我问学生，既然英语句子中往往会把最重要的信息放在句子的前部，次重要的信息放在句子的后部。那么作为一家面包店的老板，你会怎样修改这段文字从而凸显出你家面包的亮点呢？学生很快就发现语料中哪句话应该用被动语态表达，并真实体会到被动语态用在这里的优势。

（二）A(Attainable)：语料难度的适宜性

A(Attainable)“可到达的”，它指的是语料难度的适宜性，即所选语料的语言难度应在学生“最近发展区”内，在教师的指导下完成学习任务。可能有的老师会觉得，语料难一些不是很好吗？高标准、严要求，难的会了，容易的不教也就会了。这种想法不可取。如果语料内容远离学生认知范围，艰涩难懂，再加上生词比重过大、句式过于复杂，一定会打击学生的学习积极性，使学生产生畏难情绪，造成事倍功半的不良后果。当然语料过于简单，亦不可取，达不到提高学习水平的目的。比较理想的难度是略高于学生现有水平，需要他们“跳一跳”，才能摘取胜利的果实。所以教师在改编语料时，学情分析一定要细致、准确。

【案例 2】此语料的使用改编自上外版新教材选择性必修第一册 Unit 4 的语法练习。

此练习有多个句子运用了目标语法，并且语用功能也很突出。但是它的不足之处在于对于刚刚接触非限制性定语从句的学生而言，开头就问学生为什么要使用非限制性定语从句似乎太为难学生。也可能让学生碰到定语从句就望而生畏。所以，将语篇改为对比式的语句，让学生进行比较之后再回答这个问题，可能会让教学更有由简入难的层次感。

- **Grammar in Use**

Non-defining relative clauses

I. Read the passage and think about why the relative clauses are used.

A famous science fiction writer in China, Liu Cixin, who is a winner of the 2015 Hugo Award, wrote the short story "The Wandering Earth" more than 20 years ago. The story is set in the early 22nd century, when the Sun has aged and is about to destroy the solar system. In order to survive, the human race builds 10,000 huge engines which slowly push the Earth out of the solar system. As the planet moves away from the Sun, much of its surface is frozen in abnormal weather conditions, forcing human beings to live in vast underground cities that are built next to the engines. It takes 20 years to reach Jupiter, which should assist in the escape of the frozen Earth with its massive gravity. Yet things go very wrong on the day when the Earth is passing Jupiter ...

以下是改编后的语料：

A famous science fiction writer in China，Liu Cixin，is a winner of the 2015 Hugo Award. He wrote the short story “The Wandering Earth” more than 20 years ago. The story is set in the early 22nd century. In 22nd century，the Sun has aged and is about to destroy the solar system. In order to survive，the human race builds 10，000 huge engines. These engines slowly push the Earth out of the solar system. As the plantet moves away from the Sun，much of its surface is frozen in abnormal weather conditions，forcing human beings to live in vast underground cities. They are built next to the engines. It takes 20 years to reach Jupiter. The Jupiter should assist in the escape of the frozen Earth with its massive gravity. Yet things go very wrong on the day. On that day, the Earth is passing Jupiter...

(三) T(Time-sensitive):语料内容的时效性

语料内容的时效性指信息仅在一定时间段内有价值的属性。教师为了让学生在学习中感到所学即所见,所见即所学,总是喜欢选择一些与当下社会紧密联系的主题,以加深学生的感知力。这些时效性很强的语料信息在再次使用时往往由于时过境迁,社会热点转移,导致不能直接使用,这就需要进行改编。

【案例 3】 新闻类的语料是时效性最强,也最与时俱进,最容易让学生产生同感的信息。这类的语料不能反复使用很可惜,但是教师完全可以有意识地按照原来的语料内容类别寻找更新后的材料以备以后使用。比如:在高中《英语》(上外版)教材选择性必修第一册 Unit 3 的语法教学中有这样一篇文章,旨在教授目标语法(被动语态)。

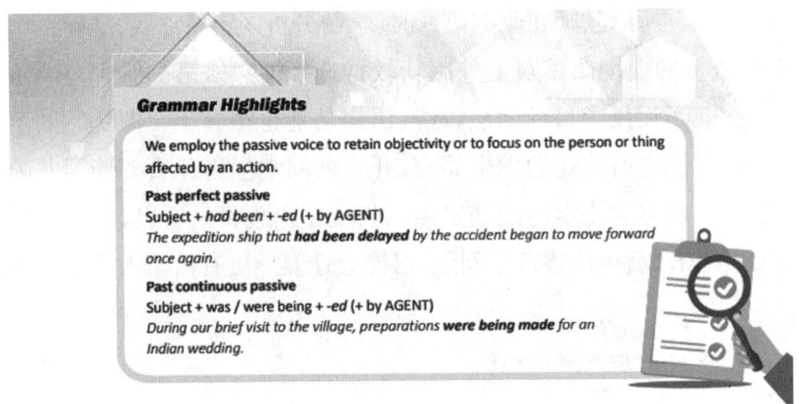

Grammar Highlights

We employ the passive voice to retain objectivity or to focus on the person or thing affected by an action.

Past perfect passive

Subject + *had been* + *-ed* (+ by AGENT)

The expedition ship that ***had been delayed*** *by the accident began to move forward once again.*

Past continuous passive

Subject + was / were being + *-ed* (+ by AGENT)

During our brief visit to the village, preparations ***were being made*** *for an Indian wedding.*

II. Complete the review with the appropriate forms of the words in brackets.

Yang Liwei was selected as an astronaut candidate in 1998 and 1 ________ (train) for spaceflight by the time of the Shenzhou V launch. Before this launch, almost nothing 2 ________ (make) public about the Chinese astronaut candidates; his selection for the Shenzhou V human spaceflight 3 ________ (leak) to the media only one day before the launch.

It was 09:00, 15 October 2003. Yang Liwei 4 ________ (launch) into space aboard his Shenzhou spacecraft on the top of a Long March 2F rocket at Jiuquan Satellite Launch Centre.

Yang's journey 5 ________ (monitor) to receive regular updates about his condition until experts at the control centre confirmed that everything was going well. At 19:58, when the Shenzhou V started its eighth circuit around the Earth, Yang 6 ________ (speak) to his wife. He said, "I feel very good. Don't worry." In the middle of the journey, Yang 7 ________ (wave) a small flag of the People's Republic of China and that of the United Nations inside his capsule. This 8 ________ (broadcast) by CCTV before it 9 ________ (meet) with praise from around the world.

Yang's craft landed at around 06:30 on 16 October 2003. The Shenzhou V was the first human spaceflight mission of the Chinese space programme. It 10 ________ (describe) by NASA as an "important achievement in human exploration."

Adventuring 41

但教材始终无法紧跟时事，所以正值神舟十二号火箭英雄回家的当下，教师在网上搜索了关于神舟十二号火箭的相关报道，并根据目标语法的教学要求进行了如下改编：

Welcome home, Shenzhou Ⅻ

China launched the Shenzhou Ⅻ manned spacecraft on June 17, which is expected to send three astronauts to its space station core module Tianhe for a three-month mission. The spacecraft, atop a Long March-2F carrier rocket, was launched from the Jiuquan Satellite Launch Center.

Today, the Shenzhou Ⅻ spaceship will come back to the Earth after a mission in the space. Let's have a look at its return journey.

Some data of the experiments have been transmitted back to the Earth. The rest is saved on memory cards to be taken back to the Earth. Vegetables grown in space, the silkworm cocoons, urine and saliva as well as microorganism samples will be brought back. Some items need to be put back to where they belong to. Food waste, sanitary waste, and some trash created during in-orbit experiments, including batteries and electrodes, will be packed and placed in the orbital compartment. The trash will then crash into the atmosphere and be destroyed with the compartment.

When the astronauts are about to land, drones will be used to locate them for the first time. They will be joined by fixed-wing planes and helicopters to cover large areas at different heights in the sky.

这种材料的收集和改编并不难，因为教学设计思路并没有改变，只需要教师做个“有心人”，保持材料的新鲜度就行了。

三、语法教学语料的积累

Williams(1987)指出，学生需要的是整个语言，而不只是片言只语。因而我们必须把语法学习看作是一个学习整体语言的过程，这个过程需同时融语言功能、语言意义及语言技巧为一体，绝不能将语法学习建立在单句的操练上，变成孤立的规则背诵，而应利用精心选取和改编的合适语料，通过各种体现现实生活的语法教学活动，为学生们架起一座语言知识能力及交际能力的桥梁。

（一）语料获取的途径与方法

真实语料源于生活，只要善于发现，好的语料无处不在。

1. 生活中随处可见的纸质广告材料。

传单、平面广告、信件、贺卡、请柬、产品说明、使用指南、目录、地图、表格、时刻表、车票、电影票、公园门票、招聘信息、公告、通知、菜单、外卖单、食谱、通信录、优惠券、旅游指南、发票、合同、水费通知单等。

2. 英语书刊。

故事书、漫画、文学作品（如：小说、诗歌、散文）、报刊（如：新闻、社论、广告）、语法书（推荐 *Focus on Grammar*，*Oxford English Grammar Course Intermediate*，*Developing Grammar in Context*，《英语语法快速突破（高中版）》）、原版教材（推荐《剑桥国际英语教程》，*Edge*，《朗文当代英语教程》）等。

3. 工作场所。

路牌、指示牌、禁止标志、标语、告示语、名片、信件、简历、笔记、便笺等。

4. 真实生活中的听力材料。

真实对话、电话录音、演讲、英文歌曲、电台节目、公众场合的广播（如：电台广播、机场起飞广播、火车站晚点广播、地铁到站广播、商场寻人广播）等。

5. 电视节目。

电视新闻、访谈、国家领导答记者问、时事节目、电视广告、电视剧片段、电影片段、动画片、娱乐节目、各类竞技比赛等。

6. 多媒体网络。

网页、电子邮件、论坛帖子、聊天记录、课件、小游戏、博客等（王琳，2010）。

以上列举了生活中可作为教学材料使用的语法语料的一些大致来源，可见教学中并不缺少语料，只是我们需要根据不同的教学需求选取适合的语言材料来进行语法教学。而在实际操作中，教师最常选用的语料来源就是：教材。

教材在教学中的重要性毋庸置疑，它不仅是教师组织课堂语言学习活动灵感的来源，也为学生提供了语言范本。以《英语（牛津上海版）》为例，每册教材 4—6 个单元，每个单元围绕一个中心话题开展听、说、读、写活动，同时将语法内容贯穿其中。教材将语法知识按照一定的顺序在各个单元中一一呈现，教材总体上遵循了循环扩展的原则，如从句的安排是从限制性定语从句到非限制性定语从句，宾语从句到主语从句。教师可充分利用教材课文作为语法教学的语料，进行语言点的输入。

	单元	话题	语法点		单元	话题	语法点
S1A	1	Body language	时态复习	S1B	1	A trip to the theatre	动名词作主语和宾语
	2	Care for hair	句子成分		2	Great minds	不定式作主语和宾语
	3	A taste of travel	被动语态		3	Plants	限定性定语从句（介词＋关系代词、关系副词）
	4	Entertainment	时间和原因状语		4	Creatures large and small	现在分词作定语和状语
	5	Think before you eat	must, have to, should, ought to		5	Problems and advice	V-ing 和 to do 在动词后的差异
	6	Fun food	限定性定语从句（关系代词作宾语和主语）		6	A variety of viewpoints	宾语从句
S2A	1	Sporting events	目的和让步状语从句	S2B	1	What is beauty	部分倒装和全部倒装
	2	Continuous learning	现在完成进行时		2	Laughter heals	同位语从句
	3	Contemporary style	非限定性定语从句		3	Colors	主语从句
	4	Big businesses	过去分词作状语		4	Painting the world	情态动词＋have done
	5	Technology all around us	过去分词作定语		5	Living in harmony	直接引语变间接引语
	6	Space exploration	条件状语从句		6	Problems and solutions	独立主格
S3A	1	Reaching out	it 作形式主语、形式宾语	S3B	1	Endangered animals	连词
	2	Society and change	方式和结果状语		2	Wonderful sea animals	强调句
	3	Travel	if 引导的虚拟条件句		3	It's not just a job	主谓一致
	4	Family celebration	虚拟语气		4	Job searching	省略

但这也存在不足，例如部分语法知识的分布比较零碎，如定语从句在高一上册、高一下册出现，非限制性定语从句在高二上才出现，一个语法项目跨越了三册课本，并且单元之间也不连续，虽然前面内容是后面内容的基础，由于跨度太大，学生很有可能在学习后面内容时，忘记了前面与之相关的内容。而名词性从句中最难的同位语从句被安排在了较为容易的主语从句之前。此外，虽然教材按照话题的组织方式展开教学，但有些语法结构与话题的结合过于机械，未能充分体现目标语法的语用功能，导致教师教学活动难以展开。

因此，为了便于学生形成系统的知识结构，教师可以将语法内容进行适当的有机整合，如将主语从句、宾语从句及同位语从句综合起来讲解。也可根据教学实际，适当调整教材内容，添加语料辅助。以定语从句为例，在高一下学期第三单元中通过 *Interesting plants* 一文，学生熟悉了限定性定语从句中介词＋关系代词的用法，为了拓展知识点，可采用以下语料进行下一步非限制性定语从句的学习。

Intelligent Plants Can Learn and Remember

Marvelous memories are often attributed to human beings or smart animals, but scientists have discovered that plants can also learn and remember, even though they do not have a brain.

Scientists claim ferns(蕨类植物) ① *that respond to touch* have learned that water droplets are not harmful and have remembered the finding weeks afterwards. Their research suggests that experience teaches plants to learn details to survive, *which leads to scientists viewing flora*(植物群) *in a new way*.

The researchers studied Mimosa pudica(含羞草), ② *which is also called the sensitive plant, sleepy plant and the touch-me-not*. Its leaves fold inwards when touched or shaken to protect itself and re-open minutes later.

“Most remarkably, these plants were able to remember what had been learned for several weeks, even after environmental conditions had changed,” the researchers said. The study shows that Mimosa pudica plants can learn and remember just as well as it would be expected of animals, but of course, they do it all without a brain.

While the scientists are unsure how the plants learn and remember, they think it might be down to a calcium-based(以钙为基础的) network in their cells, ③ *which are in some ways similar to animals' memory process*.

The research radically changes the way ④ *that humans perceive plants and the boundaries between plants and animals*, ⑤ *which includes, the scientists said, our definition of learning as a property special to organisms with a nervous system*.(改编自《上海学生英文报》)

真实语法语料的来源除了教师手头常见的教材、语法书、报纸杂志等，还可以取自语料库。语料库是人们为达到一定的目的，根据一定的原则搜集语言材料并对其取样，然后按照一定的方法对这些语言材料进行分类，从而在此基础上建立起来的。由于语料库具备语言样本大、语域广等特点，其收集的语言材料具有很强的代表性。语料库语料取自真实的语篇材料，体现的是语言的实际使用情况。将真实语料作为例证进行描述，能展示给学生在真实场景下进行日常交际所需使用的语法，使学生近距离地学习和接触自然、地道、真实的语言。因此，利用语料库进行语言教学已经成为语料库的重要应用之一。目前影响较大的语料库有：英国国家语料库(BNC)、布朗语料库(BrownCorpus)、国际英语语料库(ICE)、美国当代英语语料库(COCA)等。

那么如何利用语料库进行语法教学呢？

我们以 occasion 在定语从句中作先行词为例，学生们常常困惑，occasion 后面用关系副词 when 还是 where。教师不必急于抛出语法规则的条条框框，可以通过语料库让学生搜索、比对、讨论词条，从而自己得出答案。例如：在 COCA 语料库中，输入 occasion when 后，显示的前十条为：

1	2015 FIC	... me a smile, or abite to eat on **occasion when** I was looking haggard. You, of all people. " #
2	2015 FIC	... respect behaving as he did. # On the rare **occasion when** they found an embro inside one of those eggs, the rest of...
3	2015 FIC	... with the Usrey Undertaking Parlor here. I remember the **occasion when** the body of Mr. MacDuff was brought to our place. I examined...
4	2015 FIC	... substantially on direct examination as follows: I remember the **occasion when** Mr. MacDuff is said to have been killed. It was on August...
5	2015 FIC	My name is Jonas Bryan. I remember the **occasion when** Mr. MacDuff was killed in the West End. I owned several houses...
6	2015 FIC	But I've remembered the one party and that single **occasion when** we crossed paths. We held drinks and faced each other and spoke...
7	2015 FIC	No one ever bothered her, except on **occasion when** she would pace about her cell searching for a rhyme: the prison...
8	2015 NEWS	... overshadowed the other Wednesday, though it was a rare **occasion when** Trump was on Cruz's home turf, even if Cruz has cultivated...
9	2015 NEWS	... is a glittering lure. But there is the rare **occasion when** the public can be engaged on a level beyond flash. "He...
10	2014 FIC	... an amicable separation and you still see each other on **occasion when** socializing with mutual friends. Over the next five years you go out...

输入 occasion where 后，前十条为：

1	2015 FIC	... late husband. Besides, it was the kind of **occasion where** she might well meet other of the late Mr Pargeter's associates.
2	2015 FIC	... when I did it was for some holiday or special **occasion where** there was enough distraction(presents to be opened, a cake to...
3	2015 ACAD	... and her partner in her second TRT created an authentic **occasion where** her second graders posed questions and were attentive to the other schoolmates who...
4	2014 MAG	... inside the app. # Pushbullet isn't perfect for every **occasion where** you want your phone talking to your PC. But if you're...

（续表）

5	2014 MAG	... that. She opened my eyes to thinking that any **occasion where** you have people in your home can be turned into something special with...
6	2014 NEWS	... another of Abbott's cinematic scenes, Abbott describes an **occasion where** one niece, Annie, follows her aunt and decides to investigate the...
7	2013 SPOK	... necessary supplies in their suitcases. And there was one **occasion where** a young neurosurgeon, finally, for the first time, got a...
8	2013 SPOK	... never actually killed anybody, but there was this one **occasion where** it could have happened, John “Big Stoop” Fecarotta. Do...
9	2012 SPOK	... the doctor, this doctor. Wasn't there an **occasion where** he was caught hiding in the bushes? CASAREZ# He was hiding in...
10	2012 ACAD	... the murder of Philip's family is abstracted, an **occasion where** he feels not so much devastation as the ‘solemn’...

通过真实语料的理解和比对，学生不难发现当表示特定时刻时，定语从句引导词用 when；当表示（仪式、庆典等）重大场合时，才用 where，并且前者（266 条）使用频率远大于后者（44 条）。

此外，教师也不必把语料库检索的词语索引行或其他相关的统计数据表直接用于呈现语言知识，可以用隐性的方式把语言的语料库检索结果呈现出来。也就是说只需要告诉学生目标语法的结构形式和频数信息，而无须提供这些信息的来源、出处以及为什么要提供这些信息（McCarten，2010）。下面是选自教材《剑桥标准英语教程》的两个例子。

左图呈现了 must 一词在日常对话中用于表达“have to”（不得不，必须）和用于表示推断的用法分布（各占 10%和 90%），并配有例句。右图呈现了“I mean”这一表达在日常对话中的使用频率、典型意义和典型用法（即用于表明接下来要重述自己的观点或是对自己之前说过的话进行补充或解释），并用配有插图的一个简短对话来举例说明。

（二）语料资源库的构建

通过之前的介绍，我们已经掌握了一些基本的语料来源途径和使用方法，但是否能迅速、准确地找到贴切目标语法的语料还取决于教师的日常积累。教师在平时听、读各类文章时，有意识地将其中频繁出现、具有代表性的语法知识点记录下来，整理到相关文档中，并建立文件夹。等需要某语法点语料时，提取就非常容易(见截图)。

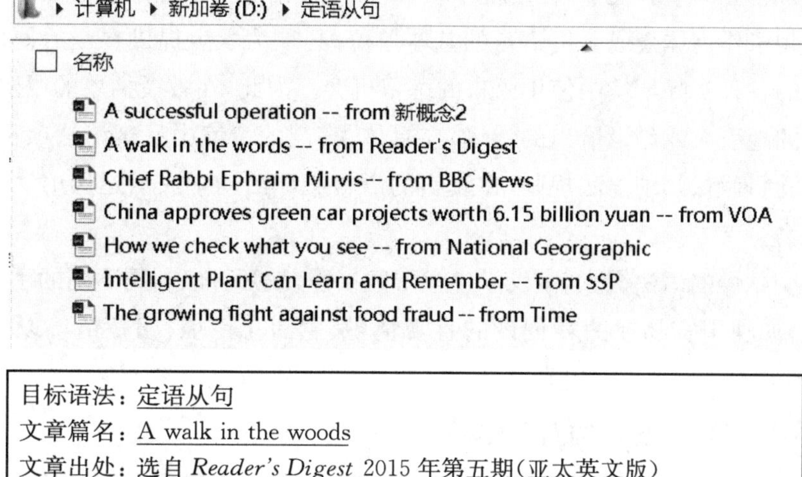

目标语法：定语从句 文章篇名：A walk in the woods 文章出处：选自 *Reader's Digest* 2015 年第五期(亚太英文版) 目标语法的好词好句： ① All the passengers on the tour were required to wear a name tag, which was attached to a brass-shaped logo of the travel company. ② When it wasn't attached to his clothes, it was pinned to the tedy bear that was his constant companion. ③ Martin and his older brother Thomas went for a walk through the forest with their grandfather who they affectionately called Opa. ④ Martin returned to Germany to visit his now widowed Opa, whose constant companion was a three-year-old cocker spaniel named Bello.

不积跬步，无以至千里。语料的积累是一个逐步形成、不断丰富的过程，需要既定的规则和不懈的坚持。资源库一旦建立起来，一定会给我们的教学带来诸多裨益。

第六节　高中英语语法教学活动设计

一、语法教学活动情境化

情境教学法指的是在教学过程中，教师有目的地引入或创设具有一定情绪色彩的、以形象为主体的生动具体的场景，以引起学生一定的态度体验，从而帮助学生理解教学内容，并使学生的认知水平、智力状况、情感状态等得到优化与发展的教学方法。西方近代教育理论的奠基者夸美纽斯(John Amos Comenius)曾说过：一切知识都是从感官开始的。这种论述反映了教学过程中学生的学习规律：直观可以使抽象的知识具体化、形象化，有助于学生对知识的理解与掌握，并能提高学生学习的趣味性、自主性和积极性。Alice Omaggio Hadley 教授于《在语境中教语言》一书中也指出外语教学活动应把连贯的语篇而不是句子作为体会或分析语言的基本单位；必须为学生提供在今后使用目标语时有可能遇到的各种实际情境中使用语言的练习机会。因此，在教授抽象的语法知识时，教师可以有目的地引入或创设恰当的情境，在具体、直观的情境中呈现语法项目，引导学生在情境中体验、理解、归纳语法规则，在真实的语言交际活动中灵活运用语法知识以提高语言运用能力。

为了改变枯燥的语法课堂，激发学生学习的兴趣，教师可以利用不同的手段来创设多样化的情境，如利用实物或图片创设的直观情境、生活化情境、问题情境以及多媒体情境等。

(一) 利用实物或图片的直观情境

教师可以利用实物或图片等直观手段进行语法教学，不仅能使抽象的语法概念和规则形象化，还能增加教学过程的趣味性。

【案例 1】现在分词作状语

围绕着"饮食"这个话题，教师呈现了关于饮食习惯和文化的一些图片，让学生用现在分词作状语的结构来描述图片中的情形。生动有趣的图片让学生很快融入情境中。通过描述，学生不仅在情境中运用了目标语法，还了解了一些国家和地区的饮食文化。

While the Simpsons are enjoying delicious Chinese food in Chinatown, they are also experiencing Chinese culture.

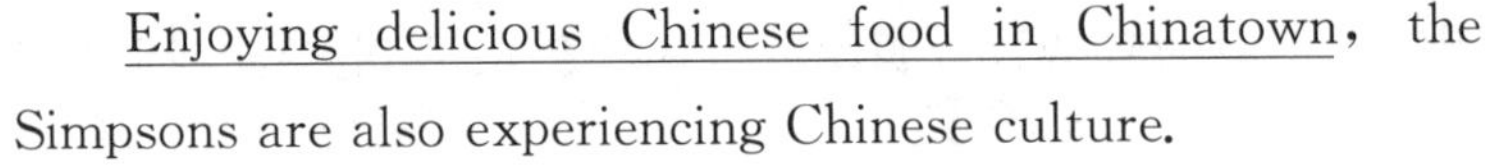

Enjoying delicious Chinese food in Chinatown, the Simpsons are also experiencing Chinese culture.

Since eating dim sum at a teahouse is a popular way of gathering with families, it has been a long-established custom of Cantonese people.

Being a popular way of gathering with families, eating dim sum at a teahouse has been a long-established custom of Cantonese people.

If you have visited Italy, you probably have an idea of the variety of Italian food.

Having visited Italy, you probably have an idea of the variety of Italian food.

（二）生活化情境

真实的生活化情境能激发学生参与的积极性和真实情感，使学生的语言表达更具活力。因此，教师在创设情境时，应充分考虑学生的真实生活情况、实际的认知能力和情感活动。

【案例 2】非限制性定语从句

教师利用寒假将至的时机，很自然地与学生谈起自己假期的出游计划，请学生为她的旅游计划提出建议，引起了学生的极大兴趣和共鸣。大家积极出谋划策，不知不觉就融入教师创设的情境中。然后，教师让学生阅读并比较她收到的两份不同版本的旅游广告，明显带有非限制性定语从句的那份给出了更多的补充信息，由此引导学生在情境中归纳出非限制性定语从句的规则并理解其语用功能。接着教师给学生看了几份不同的旅游广告，引导学生根据所给信息，灵活地运用限制性或非限制性定语从句介绍相关景点，在情境中操练这一语法结构。整个活动设计采用旅游指南为语料，材料层层递进，过渡自然，情境真实、生动，贴近学生的日常生活。

Barcelona(巴塞罗那), Spain

Barcelona is famous for museums, nightlife, and seafood—and for the architect Antoni Gaudi. Several of the city's unique buildings were designed by him. The restaurants here stay open until midnight. At that time, many locals are still enjoying dinner.

Barcelona is famous for museums, nightlife, and seafood—and for the architect Antoni Gaudi, who designed several of the city's unique buildings. The restaurants here stay open until midnight, when many locals are still enjoying dinner.

Seoul(首尔), South Korea

Seoul is well-known for its spicy food and shopping areas. You can find everything from antique pottery to custom-made clothing(定制服装) there. The Myeong-dong area has dozens of shops. The latest fashions can be found in those shops.

Seoul is well-known for its spicy food and shopping area, where you can find everything from antique pottery to custom-made clothing. The Myeong-dong area has dozens of shops where the latest fashion can be found.

Sydney(悉尼), Australia

Most tourists visit the famous Opera House when they go to Sydney for the first time. This Australian city also has great restaurants and museums. Most people come to visit Sydney in the spring and fall.

The place that most tourists visit when they go to Sydney for the first time is the famous Opera House. This Australian city also has great restaurants and museums. The spring and fall are the seasons when most people come to visit Sydney.

（三）问题情境

古训道："学起于思，思源于疑。"在语法教学中创设问题情境，不仅能实现师生间的有效互动，还能拨动学生的思维之弦，激活求知欲，唤起好奇心。

【案例 3】同位语从句

教授本课时，日本刚刚发生了特大地震，还引发了海啸、核泄漏等灾害。于是，教师利用当时这个震惊世界的新闻，向学生提出一系列问题并引导学生在回答时使用同位语从句来解释句中的抽象名词。这些问题引发了学生对时事积极的思考与热烈的讨论。同时，学生在回答时也在情境中理解了同位语从句"解释说明抽象名词"的语用功能。

T：Teacher　　　　**S**：Student

T：What is the biggest issue we are talking about nowadays?

S：The earthquake in Japan.

T：These days, nuclear blast and radiation leak have been the focus of the public. What does the Japanese government require?

S：The Japanese government requires the residents around the nuclear plants to leave immediately.

T：The requirement must be paid special attention to. Can you combine your answer with such a pattern "the requirement that... must be paid special attention to"?

S：The requirement **that the residents around the nuclear plants should leave immediately** must be paid special attention to.

T：At present Chinese people are concerned about many problems. What problem are you concerned about now? Please use the pattern "I am concerned about the problem whether...".

S：I'm concerned about the problem **whether the radiation leak will affect China.**

S：I'm concerned about the problem **whether there'll be more aftershocks in Japan.**

（四）多媒体情境

多媒体情境是把视、听、说融于一体，为学生创设一个立体的语言教学环境，扩大教学的容量，刺激学生的感官，增强学生的学习体验和兴趣。

【案例 4】让步状语从句

在教授让步状语从句时，针对语法知识点"no matter＋疑问词"的结构，教师播放著名乐队 Boyzone 的歌曲"No Matter What"，让学生在欣赏歌曲、填词和跟唱的过程中，熟悉该句型的形式、意义以及应用。歌曲播放结束后，教师让学生自己分析概括句型的用法，教师再加以点评和总结。

T: Life is always full of ups and downs. How shall we deal with life then? Let's try to get the answer from a popular song. While listening to the song, please fill in those blanks.

No Matter What

No matter what they tell us
No matter what they do
No matter what they teach us
What we believe is true
No matter what they call us
However they attack
No matter where they take us
We'll find our own way back
……

二、语法教学活动策略化

语法教学时，教师时常有这样的困惑，给了许多例句，也做了许多语法练习，但学生对语法的掌握仍然有限。虽然语法选择题答题正确率很高，但是翻译和写作中出现许多语法错误。反思我们日常的教学过程，其间最突出的问题，可能是把具体语法项目的意义理解和功能运用与语境分割开来，使学生难以准确理解某个语法通常应该在何种场合使用、传递何种核心意义。

举一个简单的例子来说明：对于"现在进行时"的语法讲解，我们通常会告知学生其结构为"be动词＋动词的现在分词"，其意义表示正在进行的动作，然后可以边做手势边说"I am speaking to you. You are sitting in the classroom and listening to me."随后组织学生替换例句中的主语，并用其他动词造句。或许有学生不太明白，教师说出这些他们当场看得见的动作或行为的"现在进行时"的句子，是要表达什么意义或意图呢？显然，这里缺少的就是结合该语法使用的具体语境，介绍其特定功能，使学生了解日常交际中如何有效得体地运用该语法。

事实上，《课标》对语法知识及其学习内容进行了明确阐述。《课标》认为，语法知识是"形式—意义—使用"的统一体，学习语法的最终目的是在语境中有效地运用语法知识来理解和表达意义，描述真实和想象世界中的人和物、情景和事件，表达观点、情感和态度，进行人际交流。

为了有效地进行语法学习，我们要适当地使用一些策略。《课标》(见下页表)对语法知识的"学习策略"也有细致的说明：

<table>
<tr><th>课程类别</th><th>策略</th><th>学习策略内容要求</th></tr>
<tr><td>必修</td><td rowspan="2">认知策略</td><td>2. 从不同的角度认知新学语言项目，既关注语言项目的形式，又关注其意义和用法；
3. 在语境中学习词汇和语法；</td></tr>
<tr><td>选择性必修</td><td>2. 通过观察、比较、分类和总结等手段，概括具体语言形式的结构、意义和使用规律。</td></tr>
</table>

根据《课标》的要求和建议，我们可以为“现在进行时”的教学设想以下使用情景：

（1）当路边某人向不在场或位于外地的某人报告所看到的情况时；

（2）当某人讲故事，或者以目击证人身份向记者讲述某个事件发生的整个过程时；

（3）当人们听收音机或看电视时，现场即时听到的诸如时事、文艺、体育等现场报道时。

这些自然和真实使用现在进行时的情景，都体现了该语法的描述或叙述功能。假如我们能够结合功能，即“使用”，讲授该语法的“形式”和“意义”，学生就会更为准确地理解和运用该语法。

当我们设想这样的使用情景时，我们其实就在使用语法教学或者说语法学习的策略了，即语境策略、语用策略和交际策略。

（一）语境策略

功能语法学家 Halliday 认为，语言交际不是通过孤立的句子实现的，而是通过完整的语篇实现的。语言规则与语境紧密结合。因此当某个语境出现时，就会自然地使用相应的规则。但是，我们的学生却在脱离完整语境（特别是语篇语境）的情况下，学习语言规则，因此遇到具体语境，往往无所适从，不能自如地运用恰当的语言形式进行交际。

以被动语态的使用为例，大家请看下面两句话是否使用得当：

(1) The rain destroyed the flowers.

(2) The flowers were destroyed by the rain.

单独看这两个句子，语法形式都正确，句意都是“雨打花落”。但人们的交际不会是要突兀地说出“雨打花落”这层意思，因此两句话是否选择了恰当的语法形式，还是得从完整语篇的角度来分析。从语篇衔接手段来讲，一般将已知信息放在主语的位置。如此一来，在下面两个语境中，(1)和(2)的选择就不能随意而为了。为了使句子衔接更自然，(1)更适合(a)语境，而(2)更适合(b)语境：

(a) It rained heavily last night. The rain destroyed the flowers.

(b) —The flowers are all gone. What happened to them?

—They(The flowers) were destroyed by the rain.

语境如此重要，在学生学习语法项目时，教师必须提供真实或接近真实的语境（语篇/话语），鼓励学生从语境中识别语法项目的形式、意义和功能。

（二）语用策略

学生掌握语法项目的形式及意义并不困难，困难的是他们不能选择恰当的语法形式表情达意，主要原因是他们不明白语法项目的语用功能。

仍然以被动语态为例，除了使学生知晓其形式是“be＋过去分词”及“被动意义”之外，还需要鼓励学生从语境（语篇）中发现、概括和比较在什么样的语境中使用被动语态更合适。高中《英语》（上外版）必修一第四单元的语法板块主要内容是复习被动语态，并新授现在进行时和现在完成时的被动语态。我们可以结合语篇 Reading A，通过提问等方式，帮助学生发现被动语态的语用功能。

Step 1：Review the text by answering the following two questions.

(1) What ceremony is performed when an Indian boy is grown-up?

(2) How important is the ceremony?

学生回答：

(1) The sacred thread ceremony is performed when an Indian boy is grown-up.

(2) It is said that the sacred thread ceremony marks a new life.

活动意图：教师对课文内容进行提问，一来复习课文，二来引出目标语法“被动语态”。

Step 2：Answer the following two questions.

(1) Who performs the ceremony?

(2) Who says that the ceremony marks a new life?

学生回答：It's not known or it's not important.

教师总结“被动语态”的语用功能其二：

a. when we want to focus on the person or thing affected by an action

b. when we do not know or do not want to mention the one who performs the action

活动意图：通过提问谁是施动者，帮助学生发现当我们不关注施动者或不清楚施动者是谁时，我们倾向于使用被动语态。

Step 3：Underline the sentences with the “passive voice” in the text and tell why the passive voice is used.

活动意图：加强学生在语境中识别被动语态及其语用功能的能力。

Identify and justify.

passive sentences	reasons
It's fair to say that “Jugendfeier” is treated differently from other coming-of-age events in the world.	a
In the past, “quinceanera” was connected with marriage.	a
Girls were taught cooking, sewing, and other general household skills.	b
It is said that the sacred thread ceremony marks a new life.	b
When an Indian boy is grown-up, he will be given three strands of sacred thread.	b

Step 4：Think why the passive voice is frequently used in the text?

教师可以再问这篇文章的文体是什么。学生意识到说明文中时常选用被动语态而非主动语态，来体现文章的客观性。

活动意图：引出被动语态的第三个语用功能。

当学生明白应该在什么语境中使用被动语态，那么接下来教师就应该设计合适的活动或任务来帮助学生提高他们的语法能力。这就是下面我们提到的交际策略。

（三）交际策略

前面我们讲到，《课标》提出学习语法的最终目的是在语境中有效地运用语法知识来理解和表达意义，描述真实和想象世界中的人和物、情景和事件，表达观点、情感和态度，进行人际交流。而且，交际策略是学生从课堂走向真实世界的关键策略之一。教师在课堂上应该尽可能设计交际型任务，帮助学生提高语法能力。在设计交际型任务时，有几点值得注意。

首先是目的性原则，即任务完成之后，学生使用目标语法的能力会有所提高。其关键点在于任务的场景设计应符合目标语法的语用功能。仍旧以被动语态为例，刚才我们和学生一起探究了被动语态在什么语境中使用，即它常见于正式文体以保持客观立场；人们不在意施动者是谁，也不清楚施动者是谁。那么我们在设计任务时，就可以朝这些场景靠拢。

其次是真实性原则，即任务要尽可能接近或类似现实生活中的各种活动。根据例子模仿对话、阅读之后回答问题可能不算是真实的任务，因为现实生活中，人们很少做这样的事情。任务中涉及的学习材料也应该尽量是真实的或接近真实的，如报纸杂志上的文章、通知、书信等。

再次是表达意义的原则，即任务必须以表达意义为中心，而不能以操练语言形式为中心。完成任务的过程是学生传递信息（通常是学生事先不知道的信息）、发表观点和意见等的过程。当然，课堂教学是一条任务链，包含了各项任务，是知识学习和能力提高的连续体，语言形式的操练有时也不可缺少，但也应当注意其交际性。

在注意上述三点之后，我们可以为目标语法项目——被动语态复习及现在进行时的被动语态设计一个交际任务，同时提供语言支架：

“你和好朋友一同参加了学校组织的参观访问姐妹学校活动。在姐妹学校，一位叫Lizzie的同学向你介绍她每天的课程安排。现在她手里正拿着周五（今天）的课表在介绍，只是今天的日程有所改变。你的好朋友因正参加交流表演，未能听见这番介绍，请你于他表演结束后转述给他听。”

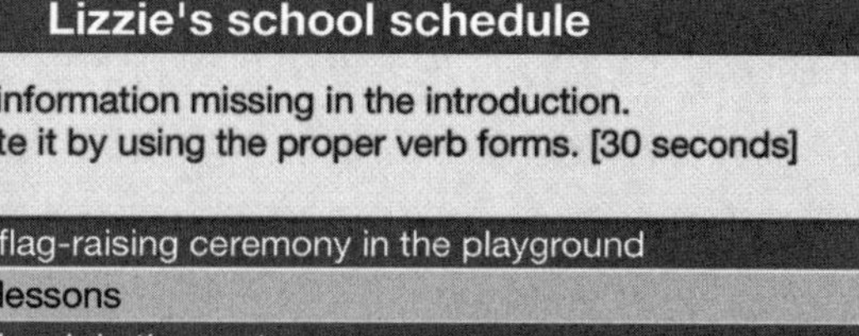

school schedule changes

Talk about the changes by completing the sentences below with the verbs given. [1 minute]

7:30 - 8:00	flag-raising ceremony ~~in the playground~~ in the hall
8:00 -12:00	lessons
12:00 -13:00	lunch ~~in the canteen~~ in the classroom
13:00 -15:00	~~after-school activities~~ the coming-of-age ceremony

1. The flag-raising ceremony is held (hold) in the playground.
   But today it is being held (hold) in the hall.
2. Lunch is served (serve) in the canteen between 12:00 and 13:00.
   But today it is being served (serve) in the classroom between 12:00 and 13:00.
3. After-school activities are held (hold) between 13:00 and 15:00.
   But today a coming-of-age ceremony is being held (hold) between 13:00 and 15:00.

这项任务的大情景是学生熟悉或听说过的姐妹学校互访活动。在完成任务的过程中，学生读取表格信息，在向同伴介绍时表达意义、沟通信息，而且这些信息是同伴之前所不知道的。这项任务也符合被动语态的使用语境：客观陈述每日安排，不在乎或不知道施动者是谁。为什么要设计活动的临时改变呢？因为现在进行时被动语态的语用功能之一就是表述动作的暂时性。在完成这项大任务之后，学生对何时选用被动语态，使用何种时态的被动语态有了更为直接的体验。我们相信，当他们下一次置身于类似的场景中，会更自如且恰当地使用被动语态。

通过上述案例，教师可以一窥语法学习或教学的三维目标“形式—意义—使用”以及三种策略“语境策略”“语用策略”和“交际策略”。在教学设计时也力争做到“三维”合一，注重在语境（语篇）中帮助学生发现、概括语法项目的形式和意义，探寻其语用功能，并设计真实的交际任务，鼓励学生能通过在语境中学习运用、内化语法规则从而得体使用语法的能力。

三、语法教学活动任务化

《课标》倡导指向学科核心素养发展的英语学习活动观，指出教师应设计具有综合性、关联性和实践性特点的英语学习活动，提高英语学习能力和运用能力。《课标》在“语法知识”内容要求中指出，教学中应体现以语言运用为导向的“形式—意义—使用”三维动态语法观，设计不同类型的学习实践活动，在语境中呈现新的语法知识，帮助学生运用语法知识理解和表达意义。而任务型教学基于语境和学生实际生活设计教学活动，引导学生在完成任务的过程中，通过交际、探究、应用、实践来习得和巩固语言知识和语言技能，理解感悟语言，培养学习策略，提升思维品质。

(一) 语法教学活动任务化的概念

任务型教学是确定一个教学目标后，教师给出一项联系实际的任务，学生通过完成该任务学会某项语法的形式、意义和语用。语法教学活动任务化，关键在于如何选择一个合适的任务，该任务既需符合教学目标并与教学内容紧密结合，还需联系学生实际生活并激发学生的学习兴趣。教师应结合学生的实际水平和需求，来设计相应的任务，让他们在课堂上能够以任务为载体，积极参与教学活动，突出主体意识，在完成任务中有所收获。

(二) 语法教学活动任务化的要点

语法活动任务化，就是英语教学应体现交际性，要结合学生的年龄特点和生活实际，创设交际情境，通过大量的语言实践，使学生获得综合运用语言知识和语言技能进行交际的能力。笔者在语法教学的实践过程中，体会到设计任务时，应该注意以下三点：

第一，语法教学活动任务要能激发学生的学习兴趣。

第二，语法教学活动任务要能加强学生的学习体验。

第三，语法教学活动任务要能提高学生的学习能力。

(三) 语法教学活动任务化教学案例与分析

【案例 1】 present participle and past participle 的操练和巩固。

教学主题： Animals

教学任务设计说明： 分词可用于表示原因、时间、伴随以及具有对描述对象进行修饰等功能，可使句式表达更为多样化。高中《英语》(上外版)必修第二册第二单元的主题语境为 Animals，学生通过 Reading A 了解了动物园对动物的生存及生活环境的影响，并引发思考。因此，可以在 Critical Thinking 板块加以拓展，结合 Reading A 的语言知识，启发学生思考饲养宠物的利弊，设置了给社区写一封信来谈谈自己的观点这一任务，选择恰当的现在分词或过去分词表达看法，从而让学生体会分词这一非谓语的语用功能。

教学步骤：

Step 1： 教师引导学生思考该单元所学内容，进行头脑风暴，罗列出饲养宠物的优点和缺点。

教师指令如下：Please reflect on what you have learned in this unit and brainstorm the advantages and disadvantages of keeping a pet.

学生罗列如下：

➢ Advantages：release pressure，provide fun，become patient/responsible，offer a sense of safety，have an opportunity to exercise...

➢ Disadvantages：spend more money，leave the environment unbearable，be deprived of leisure time，be ignored by family members，be tired...

Step 2：教师请学生思考以下问题，并用分词结构回答：

(1) Why do more and more people choose to keep a pet?

(2) What kind of pets are welcomed by customers?

(3) Why are some people concerned about keeping a pet?

学生回答如下：

(1) Having an opportunity to exercise，more and more people choose to keep a pet.

(2) The pets providing fun are welcomed by customers.

(3) Deprived of leisure time，some people are concerned about keeping a pet.

Step 3：学生给社区中心写一封信，表达自己对于饲养宠物的看法。

教师指令如下：Now your community center would like to know your opinions on keeping a pet in order to improve the living environment of the neighborhood. As a resident，you need to write a letter to the community center to express your opinions. Please use the proper form of participles in your letter.

学生完成该任务后的成果如下：

For whom it may concern，

I'm glad to write to you to express my opinions of keeping a pet at home. As is known to all，with the rapid rhythm of life，many people prefer to keep a pet. In their view，having an opportunity to exercise，they choose to keep a pet. Releasing pressure，keeping pets can help them live a life of ease after a harsh day from work. That's the truth. However，in my opinion，keeping a pet can also bring about some problems. First，spending more money on pets，some people may struggle to make ends meet. Second，some pet owners may forget to clean the mess from their pets，leaving the environment unbearable. Last，keeping a pet requires plenty of time. Deprived of leisure time，some people may have a sense of fatigue，making them feel weary. In a word，if you choose to keep a pet，you should think it over and make your sensible choice.

Yours，

Sandy

在激发学生学习兴趣方面：本课学生在完成写作任务的过程中，由于话题贴近生活和单元主题，积累了一定的语料，学生表现非常活跃，从积极的头脑风暴，罗列出养宠物的利弊，到小组合作完成给社区的一封信，都表现出极大的兴趣。

在加强学生学习体验方面：不少学生都有养宠物的经历，因此对该话题比较熟悉，任务的推进十分顺畅。学生在头脑风暴过程中，积累了更多的语言表达；在教师提问的引导下，体会分词的运用场合和语境，给学生之后自主完成写信过程中的观点表达提供了有效支撑，加深了学生对于这一语法结构语用的感悟。

在提高学生学习能力方面：在参与这一任务过程中，学生进行头脑风暴，集思广益。在小组合作中，分析筛选信息；在写作任务中谋篇布局，梳理信息，提出观点，提升了语言组织能力和逻辑分析能力。

【案例 2】when/where/why 引导的定语从句的操练和巩固。

教学主题：Travel

教学任务设计说明：限制性定语从句的语用功能用于修饰、限定某事物，非限制性定语从句用来补充说明，进一步提供信息。高中《英语》（上外版）必修一第三单元的主题语境为 Travel，学生通过 Reading A 了解了罗马的景点及相关定语从句的语用。因此，在教学设计中，可以结合 Moving Forward 板块设置一个让学生为国外好友提供一份上海旅游指南手册的任务，使用 wh-引导的定语从句来介绍、描述景点，体会限制性定语从句和非限制性定语从句的语用功能。

教学步骤：

Step 1：学生分组讨论推荐两个上海旅游景点（选出 The People's Square 和 The Bund）。

Step 2：学生列出景点的基本信息。

旅游景点 1：The People's Square，信息如下：

- located in the centre of Shanghai
- cover an area of 65,000 square meters
- completed in 1999
- a popular place
- can visit Shanghai Museum there

旅游景点 2：The Bund，信息如下：

- a must for tourists to Shanghai
- located along the Huangpu River
- can see the Oriental Pearl TV Tower across the river
- boast a complex of architectures
- attract millions of visitors each year

Step 3：教师请学生用 when/where/why 引导的限制性定语从句或非限制性定语从句来描述旅游景点，为国外好友制作一份 brochure。

教师指令如下：Please use relative clauses to design a travel brochure for your friend from Britain to introduce some places of interest in Shanghai.

旅游景点 1：People's Square

学生完成该任务后的成果如下：

The People's Square, which covers an area of 65,000 square meters, is located in the centre of Shanghai. 1999 was the year when it was completed. It's a popular place, where you can visit Shanghai Museum.

旅游景点 2：The Bund

学生完成该任务后的成果如下：

The Bund, which is located along the Huangpu River, is a must for tourists to Shanghai. The Bund is a nice place, where you can see the Oriental Pearl TV Tower across the river. It boasts a complex of architectures, which is the reason why it attracts millions of visitors each year.

在激发学生学习兴趣方面：在本堂课中，学生积极活跃地参与到该活动中，没有表现出以往学习语法时机械操练时的消极态度。旅行是学生十分感兴趣的一个话题，而上海的旅游景点又为学生所熟悉，有着丰富的旅游体验，因此这一活动形式充分激发了学生的学习兴趣。

在加强学生学习体验方面：在描述旅游景点的过程中，学生用限制性定语从句来修饰、限定某事物，用非限制性定语从句来补充细节，在积累的旅游体验中，在信息的筛选、组织过程中，选择、体会这两种定语从句的语用功能。

在提高学生学习能力方面：学生在参与活动的过程中，通过小组讨论，交换、分析信息、协同合作，对两种定语从句进行辨别，提升了思维能力和团队合作能力。

【案例 3】to be done/to have been done 的新授和操练。

教学主题：Environment Protection

教学任务设计说明：该不定式表示逻辑主语承受或已承受的动作，用来替代复合句中的从句部分，从而体现多样化的表达方式。在教学设计中，选择了以环境保护为主题，通过让学生设计一份环保倡议书，在描述环境面临威胁的过程中，体会该不定式的语用特点。

教学步骤：

Step 1：学生阅读一份关于环境受到威胁的信息。

教师指令如下：Here's the information from China Environmental Protection Association.

学生阅读以下信息：

It is reported that many coastal cities have been polluted by chemicals and other harmful things from heavy industries. For instance, industries seem to have polluted the North and Black Seas in Europe so much that the marine life is poisoned and may never recover. What's more, as a result of overfishing, it is believed that some fish are affected in the food chain. Therefore, the government should enforce regulations to stop killing those rare species of marine creatures.

Step 2：教师请学生思考并完成句子改写。

教师指令如下：Please change the following sentences into simple ones by using infinitives according to the hints.

(1) It is reported that many coastal cities have been polluted by chemicals and other harmful things from heavy industries. (Many coastal cities...)

(2) It is believed that some fish are affected in the food chain. (Some fish...)

学生改写如下：

(1) Many coastal cities are reported to have been polluted by chemicals and other harmful things from heavy industries.

(2) Some fish are believed to be affected in the food chain.

Step 3：教师请学生用不定式的这两种形式来完成一份环保倡议书。

教师指令如下：Suppose you are volunteers for China Environmental Protection Association. Please design an initiative for protecting the environment by using the proper form of the infinitives with the given information.

提示信息：

➢ many coastal cities/some fish/about 20,000 of the animals/many species of trees...

➢ report/believe/estimate/say/seem...

学生完成该任务后的成果如下：

Our environment is under threat. Many coastal cities are reported to have been polluted by chemicals and other harmful things from heavy industries. Some fish are believed to be affected in the food chain. About 20,000 of the animals are estimated to be killed illegally each year, so it's a duty for us to protect the wildlife. Many species of trees are said to have been cut down. As a result, measures are to be taken to change the status of trees. With the 2022 Winter Olympics to be held, we should take advantage of the opportunity to improve the environment in our country to make our life better.

在激发学生学习兴趣方面：在本堂课中，学生在完成任务的过程中，表现出了极大的兴趣，学生对环境保护的话题很熟悉，对于环境遭到的破坏有话可说，通过设计环保倡议书的形式引导学生阐述观点，传播环保的价值理念。

在加强学生学习体验方面：学生在阅读材料的过程中，体会不定式的逻辑主语和它的关系，在句子转换中理解不定式如何表示逻辑主语承受或已承受的动作。在设计环保倡议书任务中，运用不定式的这两种形式描述环境问题并提出倡议，体会该语言结构多样化的表达方式，感悟其语用功能。

在提高学生学习能力方面： 学生在参与这一活动过程中，小组合作完成一份倡议书，头脑风暴，各抒己见并提出方案，加强了语言交际能力，提升了发散性思维品质。

综上所述，教师在设计任务的过程中，应该充分考虑到学生的日常生活和学校生活中常常接触到的话题，使他们有兴趣参与这一话题，从而能够激发他们想要表达的愿望。要摈弃以往单一而枯燥的合并句子，翻译甚至是单纯的规则讲解等传授形式，应体现出多样性，譬如可以就话题进行讨论，布置给学生某个任务，采用图片或实物描述，让学生设计海报，或让学生做 presentation 等。在语法教学的过程中，教师应该认识到语法学习不应该是一个孤立的过程，它必须与听、说、读写结合起来，才能真正显现出它的生命力。教师还应认识到，语法的使用离不开它的语用功能，因此教师除了呈现语法的语形和语意之外，更应该将语法结构在怎样的情境下可以使用，清晰地呈现给学生，让学生学会在各种任务中正确使用相关的语法结构。因此，在语境中教授语法，重视语形、语意、语用三者的有机结合，使学生主动积极地投入到让他们能够产生共鸣的真实的情境中，让学生觉得是他们在推进教学过程而不是被教师牵着走，这样才能使他们对于语法有一个全新的认识，从而让语法教学真正地从 Grammar 走向 Grammaring。

四、语法教学活动多元化

（一）语法教学与阅读

《课标》提出要引导学生在语境中理解和运用新的语法知识。语法参与传递语篇的基本意义，语法形式的选择取决于具体语境中所表达的语用意义，因此语法知识的使用不仅要准确、达意，还要得体，而阅读语篇提供了语法学习的主题语境，使学生能在语境中体会目标语法的意义以及语用功能。其次，基于语篇的语法教学要求学生基于对语篇的理解归纳出语法的形式，并且鼓励学生运用所学语法探究主题意义、了解多元文化、分享个人观点，有利于培养学生思维的逻辑性、批判性、创新性。因此，立足阅读语篇教语法使得教师可以基于主题语境，在学习活动中为学生提供可理解的语言输入，使学生在完成真实交际任务的过程中综合运用各语言技能，体会目标语法的意义以及语用功能。语法教学结合阅读的优势主要体现在三方面：T(Theme-based)，L(Learning-oriented)，T(Thought-provoking)。接下来，笔者就这三方面一一与大家分享自己的体会和教学实例。

1. 语法教学结合阅读有助于提供主题语境 T(Theme-based)。

《课标》指出在语言使用中，语法知识是“形式—意义—使用”的统一体，阅读活动为语法教学提供了充分的语境支持，因此教师应重视在语境中呈现新的语法知识，引导学生运用语法知识理解和表达意义。

比如高中《英语》(上外版)必修第三册第二单元要教授的语法项目是不定式作宾语、表语、状语、定语、补语。教师结合第一课时介绍人民艺术家齐白石的阅读语篇,设置关于齐白石生平和作品的理解性问题,使学生在理解语篇内容的过程中识别不定式的形式、功能及意义。通过分析,本课主要操练的语法功能为不定式作目的状语表达意图以及不带 to 的不定式作补语表达主观感受。结合单元目标之一即学生需要介绍艺术家及其作品,以及第四课时中对梵高作品及生平的介绍,教师以讨论梵高的代表作"Starry Night"为语境,引导学生在讨论艺术作品过程中运用不定式并体会其语用功能。教师设计了由浅及深的三项活动:

活动一:小组讨论作品的艺术特征(About the painting),学生需要利用不定式阐述艺术家运用的绘画技巧以及想要达到的效果。

活动二:学生利用不定式表达意图的语用功能,分享对作品所传达主题的理解,利用不带 to 的不定式表达感受的语用功能,分享作品给其带来的感受(Behind the painting)。

活动三:在思维层次上上升到对作品价值的判断(Beyond the painting),学生仍然需要运用新授语法表达自己是否愿意购买梵高的这幅画作,以及愿意将其安置的地点。随着对画作讨论的逐步深入,学生可以尝试利用提供的 sentence pattern 运用不定式的不同语法功能,由原先扁平单纯地表明喜好到立体批判地鉴赏画作,有理有据,并有一定深度地表达自己想要说的内容,既加深了对新授语法项目"形式—意义—使用"的立体认知,也拓展了对单元主题内涵的理解。

2. 语法教学结合阅读有利于培养学习能力 L(Learning-oriented)。

Freeman 博士认为语法的教学目标是发展学生"准确,有意义且得体地使用语法结构的能力。"《课标》中也指出学习能力的培养有助于学生多渠道获取学习资源,自主、高效地开展学习。因此教师要在语境中帮助学生巩固所学语法知识,帮助其学会应用语法知识自主表达意义。

比如高中《英语》(上外版)必修第二册第三单元的目标语法形式是教授-ing/-ed 形式作定语。首先,教师充分利用教材中的 king cake 和 fish chips 文本,通过定语从句的转换,引导学生掌握-ing/-ed 的形式,达到使文本更简洁生动的功能。随后在产出活动中,教师把语境迁移至中国,最终要求的产出为:学生能够运用新授语法形式介绍一道中国新年美食。为了给学生提供支持,教师先以年糕作为示范,提供语料,以句子填空形式搭建支架,通过定语从句转换成-ing/-ed 形式进行操练。随后学生需要自行介绍春卷,教师对语料进行修改,学生可以基于内容和语言的支撑,即 origin、meaning、cooking method 和 flavor 四个方面的语料,利用语料练习-ing/-ed 形式。而在作业中教师帮助学生继续在语境中操练-ing/-ed 形式,设置分层作业,学生可以选择根据教师提供的语料介绍饺子或鱼这样的春节传统美食,也可以尝试自行查找素材描述一道喜爱的美食,并让其他同学猜测该美食的名称。从阅读文本中引出新授语法,到提供支架的实践,到撤除支架的迁移，教师通过不断增加活动挑战来提升对学生学习能力的要求，从而使学生不断内化语法知识。教师鼓励学生在交际中使用语法，并且通过联系生活实际激发学生的学习兴趣，兼顾学生学习能力的差异使学生各自发挥创意，在完成产出任务的过程中拓展对单元主题语境的理解，培养其自主学习的能力。

3. 语法教学结合阅读有益于提升思维品质 T(Thought-provoking)。

《课标》指出，思维品质的发展有助于提升学生分析和解决问题的能力。在解决问题的过程中涉及语法知识的使用，因此教师要结合具体语境，引导学生准确、恰当、得体地使用语法形式完成交际任务，从而更好地理解语法形式的语用意义，并培养思维的逻辑性、批判性和创新性。

教师在高中《英语》(上外版)必修第二册第二单元的第六课时 Reading B 中引入虚拟语气教学。语篇记叙的是一位退休工人救助一只南美企鹅并最终与其建立深厚友谊的故事。教师在带领学生概括故事情节并对故事主题进行阐释后，设计了两项活动，让学生初步体会虚拟语气表推测的语用功能：

活动一：教师请学生尝试从企鹅 Dindim 的视角想象两位主角的日常生活场景，提问学生 What would you enjoy doing with Joao if you were Dindim? How would you feel when staying with Joao? 学生通过转换视角，在语境中学习使用虚拟语气，同时能进一步体会角色之间的感情，也为活动二做了铺垫。

活动二：教师结合本校的校园猫广受欢迎这一真实情境，设置语境，要求全班在小组内以第一人称视角讨论学校的校园猫是如何被对待的，根据其感受以及其渴望被对待的方式，设置问题：What would happen if you were the cat on our school campus? How would you think of the teachers and the students? How would you react to them? What would you say to them? 活动二是对活动一语境的迁移创新，学生聚焦现实中的具体场景和任务，利用虚拟语气表假设和推测的语用功能，在分析问题、解决问题的过程中学会联系实际、换位思考，从而呼吁人类与动物、与自然的和谐相处，加深对单元主题意义的理解，体现批判思维的培养。

(二) 语法教学与写作

传统高中英语教学向来重视语法知识的讲解，学生缺乏对语法、语用目的的深思，往往囫囵吞枣地记下语法书中的各条介绍，条件反射地做题。通过反复刷题训练，学生的得分虽能缓步提升，但是每当遇到写作这样没有选项提示、需要自主创造的实际任务时，学生语法基本功不扎实的短板就会暴露出来，这说明学生对语法的掌握停留在知其然，而不知其所以然的表层。

那么，能否因为写作对学生掌握语法的要求比较高，所以就先暂时放宽对语法的要求，侧重鼓励学生写得多、写得快呢？笔者认为不行，因为欲速则不达，如果一开始便对写作过程中暴露出来的语法错误得过且过,那么学生在将来的学习长路上一定会遇上阻碍他们上升的瓶颈。北大英语系教授、博士生导师胡壮麟认为:一个语言正确但不流利的学习者,如果有更多机会和操英语者接触,会逐渐趋向流利;但一个语言貌似流利可是错误很多的学习者,靠他自己的习得,很难往正确方向发展,因为他已养成有错误而自己仍认为是正确的陋习,对一些错误的表达方式定式化了。因此,如果为了鼓励学生多表达而对写作中出现的语法错误睁一只眼闭一只眼,久而久之,只会放任学生的语法错误逐渐固化,积重难返,无力回天。

1. **写作与语法的互促关系**。

写作训练与语法学习并不冲突,相反,它们能够被有机结合,发挥相辅相成的作用,达到事半功倍的效果。写作训练能够有效地促进语法学习,是因为一些语法之所以有某一细微规则,在单句中难以体现,只有在为了达到某一语用目的而被使用于语篇时才会体现。学习者只有在编写语篇的过程中体会到为什么必须用某一语法,才会对语法理解得透彻。写作是带有目的的表达活动,而语法是服务于各种表达目的的,如果学生带着任务意识主动地运用语法,而不是投机取巧地利用排除法去做选择题,则会对语法有更加深入、准确的认识。

加强对语法的掌握也有利于写作。不难发现,现在学生写作中最大的障碍就是语法。要表达一个意思时,学生往往找不到最恰当的语法,结果文章常常文不达意。有些语法错误,会造成句意不通,甚至造成误会。使用恰当的语法不仅能够让文章变得通顺、准确、便于理解,还能够起到润色的作用,增加文章的文学性,提升美感。

2. **写作活动设计的原则与案例**。

那么,在设计旨在帮助学生学习语法的写作活动时,应该遵循什么原则呢?我想,也许可以从 P(Purpose-oriented)、E(Exclusive)和 L(Literary)三个方面来考虑,笔者把它们归纳为 PEL 原则。接下来,笔者就这三方面一一与大家分享自己的体会和教学实例。

(1) Purpose-oriented 原则。

首先,P(Purpose-oriented)是指写作任务的目的性。因为写作是旨在达到某种语用目的的活动,所以应该让学生体会到语法究竟是如何能够实现这种目的的达成的。

【案例 1】对于外语学习者而言,目的语中相较母语来说差异较大的语法往往是学习的难点,比如英语中的被动语态,很多中国学习者不会主动且准确地运用。了解被动语态的语用功能是学习它的重点,其主要语用功能包括:1) 强调动作的接受者;2) 动作实施者无须提及;3) 动作实施者未知或不重要;4) 强调客观性。高中《英语》(上外版)必修第一册高一年级第一学期第四单元 Customs and Traditions 中介绍世界各地的风俗及传统,由于关注焦点放在风俗传统本身,以及介绍类文章须体现客观性的需求,这类文章里的很多信息必须用被动语态表达才妥当。

➢ In some Indian families, the sacred thread ceremony is performed when a boy is grown-up.

➢ It is said that the sacred ceremony marks a new life.

在《空中课堂》课堂教学案例中，老师首先用一个记忆小游戏，向学生提问："What ceremony is performed when an Indian boy is grown-up?""How important is the ceremony?"并画出介绍信息中用到的主要动词，引导学生注意被动语态被用于介绍"the sacred thread ceremony"的时间和重要性。然后老师进一步提问"Who performs the ceremony?""Who says that the ceremony marks a new life?"以帮助学生进一步理解动作实施者在此处并不是关注重点，而是"ceremony"本身，以及动作实施者未知或不重要，只是客观上存在的现象，强调了被动语态的语用功能。然后利用这一单元的主题进一步启发学生就"national-flag-raising ceremony""birth traditions"等有趣的仪式、传统进行改写介绍，这时对他们来说，被动语态的使用就"make sense"了。

(2) Exclusive 原则。

接下来，谈谈另一个需要考虑的要求 E(Exclusive)，即语法运用的排他性。编写了多部经典英语学习用书的英国学者 Felicity O'Dell 表示："对语法的了解(即语法知识)是指准确地知道，在特定环境中，某种语法现象(如一种时态)是唯一可供的选择。"在教授被动语态时，我还设计了以下写作练习，以加深学生的理解，并对知识点进行强化和巩固。

【案例 2】Direction: Suppose you are a detective who has been invited to a scene of a crime. Please observe the scene carefully and write a report on everything that is helpful for you to deduce the fact.

笔者先请若干学生口头描述看到犯罪现场照片后的直观感受。他们发现，由于不知道案件的实施者是谁，所以现场一切反常的迹象都不得不用被动语态来表示。另外，由于报告是供日后推理的基础资料，不得含有个人的主观臆测，必须保持客观性，因此被动语态是不二选择。在此基础上，学生写作时就会自然而然地主动运用被动语态来表达，他们成文后，我组织了评选，让学生票选出最细致、准确的报告，在达到语法教学目的的同时，提升他们的学习兴趣。

(3) Literary 原则。

最后要讲的一个方面 L(Literary)，是指语法功能的文学性(Literary)。一些语法可以用来给文章润色，使文章的内容更生动，语言更形象，带领读者跟随文章展开想象，把文章变得鲜活具体，引人入胜。

【案例 3】鼓励学生主动使用完全倒装来进行写作。《英语(牛津上海版)》高一年级第二学期第一单元 A Trip to the Theatre 的课文是世界著名音乐剧 The phantom of the opera 的故事梗概，它的第一段交代了 Phantom 生活的环境：

The Paris Opera House was a huge building. Beneath the building there was a strange, dark lake. On this lake was an island. On that island, one hundred years ago, lived the Phantom.

接下来笔者给学生提供了没有使用完全倒装，而是用正常语序描述这一环境的语段，让学生进行对比：

The Paris Opera House was a huge building. There was a strange dark lake beneath the building. An island was on this lake. The phantom lived on that island, one hundred years ago.

他们会发现课文因为运用了完全倒装，读者的注意力就会聚焦在各个景物上，从一个景物跳到下一个景物的描述思路变得更加连贯，因此读者更容易想象出 Phantom 生活的环境，为了解他的身世和性格做好了铺垫。另外，用完全倒装来描写环境还有一个重要的功能就是在故事开头制造悬念，吸引读者期待接下来会发生的事，比平铺直叙地白描环境要引人入胜得多，增加了文章在文学上的美感。

启发学生进行对比分析后，笔者把他们分为四人一组，鼓励每组选择一种故事题材写一个开头，交代故事发生的环境，尽他们所能吸引读者。写作要求描述如下：

There are many different kinds of stories such as horror, fantasy, mystery and science fiction. Write suitable settings for one kind of the stories listed below:

1) Ghost Story

2) Fairytale

3) Detective Story

4) Science Fiction

因为这些都是学生非常喜爱的故事题材，所以他们写作的兴致很高，代入感极强。Ghost Story、Detective Story 的人气最高，学生很喜欢带有神秘恐怖气氛的故事，在描述环境时会主动运用完全倒装来制造悬念，在写作过程中体会到了完全倒装的文学功能。

总之，通过写作训练，学生可以在运用中体会到语法的目的性、排他性和给文章增色的文学性，转被动认知为主动使用，从而更加深入牢固地掌握语法。

（三）语法教学与听说

著名语言学家克拉申曾经说过：人们使用语言的能力，包括使用外语的能力，主要不是通过学习(learning)获得的，而是在自然的交际环境中习得(acquisition)的。克拉申明确区分了学习和习得，认定习得更为重要，学习(learning)是有意识的学习语言的过程，而习得(acquisition) 则是学习者不是靠他人教授语法规则，而是在语言实践中提升的语言能力。习得是一个潜意识的内化的过程，是提高语言交际能力的重要途径。

那么，究竟该如何充分实现"习得"呢？首先，有效的输入是非常重要的。教师可以设计一系列的听说练习，而设计的过程中可以利用"交际法教学"(Communicative Language Teaching，简称 CLT)。所谓"交际法教学"，是指"在课堂教学中创造一些信息遗漏或空间，并让学生为填补这些信息空间提供必要的信息。而填补这种信息空间需要两人或两组人之间相互作用于某一语言交际活动中，诸如提问与回答，并以学习者所学习的语言当填补信息空间的桥梁。”而美国著名语言学家 H. Douglas Brown 在他的《语言学习与语言教学的原则》(*Principles of Language Learning and Teaching*)书中说：“语言的最高境界不只是掌握语言形式，而是通过掌握语言形式以完成语言的交际功能。”因此，课堂教学应注重培养学生的交际能力，而有效的听说练习正可以推动这一目的的达成。

下面笔者以语法教学中较难的虚拟语气为例，设计听力短对话的练习进行教学。在教学的第一阶段，可以给学生几个选项进行选择，在一定程度上降低难度。例：

W: (学生 A 朗读)I really enjoyed the TV special about giraffes last night. Did you get home in time to see it?

M: (学生 B 朗读)Oh, yes, but I wish I could have stayed awake long enough to see the whole thing.

Q: (教师提问)What does the man mean?

A) He was looking forward to seeing the giraffes.

B) He enjoyed watching the animal performance.

C) He got home too late to see the TV special.

D) He fell asleep in the middle of the TV program. (正答)

这一阶段的练习与高中阶段考试中听力部分短对话的题型相符，学生在之前的练习中可能也已经接触过类似的知识点，因此能够尽快地在选项的帮助下理解 could have done 表达的含义，教师可补充 should/need have done 等相关语法知识让学生理解含义。

在教学的第二阶段，由学生 A 朗读带有虚拟语气的单句，学生 B 在选项中找出与单句意思相同的句子进行匹配。例：

学生 A: If I'd had an hour more, I had been able to rewrite my conclusion.

A) It took me an hour to come to a conclusion.

B) I didn't have the chance to revise to a conclusion. (正答)

C) Later on I concluded that I had been wrong.

D) I started to rewrite the conclusion an hour ago.

比起第一阶段来说，第二阶段的练习更为直接，要求学生能够根据听到句子的意思，理解后迅速选出能够诠释该句意思的选项。在理解句子的同时，教师可以将 if 引导的条件状语从句中的虚拟语气这一语法知识点贯彻下去(即“与现在事实相反”“与过去事实相反”“与将来事实相反”)。对于接受能力较强的学生，也可补充省略 if 的部分倒装句形式(将助动词或情态动词提前)并补充例子让学生尝试操练。

在教学的第三阶段，由学生 A 朗读带有虚拟语气的单句，学生 B 尝试诠释该单句所表达的真正意思。在这一阶段，切记给出的例子要由易到难，并且给学生一定的时间思考准备。

例 1：

学生 A： If you'd worked hard, you might have passed.

学生 B： You didn't work hard.

例 2：

学生 A： I would go to a movie tonight if I were not to work on the paper.

学生 B： I will work on the paper tonight instead of seeing a movie.

例 3：

学生 A： More people would have attended if it hadn't snowed.

学生 B： The snow kept some people home.

例 4：

学生 A： I wish I hadn't gotten rid of the old letters.

学生 B： I wish I still had the letters.（可补充 wish 引导的宾语从句中的虚拟语气）

相对于第二阶段的教学来说，第三阶段的难度有了很大提升，不仅需要学生的理解，更需要学生的表达，也可以说是从"输入"到"输出"的过渡阶段。这一阶段可称为交流阶段（the practice stage），它的目标是准确（accuracy）。在这一阶段，学生应努力运用所学语法表达实际意义，尝试独立运用语言；教师应当起到鼓励学生独立使用语言的作用，给予学生必要的提示。"交流阶段"用来巩固和强化学生之前学习和观察到的语法，促进其从理解到应用语法的转化过程，激励学生去有更多的发现和应用，激发学生的潜能。同时，教师应根据学生的水平，充分提高课堂效率，注重听说速度的标准，使课堂的氛围活跃紧凑。

当然，真实场景中的语言交际往往不只是一两句话的快速应答，教师也可以设计一些较长篇幅的听力练习，在其中渗透语法学习。仅以下面的 conversation 为例。

Bill： Excuse me, is it okay if I sit here?

Lisa： Sure, go ahead.

Bill： Thanks. By the way, I'm Bill Rivers.

Lisa： Hi, Bill. My name is Lisa Brown.

Bill： Hi, Lisa. Are you on vacation?

Lisa： No, I'm working here in London for a few months.

Bill： You're kidding—so am I. What do you do?

Lisa： I work for the American Central Bank. How about you?

Bill： I'm an artist, and I was asked to bring over some of my works to a small gallery just near here. I've just had my first exhibition there.

Lisa： Wow—that's impressive.

Bill： Thanks. So where are you from?

Lisa：I'm from California—Santa Barbara.

Bill：You're kidding—so am I! **Don't tell me you went to Rosefield High.**

Lisa：Yeah，I did... but I wasn't a very good student.

Bill：Me neither. What year did you graduate?

Lisa：Um，1989.

Bill：Oh，that's strange，me too. Do you remember Mrs. Rivers?

Lisa：Oh，the math teacher? Sure. She was so strict and even horrible!

Bill：**I can't agree with you more.** But... she is my mom.

Lisa：Oh.

这是一篇有关 greeting 的长对话，虽然没有难词长句，但一些语法知识的掌握却能帮助学生更好更完整地体会说话者的 implied meaning，对学生在推断这一方面的能力也是一种提升。首先，如“Don't tell me...”这一句型，教师可以解释为：It is an expression to show that the speaker to be told something unlikely but nonetheless true. Bill suspects that both of them might have gone to the same school. 这一句型表达出的应当是说话者对于巧合的难以置信，而不是“Don't tell me...”本来的类似于“Don't let me know.”的意思。其次，又如“I can't agree with you more.”这一句型的真正含义。教师在此处应当指出的是如下的英语语法点：否定＋比较级＝最高级。因此“not... more”相当于“most”，此句应理解为：“I absolutely agree with you.”中文可翻译为：“我非常/完全同意。”关于这一句型，在英语口语中的应用还有很多，用于该结构中的否定词除了 not 之外，还有 no/never/nothing 等，教师可补充例句，如“I have never spent a more worrying day.”(这是我过得最忧心的一天。)“This could give her no greater pleasure.”(这让她再高兴不过了。)检测学生是否很好地理解这一语法知识点，可通过短对话提问的形式。例如：

W：How did your interview go?

M：**I couldn't feel better about it!** The questions were very fair，and I seemed to find an answer for all of them.

Q：What is the man's attitude about the interview?（He felt confident about it.）

要想实现“习得”，光靠大量的输入是不够的。“听”与“说”是密不可分的，离开了“说”的听力教学是不完整的。只有当学生能够利用所学的语法知识表达自己的时候，我们的教学目的才有望达成。学生获得了对某个语法项目的认识，并不等于达到了运用自如的程度。教师应有计划地引导学生进行巩固，不断加深对该语法项目应用范围的了解和熟练运用的程度。正如方才例子中的教学第三阶段所提到的，强化输出便是关键的一步。我们都知道，要阐述清楚语法规则并不难，有的学生甚至能把许多语法规则熟练地背诵出来，但是一到实践的时候，就会出现“张口难”或是错误频出的状况，主要原因还是因为学生缺乏语言的实践，语言习惯的培养不够到位。

因此，在“交流阶段”过后，应到达“语言输出阶段”(the output stage)，这是听说教学中最主要的一个环节，它的目标是流利(fluency)。这就需要教师设计情境，让学生在情境中进行实践，在实践的过程中感受语法，引导学生自己从中归纳总结出语法规则。下面就以下图的“看图说话”这一口语活动设计为例进行阐述。

例 1：

在教学过程中，教师首先让学生在没有任何提示和指导的情况下对该图进行描述，请一位学生描述完毕后，再请其他学生找找该描述中产生的问题和错误，尤其是在时态和人称上。学生们发现在首句“Yesterday was Xiao Ming's seventeenth birthday.”之后，后文的叙述中有多处没有用和首句一致的一般过去时，而是用了一般现在时，时态不一致的情况比较明显。其次，该名学生在描述的过程中，反复使用“Xiao Ming”和“the classmates”，忽略了人称代词在口语当中的使用，叙述显得过于啰嗦。在指出主要问题后，教师再要求学生重新进行描述，并罗列了与时态、人称相关的 checklist 请学生进行参照和核对。这次的输出结果比之前更令人满意。最终，在学生们的共同努力下，得出了一个较为完整的叙述版本：“Yesterday <u>was</u> Xiao Ming's seventeenth birthday. *His* friends <u>went</u> to *his* house and <u>threw</u> a birthday party for *him*. *They* <u>prepared</u> gifts, including a big birthday cake. Xiao Ming <u>made</u> wishes before *he* <u>blew</u> the candles. *They* <u>cut</u> the cake and <u>shared</u> *it*. Xiao Ming and *his* friends <u>enjoyed</u> the party. *They* <u>sang</u> Karaoke together and <u>played</u> games. It <u>was</u> really a memorable day.” 通过这一部分的输出练习，点醒了学生对于口语中的时态和人称相关语法知识的概念。

当然我们也会发现，在以上这个叙述版本中还存在着一些不足，最明显之处就是句与句之间缺乏连词的使用，这也是学生在口语和写作当中常常忽视的问题。由此，便引出第二个情境，要求学生在描述图片的过程当中，不仅需要注意时态和人称等语法知识的应用，也必须使用时间状语，或在句与句之间利用连词进行过渡，使得表达更完整、更充实。

例 2：

在这一阶段的教学过程中，教师要求学生以小组形式，对图片描述所需用到的词汇、词组、连词、时间状语等进行讨论。在探讨的过程当中，每位学生对于图片描述给出自己的表达版本，而组员之间必须负责互相纠正对方在语法上犯的错误，最终组合出一个较为理想的"合作版"。此外，一个人的词汇量是有限的，但几个人讨论后的词汇量会得到很大的扩充。对于程度较好的学生，教师也可提出避免用词重复的要求。比如说对于"跳"这一中文词汇，英文当中除了"jump"以外，还有什么别的词可供使用吗？下面是教师在实践过程中，某一组学生给出的合作版本：One day a frog jumped out of the well in order to have a look at the world. He first passed by a restaurant selling wild animals. When he entered the restaurant, he saw many people sitting around a table. Then the frog went closer and leapt on the table to take a look. To his surprise, there were many cooked frogs on the plates. He was so frightened that he hopped back into his well.

第七节　语法教学典型案例与解析

【案例一：完全倒装结构】

A literary device in writing a good story

(Description of the setting and the scenes)

设计思路

本课的设计理念是"From grammar to writing"，即把语法学习和写作技能训练结合在一起。本课的目标语法项目是完全倒装结构。英语中的完全倒装结构在修辞上具有强调地点状语、保持句子平衡、承上启下、使描写生动以及制造悬念等语用功能。本课通过对牛津教材课文及诗歌节选等语料的分析，让学生在情境中理解完全倒装结构部分的语用功能，并把其运用到描写故事背景及场景的写作任务中，改善自身的语言表达。

语料分析

本课所选取的第一段语料选自本校学生平时朗诵的材料，是19世纪美国著名诗人Henry Wadsworth Longfellow的诗作*Snowflakes*的节选(请见附录)。在这一节诗里，诗人富有创意地运用了完全倒装结构。在前五行中，连续使用了七个状语，而主语和谓语却迟迟未露，造成一种悬念效应。全节读罢，读者才对诗歌的主题恍然大悟，因而收到了不同凡响的艺术效果。

本课所选取的第二段语料为《英语(牛津上海版)》高一年级第二学期Unit 1中的*The phantom of the opera*课文。文章是同名音乐剧的故事梗概。文本第一段对故事背景的介绍根据主述位理论，巧妙地运用完全倒装结构，使地点的描写承上启下、连贯一致，并颇具悬念，值得学生模仿借鉴。

学情分析

1. 学生已经阅读了*The phantom of the opera*的文本，了解了故事的背景、主要人物和情节。

2. 通过先前对全倒装这个语法项的学习，学生已经掌握了它的两种语法结构，能在语境中识别、理解并运用其部分的语用功能，但只停留在单句层面。

教学目标

1. 语法项目：完全倒装结构：地点状语+谓语+主语/方位副词+谓语+主语。
2. 语用功能：地点状语+谓语+主语：制造悬念；承上启下。
   方位副词+谓语+主语：使描写生动。
3. 运用程度：运用完全倒装结构描写故事的背景和场景。

教学步骤

Step 1

Ask the students to read and appreciate the excerpt of the poem "Snowflakes" so that they can understand that using full inversion helps to build suspense.

Snowflakes

Out of the bosom of the Air,
Out of the cloud-folds of her garments shaken,
Overthe woodlands brown and bare,

Over the harvest-fields forsaken,
Silent, and soft, and slow
Descends the snow.

教学设计说明

通过朗读和赏析《雪花》这首诗的写作手法，使学生理解地点状语提前的完全倒装结构的一个修辞功能：制造悬念。

Step 2

Ask the students to recall the setting and characters of the story "The phantom of the opera" and try to find out what they have in common by comparing the setting with the excerpt of "Snowflakes".

教学设计说明

通过比较《剧院魅影》的故事背景和《雪花》的节选找到它们在写作手法上的共同之处：利用完全倒装结构制造悬念，使故事的背景描写更引人入胜。

Step 3

1. Ask the students to read and compare two descriptions of the setting so as to make them aware that they can make the writing more coherent by using full inversion.

The Paris Opera House was a huge building. ***Beneath the building*** *there was a strange dark lake.* ***On this lake*** *was an island.* ***On that island***, *one hundred years ago, lived the phantom.* (课文原文)

The Paris Opera House was a huge building. There was a strange dark lake beneath the building. An island was on this lake. The phantom lived on that island, one hundred years ago.

2. Ask the students to rewrite the following paragraph by using full inversion properly to make it more coherent.

My father just bought a new house. There are four bedrooms and two bathrooms in the house. I can see the garden behind the house from my bedroom window. A small pool with a lot of fish in it lies in the garden.

My father just bought a new house. ***In the house***, *there are four bedrooms and two bathrooms.* ***From my bedroom window***, *I can see the garden behind the house.* ***In the garden*** *lies a small pool with a lot of fish in it.* (the improved version)

教学设计说明

通过朗读和比较 The phantom of the opera 故事背景的两种不同写法，让学生理解地点状语提前的完全倒装结构具有使描写承上启下、连贯一致的语用功能。

通过修改一个描写段落的写作活动，引导学生在语境中运用完全倒装结构，体现上述的语用功能。

Step 4

Divide the students into four groups and provide them with four types of story. Ask each group to choose one type and write a good setting for it by using full inversion properly.

教学设计说明

以小组为单位，引导学生恰当运用地点状语提前的完全倒装结构为选定的故事类型描写一个背景，使之上下文连贯一致又充满悬念。

Step 5

1. Ask the students to read the description of a scene from Dickens' novel so as to make them aware that they can make the description more vivid by using full inversion.

"Stop thief! Stop thief!" The cry is taking by a hundred voices, ... **Away they fly, splashing through the mud, up go the window, out run the people.** "(Dickens)

2. Ask the students to watch the video clip of "The phantom of the opera" and describe what happened in complete sentences.

The play was going on when the phantom ______________________________.

He ____.

The chandelier(水晶吊灯) __________________________________.

The frightened people ____________________________________.

3. Ask the students to write the sentences into a paragraph and use full inversion to make the description of the scene more vivid.

Possible answer:

The play was going on when the phantom cut the rope. ***Down*** *he jumped into a hole, holding Christine.* ***Off*** *fell the chandelier to the ground, broken into pieces.* ***Away*** *ran the frightened people, screaming at the top of their voices.*

教学设计说明

学生通过鉴赏狄更斯小说的一段场景描写，理解作家利用方位副词提前的完全倒装结构制造出一种紧张、急促的气氛，生动地刻画了一个紧张、混乱的捉贼场面。然后观看并用完整的句子描述《剧院魅影》中魅影当众绑架克里斯汀的精彩场景，最后恰当运用方位副词提前的完全倒装结构改进对场景的描述，使之更加生动。

Step 6

Ask each group to continue writing a vivid and exciting scene of the story they have chosen by using full inversion properly.

教学设计说明

通过小组为刚才选定的故事类型续写一个精彩场景的活动，引导学生在语境中运用方位副词提前的完全倒装结构，体现它使描写生动的语用功能。

Assignment

Polish the descriptions of setting and scenes and write a complete story based on the topic you have chosen.

附录

语料一

Snowflakes

Out of the bosom of the air,
Out of the cloud-folds of her garments shaken,
Over the woodlands brown and bare,
Over the harvest-fields forsaken,
Silent, and soft, and slow
Descends the snow.

语料二

The phantom of the opera

The Paris Opera House was a huge building. Beneath the building there was a strange dark lake. On this lake was an island. On that island, one hundred years ago, lived the Phantom.

At birth, he was so ugly that his own mother made him wear a mask. She forced him to leave home while he was still a child. He then spent years wandering the Earth until he found his home on the island. Yet, this monster of a man loved singing, and had a wonderful voice.

The phantom fell in love with Christine, a beautiful young singer at the opera. He often sang to her late at night, hiding behind a secret wall in her room because he was afraid of letting her see his face. He taught her how to sing and helped her get better roles in the opera. Christine enjoyed listening to his voice, too.

However, the phantom wanted Christine for himself. He kidnapped her from the stage in front of the whole audience. Then he took her down to his secret home on the lake. Only one man was brave enough to follow. He was Raoul, a young man who loved Christine, but the Phantom captured him and put him in prison.

In the phantom's house, Christine pulled off his mask and saw the real man. At first, she was shocked at his horrible face with yellow eyes and no nose, but then she felt sorry about his suffering. She understood how lonely his life had been. She gently kissed his face.

No woman had ever touched the Phantom before. Christine's kiss made him cry with joy. He released Raoul, and told him to take Christine to safety. By now, a group of people had reached the phantom's house. They burst in, ready to kill him. At that moment, the Phantom disappeared and was never seen again.

学生讲义:

A literary device in writing a good story

(Description of the setting and the scenes)

1. Rewrite the following paragraph by using full inversion properly to make it more coherent.

My father just bought a new house. There are four bedrooms and two bathrooms in the house. I can see the garden behind the house from my bedroom window. A small pool with a lot of fish in it lies in the garden.

____

____

2. There are many kinds of stories such as horror, fantasy, mystery and science fiction. Write a suitable setting for the kind of the story your group has chosen:

GHOST ____________________
STORY ____________________
HORROR ____________________

fantasy ____________________
fairytale ____________________
____

mystery ____________________
detective ____________________
crime ____________________

Outer Space ____________________
Science Fiction ____________________
____

3. Watch the video clip of "The phantom of the opera" and describe what happened in complete sentences.

The play was going on when the phantom ____________________.

He ____________________.

The chandelier ____________________.

The frightened people ____________________.

4. Write a vivid and exciting scene of the story you have chosen by using full inversion properly.

____
____
____
____
____

【案例二：部分倒装结构】

设计思路

本节课的目标语法是"部分倒装结构"。教师准确把握"部分倒装结构"表示强调的修辞作用，选取恰当的输入语料，使学生在文本阅读中体会作者使用部分倒装结构所表现的对德国纳粹侵略战争的悲愤心情，对"部分倒装结构"的形式、意义和语用功能有了直接的感知。阅读后的活动设计是对文章结尾部分的讨论，教师通过三句汉译英，既归纳了文本的主题思想，又训练了学生用“倒装结构”写句的能力，教师使用大声朗读的方法进一步渲染了气氛，激发了学生的情感。本节课教学设计流畅，一气呵成，师生语言和情感交流贯穿教学自始至终，是将语法学习与语篇阅读结合得很好的课例。

语料分析

本节语法课的语料选自诺贝尔和平奖获得者埃利·威塞尔(Elie Wiesel)所撰写的关于二战的著作《黑夜》(*Night*)中最精彩的部分。整个段落是由 never 位于句首的倒装排比句组成，读完让人黯然神伤。本节课以该小说为情境设置，贯穿了“部分倒装”的语用、各种句型结构，并设计了各种语法巩固练习，逐步推进，反复训练。

学情分析

学生整体学习热情高涨，思维较敏捷，反应迅速，能紧跟教师上课的内容和节奏，课堂气氛活跃，但学生思维深度不够，对于新学的语法点能很快掌握但运用方面有明显欠缺。学习本课前，学生已经学习过强调句、全部倒装等句式，但对否定副词放句首的倒装句式没有系统学习。

教学目标

1. 语法项目：否定词或 only 修饰的副词或介词短语以及状语从句位于句首时引起的部分倒装：never, hardly, barely, rarely, seldom, nowhere, little...＋助动词＋主语
   Not only＋倒装句式＋but(also)＋陈述句语序
   Not until＋句子(陈述句语序)/时间状语＋倒装句式
   Only＋时间副词/介词短语/状语从句＋倒装句式。
2. 语用功能：否定词或 only 修饰的副词或介词短语以及状语从句置于句首时必须使用部分倒装句，突出强调所修饰的部分，属于正式文体。
3. 运用程度：通过语篇阅读正确理解部分倒装的含义和结构，体会其语用功能，并能准确使用部分倒装句表达自己的情感。

教学步骤

Step 1 Lead-in.

1. Introduce the topic of “war” to the students and encourage them to express their feelings about war by looking at two pictures. Supplement new words like “cruelty” and “despair”.

2. Introduce a book about the WWII called *Night* written by a Nobel Peace Prize Winner, Elie Wiesel. Give a brief introduction of the author and his experience in the concentration camp.

教学设计说明

通过放映两张摄于二战时期的图片，引出本文的主题，奠定本课凝重的气氛，并补充相应的词汇。通过介绍小说 *Night* 创作的背景和主人公的经历，引出本节语法课的语料，带领学生走入情境。

Step 2 Partial Inversion—Introduction.

1. Appreciate an excerpt from *Night* written by Elie Wiesel.

Ask students altogether to read aloud a paragraph taken from the book and try to summarize the writer's feeling.

> Never shall I forget that night, the first night in camp, which has turned my life into one long night... Never shall I forget those flames(火焰) which consumed my faith forever... Never shall I forget those moments which murdered my God and my soul and turned my dreams to dust. Never shall I forget. Never.

2. Explain the grammatical rule and pragmatic usage of partial inversion.

Ask students to read another modified paragraph with the same words but different sentence sequence to let students taste the difference. After the comparison, students could have a direct feel of the emphatic effect of partial inversion. Then explain the grammatical rule of partial inversion triggered by words with negative meaning in the beginning.

> I shall never forget that night, the first night in camp, which has turned my life into one long night... I shall never forget those flames which consumed my faith forever... I shall never forget those moments which murdered my God and my soul and turned my dreams to dust. I shall never forget these things... Never.

教学设计说明

通过两段文字的对比，唤起学生对该非正常语序的语言现象的思考，通过全班的朗读和教师的讲解，更好地突出部分倒装的语用功能，并在此时总结否定词置于句首时部分倒装的结构，为下一环节的练习做好铺垫。

Step 3 Partial Inversion—Practice Ⅰ.

1. Ask students to read the first part of the interview and answer the teacher's questions while tasting the hopelessness and disappointment permeating in Elie's answer.

***Reporter*: *Why did you write down your horrible experience*? *How does that affect your life*?**

Elie: Because I had to let the world know what we had suffered, what we had lost, otherwise ① the voice of the victims could nowhere be heard. ② People who didn't experience the war can never imagine what has taken place in the camp. ③ It not only resulted in death, but also it destroyed our faith. For example, before the war I used to spend most of my time talking to God more than to people. ④ God had not only been my friend, my teacher, but also my king. However, after witnessing lots of sufferings and killings, I was consumed by the feeling of desperation. ⑤ I could hardly maintain faith in God. Actually ⑥ I cared little about my humanity, my faith.

Guided questions:

(1) Why did Elie write down his horrible experience?

Because otherwise nowhere could the voice of the victims be heard.

(2) Why should the voice of the victims be heard?

Because never can people who didn't experience the war imagine what has taken place in the camp.

(3) How did the war affect victims?

Not only did it result it death, but also it destroyed our faith.

(4) How did Elie view God before he was in the camp?

Not only had God been my friend, my teacher, but also my king.

(5) How did Elie view God after he was locked in the camp?

Hardly could I maintain faith in God.

(6) Why did that happen?

Little did I care about my humanity, my faith.

2. Ask students to read the second part of the interview and answer the questions by using the structure "only...".

***Reporter*: *How did you do with your loss of faith then*?**

Elie: I realized the damaging effect of war on my life after the war was over. I spent years wondering about the meaning of life. Later I exchanged my fear, my feelings with other victims. Then I began to re-build my belief system. It is because you can relieve (使……宽慰) yourself when you share your sadness with someone else. To tell you the truth, it really works! I think that one will find peace again in himself only through this approach.

Guided questions:

(1) When was Elie aware of the damaging effect of war?

Only after the war was over did he realize the damaging effect of war on his life.

(2) When did he begin to rebuild his lost faith? How could you stress the time?

Only then did he begin to rebuild his belief system. (Here "only" is followed by adverb of time.)

(3) When did Elie think victims can relieve themselves?

Only when you share your sadness with someone else can you relieve yourself. (Here "only" is followed by adverbial clause.)

4) What is Elie's comment on this talking approach? If he wants to state its importance, what kind of grammatical structure could he use?

I think that only through this approach will one find peace again in himself. (Here "only" is followed by preposition phrase.)

3. Read all these sentences with partial inversion together.

教学设计说明

两段访问的内容说明了作者写书的意图以及他所受的精神折磨，由此加深学生对于该书内容的理解。并且通过这两段落的操练巩固了部分倒装的句型结构，加强了学生对其语用功能的掌握。最后全班朗读所改写的部分倒装句，加深学生对此结构的记忆和理解。

Step 4　Partial Inversion—Practice Ⅱ.

1. Ask students to read the plot paragraph by paragraph and change some of the sentences by using partial inversion to achieve the emphatic effect if necessary.

Night is told by a Jewish teenager called Eliezer. He leads a happy and free life with his parents and sisters. He barely knows what will happen after the Nazis(纳粹) occupy his village one night in 1944. All the villagers are captured as prisoners including Eliezer's family. Eliezer and his father are separated from his mother and sisters. He never sees them again.

Guided questions:

(1) This paragraph is about Eliezer's life before the war. Is the boy prepared for the war? If I want to emphasize his unpreparedness, the sudden breakout of war?

How shall I say?

Barely does he know what will happen after the Nazis occupy his village one night in 1944.

(2) After the Nazis occupy his village, terrible thing occurs to his family. Which sentence may tell the readers that Eliezer was very desperate? If I want to stress his sadness, what could I do?

Never does he see them again.

Because of the frightening conditions and the danger of death in the camps, Eliezer not only loses faith in God, but also he becomes indifferent(冷漠的) to other prisoners' suffering. For instance, Eliezer sees a boy kill his father for a small piece of bread, but he does not feel sad about this at all. However, he begins to regret after he witnesses the death of his own father. He is all alone in poor health. Eliezer doesn't re-gain his freedom until the American army sets the camp free in 1945. Only Eliezer himself survives.

Guided questions:

(1) This paragraph is about Eliezer's experience in the camp. How shall I stress that the life in the camp has totally destroyed the little boy?

Not only does Eliezer lose faith in God, but also he becomes indifferent to other prisoners' suffering.

(2) How shall I stress that it takes him quite a long time to realize his indifference, his loss of humanity?

Only after he witnesses the death of his own father does he begin to regret.

(3) Do we need to invert the last sentence: Only Eliezer himself survives?

No, we don't need to. Note: Inversion should not be used when "only" modifies the subject.

(4) We can also change the sentence "He begins to regret after he witnesses the death of his own father." into "He doesn't begin to regret until he witnesses the death of his own father." We can put "Not until + time adverbs/adverbial clause" at the beginning. "Not until he witnesses the death of his own father does he begin to regret." Notice we only invert the main clause instead of the adverbial clause "not until he witnesses the death of his own father". Can you revise the last sentence but one?

Not until the American army sets the camp free in 1945 does Eliezer re-gain his freedom.

Reading this book gives one a deeper understanding of the disaster. One can remember it and thus help ensure it won't happen again only with this understanding.

Guided questions:

The purpose of this book is to give readers this kind of understanding. Why is this understanding so important?

Only with this understanding can one remember it and thus help ensure it won't happen again.

教学设计说明

引导学生在阅读故事情节的语境中巩固操练部分倒装的语用功能和句型结构，在此基础上又补充了"not until"倒装句型，以及 only 限定主语时无需倒装的规则。

Step 5 Partial Inversion—Practice Ⅲ.

1. With "Schindler's List" as the background music, read the ending of the story to the whole class. Accompanied by the distressing music, students answer the teacher's questions and have a deep contemplation.

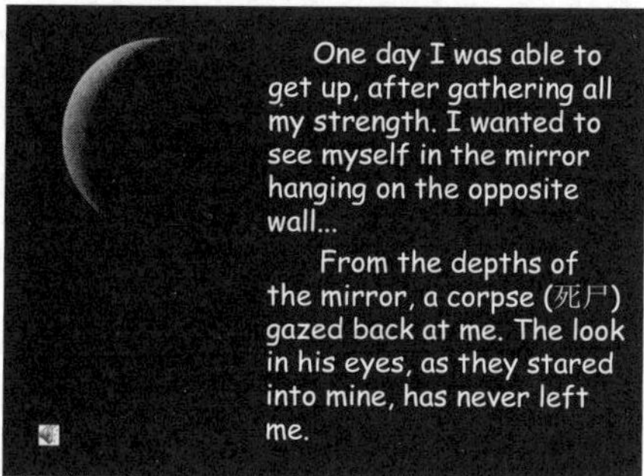

Guided questions:

(1) Who is the corpse? When Eliezer looked into the mirror, what did he see?

He did not see himself, but a living being without faith, without soul, not human but a corpse. He was dead not in body but in mind/soul.

(2) What turns little Eliezer into a walking corpse?

The cruel war.

(3) Do you want to have a look at this book? Some of the Chinese readers read it and made some comments. Would you please translate them into English?

① Elie Wisel 不仅成功地描写了战争的残酷，而且将人的绝望表现得淋漓尽致。(Not; vividly)

____

② 直到读了这本书，我才开始了解"折磨"的真正含义。(Not; torture)

____

③ 只有当我们反思战争，我们才能理解和平的价值。(Only; reflect on)

____

1) *Not only did Elie Wiesel succeed in describing the cruelty of the war, but also vividly expressed the desperation of human beings.*

2) *Not until I read this book did I begin to know what torture really means.*

3) *Only when we reflect on war can we understand the value of peace.*

4) These are other people's comments. How about yours? How do you feel or view war & peace, the book, or the suffering the author experienced? Please write down your comment in four or five sentences. But use partial inversion at least once.

Possible answers:

Not only does the war have a destroying effect on man's physical body, but also a depressing effect on his mind.

Never can a man suffering from war forget it.

Hardly can I imagine the cruelty of the war.

Teacher: In conclusion, as Martin Luther put it, war is the greatest plague that can affect humanity; it destroys religion, it destroys states, it destroys families. So let's cherish what we have right now and never forget the unimaginable torture war has brought to us human beings.

教学设计说明

通过阅读该书最后的结尾，让学生再一次强烈感受到战争、集中营对人性的摧残，让学生体会到"a walking corpse"的痛苦。此时处于悲伤情绪中的学生还不能将自己的感受用语句表达出来，所以先设计了翻译环节，供学生模仿并拓宽他们的思路。之后通过小组讨论的形式由学生自己阐述他们的想法和情感。

Assignment:

1. Write down your comment in 4—5 sentences with at least one partial inversion.
2. Finish the following homework.

A. Fill in the blanks without changing the meaning of the original sentence.

● Mr. Smith didn't know what kind of a country she is until he came to China.

Not ________ Mr. Smith came to China ________ he ________ what kind of a country she is.

- We know little what he is doing now in the factory.

  Little ________ ________ ________ what he is doing now in the factory.

- The computer can not only memorize the data fed into it but also analyze them.

  Not ________ ________ the computer ________ the data fed into it, but ________ ________ also analyze them.

- We can learn English well only in that way.

  Only ________ ________ ________ ________ ________ learn English well.

- As soon as the robber entered the bank, he was caught.

  ________ ________ ________ the robber ________ the bank than ________ ________ caught.

B. Correct any mistakes you find in this newspaper item.

TOWN EVACUATED AS FOREST FIRES APPROACH

The people of Sawston were evacuated yesterday as forest fires headed towards the town. Never before since 1990, a town of this size has had to be evacuated because of forest fires. A group of coaches and lorries arrived in the town in the early morning. Into these vehicles the sick and elderly climbed. Not only residents with cars were aware of the danger but also did the police order them to leave by mid morning.

Hardly the evacuation had been completed when the wind changed direction and it became clear that the fire would leave Sawston untouched. Soon after that were heard complaints from some residents. "At no time the fires became a real threat," said one local man. Chief Fire Officer Jones recalled, "Rarely I have seen a fire so terrifying as this. Thank god. At first hardly thought I it possible to put out the fire."

____

____

____

【案例三：让步状语从句】

设计思路

整堂课由裴多菲的诗歌引入，引导学生思考并谈论“爱、自由、生活”，在三个主题的讨论过程中穿插了让步状语从句的三个引导词“even though/even if; while; no matter wh-/how”，让学生在情境讨论中潜移默化地学习新的语法点，并能运用所学知识来表达自己的观点和想法，进一步巩固知识点。与此同时，练习中所选用的有关主题的引语或名人名言，让学生在学习句型之余也提高他们的赏析能力，最重要的是激发他们学习语法的热情，能将所学的语法规则切实运用到自己的表达中。

语料分析

本节课教师选择了诗歌、警句和格言的语料来表现让步状语从句的修辞作用，以"生命 爱情 自由"为主题，围绕这个主题引出了让步状语从句，让学生体会这种逻辑关系所表达的矛盾关系。

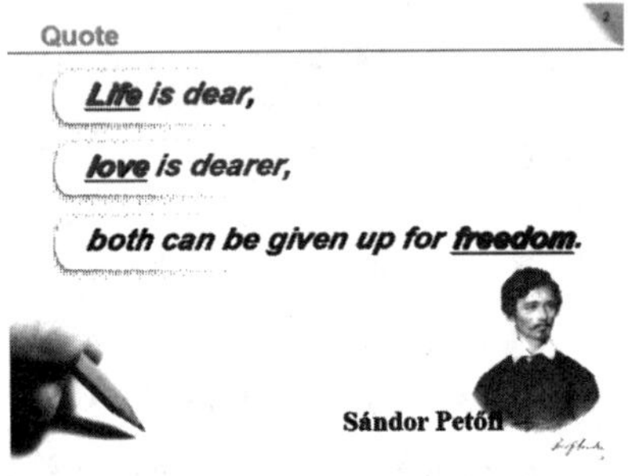

学情分析

在初中阶段，学生们已经掌握了 although/though 引导的让步状语从句，但尚未学习其他连词的用法。学生学习热情较高，绝大多数同学能认真对待英语学习，课堂上较活跃，但口头和书面表达的正确率有待提高。通过本课的学习不但要帮助他们掌握让步状语从句的用法，还要通过围绕主题的练习加深他们对生活的思考，并能用自己的语言表达出对生活中让步关系的理解或感悟。

教学目标

1. 语法项目：由 though，although；even if，even though；while；no matter＋疑问词引导的让步状语从句。

2. 语用功能：让步状语从句是状语从句中的一种，一般翻译为"尽管……"或"即使……"。让步状语从句常常用于强调发生了与主句内容相矛盾的情况。

3. 运用程度：正确理解含让步状语从句的警句和格言并能准确选择引导让步状语从句的连词，表示让步、对比或强调。

教学步骤

Step 1 Lead-in.

1. Introduce a quote from Sándor Petöfi, a Hungarian poet: "Life is dear, love is dearer, both can be given up for freedom."

2. Ask students to translate it back into Chinese and discuss their understanding of the poem.

Guided questions:

According to the poet, freedom is the most important. Which one do you think is the most valuable? Please use the conjunction "although" while stating your point.

Conjunction	Usage
although/though	a surprising contrast

教学设计说明

通过裴多菲的名诗引发学生对于三个主题"生命、爱情、自由"的思考，并通过使用 although 这个让步状语从句连词引出本课的语法重点和语用。

Step 2

Introduce the topic of "love" and the conjunction "even though", which is used to put more emphasis on the subordinate clause. (T: Teacher)

T: Use the conjunction *although* or *though* to combine these two sentences together.

Although/though you cannot see love, it is like oxygen you cannot live without.

T: We can put the clause with although/though here before the main clause. But also it is possible to put it after the main clause like this:

Love is like oxygen you cannot live without, although/though you cannot see it.

T: The function of the conjunction "although" or "though" is to show a contrast, especially to makes the main clause seem surprising. In fact there is another way to show the contrast between clauses, which is "even though" or "even if". It shows more emphasis on the subordinate clause.

Even though/Even if you cannot see love, it is like oxygen you cannot live without.

T: As we all know, love is something that we cannot live without. Let's see some love vows that further emphasize the necessity of love. First read theses clauses and do the matching and link each pair with the conjunction "even though". (After checking the answer, all the students read the vows aloud together.)

miles may lie between us	it will stand the test of time
you are afraid of heights	we are never far apart
my love is not of great worth	love is being able to reach the sky
love may only be temporary	the memory will last forever

Even though miles may lie between us, we are never far apart.

Even though you are afraid of heights, love is being able to reach the sky.

Even though my love is not of great worth, it will stand the test of time.

Even though love may only be temporary, the memory will last forever.

Conjunction	Usage
although/though	a surprising contrast
even though/even if	more emphasis

教学设计说明

通过对"爱"话题的讨论，由状语从句连词 although/though 引出新语法点，并使用连线配对和翻译的练习分别操练了"even though"和"even if"两个让步状语从句连词，同时通过这些优美的语句使学生明白"爱"的定义和重要性。

Step 3

Introduce the topic of "freedom" and the conjunction "while", similar to "although" in meaning.

T: We use although/though to show the contrast, but we can also use another conjunction "while" in Chinese "虽然，尽管". But notice: it can only be used before the main clause at the beginning of the sentence.

While freedom is a state of being free, freedom is never free.

T: Practice the usage of "while".

freedom is a universal concept; it is not easy to achieve

freedom of speech is a basic right; not everyone is able to use the right

reaching the destination is worth all the efforts; the road to freedom is not a short trip

While freedom is a universal concept, it is not easy to achieve.

While freedom of speech is a basic right, not everyone is able to use the right.

While the road to freedom is not a short trip, reaching the destination is worth all the efforts.

Conjunction	Usage
although/though	a surprising contrast
even though/even if	more emphasis
while	contrast(beginning only)

教学设计说明

通过对“自由”的定义引出表让步的连词 while，并通过练习突出其和 although 的差别。

Step 4

T：So far，we know that love is everywhere and freedom is hard to get. But love and freedom have one thing in common. That is，they are both important parts of our life. But life is always full of ups and downs. How shall we deal with life then? Let's try to get the answer from a popular song. While listening to the song，please fill in those blanks.

If only tears were laughter	________ is barren(贫瘠的)
If only night was day	A dream is being born
If only prayers(祈祷) were answered	________ they follow
Then we would hear God say	No matter where they lead
________ they tell you	________ they judge us
No matter what ________	I'll be everyone you need
No matter what they teach you	No matter if the sun don't shine
What you believe is true	Or if the skies are blue
And I will keep you safe and strong	No matter what ________
And shelter from the storm	My life began with you

No matter what they tell you/no matter what they do/No matter where is barren

No matter who they follow/no matter how they judge us/No matter what the end is

Here we see a special structure “no matter wh-/how”. It means “无论” in Chinese. It is used to show emphasis in any condition.

T：Choose the wh- words or how to fill in the blanks and do the translation.

No matter ________ you are，no matter ________ you go，you will always need love.
No matter ________ rich you are，you just can't buy your freedom.
No matter ________ way you choose，I'm here with you all the time，because no matter ________ you need my help，I will come to you without any hesitation.
We promise to help and support each other. We shall fix the problem no matter ________ problem it is. (*who/where/how/which/when/whose*)

Practice—poem

Life is gift—accept it, *no matter what is inside.*

Life is a struggle—face it, *no matter what lies ahead.*

Life is a song—sing it, *no matter where you are.*

Life is beauty—praise it, *no matter when you feel it.*

Life is a puzzle—solve it, *no matter which method you use.*

Life is an adventure—enjoy it, *no matter how dangerous it is.*

Life is an opportunity—take it. ________________________

Life is a mission—complete it. ________________________

Life is a game—play it. ________________________

Life is it—live it, *no matter how hard it is.*

T: Adapt a poem with the no matter structure.

T: For the first three, fill in the blanks; For the next three, please translate the Chinese to English. Life is beauty—praise it. 无论何时你感受到美

S: Life is beauty—praise it no matter when you feel it.

T: Life is a puzzle—solve it. 无论你使用何种方法

S: Life is a puzzle—solve it no matter which method you use

T: Life is an adventure—enjoy it. 无论有多危险

S: Life is an adventure—enjoy it no matter how dangerous it is.

T: For the last three, be imaginative and create your own version.

T: Discuss and finish the last three lines by using the no matter structure and present ideas to the whole class.

Conjunction	Usage
although/though	a surprising contrast
even though/even if	more emphasis
while	contrast(beginning only)
no matter wh-/how	emphasis in any condition

教学设计说明

通过流行歌曲引出新语法点,并通过选词填空的简单练习,使学生熟悉 no matter wh-/how 结构,在此基础上进行补充诗歌的练习,从易到难,最后由学生思考对生活的感悟,并用状语从句表达出来。

Gibran 纪伯伦

Life without ***love*** is like a tree without blossoms or fruit.

Life without ***freedom*** is like a body without spirit.

Live Life
Laugh Lots
Love Forever

Step 5 Summary

With the help of all of you, we have created a new poem together. Besides, we learn that no matter how difficult life is, we should live it! And live it fully with love and freedom, just as Gibran once remarked: Life without love is like a tree without blossoms or fruit. Life without freedom is like a body without spirit. So wish all of you live life, laugh lots and love forever!

Assignment

1. Choose words to complete the prose. Each word can be used more than once.

after; although; as; because; before; even though; for; no matter what; no matter which; so; until; when; while

Moving Thoughts

Maybe God wants us to meet a few wrong people ________ we meet the right one so that ________ we finally come across the right person, we will know how to be grateful for that gift, ________ it means endless waiting or mistakes.

It's true that we don't know what we've got ________ we lost it, but it's also true that we don't know what we've been missing ________ it arrives.

It's impossible for you to receive a guarantee ________ you give someone all your love that he or she will love you back. Therefore, don't expect love in return; just wait for it to grow in their heart, but if it doesn't, be satisfied it grew in yours. ________ it takes only a minute to get a crush on someone, an hour to like someone and a day to love someone, it takes a lifetime to forget someone, ________ love is without reason.

Don't go for looks; they can deceive. Don't go for wealth; even that fades away. Go for someone who makes you smile ________ it takes only a smile to make a dark day seem bright, ________ find the one that makes your heart smile.

________ you come into this world, you are crying ________ everyone around you is smiling, so live your life to its fullest, so that ________ time goes by ________ you die you are smiling ________ everyone around you is crying.

Lastly ________ age you are, or ________ corner you are in the world, you are special, and you still have something unique to offer. Your life, because of who you are, has meaning.

2. Translate the sentences from English to Chinese or Chinese to English.

- Hearts may agree, though heads differ.

  ____

- The tongue breaks bones although itself has none.

  ____

- Justice must be done even if the sky falls.

  ____

- While men may meet, mountains cannot.

  ____

- 虽然我们意见不一,但仍然是朋友。

  ____

- 尽管我承认他的优点,但我还是能看到他的缺点。

  ____

- 无论何时我陷入困境,她总会来帮助我。

  ____

- 无论发生了什么或没发生什么,前面总是有机会的。

  ____

- 无论你怎样想方设法来掩盖真相,它总会浮现出来。

  ____

【案例四:非限制性定语从句】

设计思路

本节课的目标语法项目是非限制性定语从句。教师创设情境,请学生为她的旅游计划提出建议,引起了学生的极大兴趣,大家积极出谋划策,不知不觉就参与了语言的操练。整节课采用旅游指南为语料,材料层层递进,过渡自然,语境真实。一开始就让学生看了两份不同版本的旅游广告,带有非限制性定语从句的那份明显给出了更多的信息,让学生感受到了非限制性定语从句的作用和结构特点。接着教师给学生看了六份不同的旅游广告,设计了不同的练习让学生实践操练,包括了用 which、when、where、who、whose 以及 as 引导的非限制性定语从句，比较全面地介绍这一语法结构的必要知识。

语料分析

本节课以“旅游”为情境，运用了多种旅游景点的介绍语料，贴近学生生活又能激起学生参与和表达的兴趣。

学情分析

高二的学生已经在高一阶段学习过定语从句（包括限制性与非限制性定语从句），因此对于非限制性从句已经有了一定的印象与认识。但是对于非限制性定语从句的语用还不是很熟，尤其是当文中同时需要用到限制性与非限制性定语从句的时候，他们的选择会出现困难。另外，他们对于非限制性定语从句中 as 与 which 指代整个主句的用法还不是很熟悉。

教学目标

1. 语法项目：which/who/when/where/as 引导的非限制性定语从句。

2. 语用功能：非限制性定语从句用以对某个人、事、物进行解释和补充说明。

3. 运用程度：能够区分非限制性定语从句与限制性定语从句，并能在语境中恰当地使用限制性与非限制性定语从句。

教学步骤

Step 1 Lead-in.

T: Last week I got a travel brochure of New York City from my friend. On the slide is an excerpt of the brochure. Please read it and help me decide whether I should go there during my winter vacation or not.

New York City is the largest city in the world. Speaking of NYC, people always think of Broadway. If you are interested in art, then Metropolitan Museum of Art(大都会博物馆) is a must visit. Tourists are recommended going to the Top of the Rock of Rochefeller Center(洛克菲勒中心). Night is the most exciting moment for travelers.

T: How do you feel after reading it? Do you think I should go there or not? Why?

T: ... Exactly. Everybody has heard about Broadway, but as a tourist, what can we do there? We need to get some information about the activities for this tourist attraction. So there's another version of the brochure on your handout. Read it and find out the following information.

Part Ⅰ Here's an extract from a travel brochure of New York City. Find out the required information and underline the sentences where you find it.

New York City, which is often called "the Big Apple", is the largest city in the world. Speaking of NYC, people always think of Broadway, where they can appreciate world-class musicals and dramas. If you are interested in art, then Metropolitan Museum of Art is a must visit, which holds over 2 million priceless works of art. Tourists who want to have a bird's eye view of the city are recommended to go to the Top of the Rock of Rochefeller Center. Night is the most exciting moment for travelers, when they can sense the energetic pulse of "the City that Never Sleeps".

Guided questions:

1) What do people call NYC?

2) What do you know about Broadway?

3) What do you know about the Metropolitan Museum of Art?

4) Why is the night the most important moment for travelers?

5) What kind of people are recommended to go to Rochefeller Center?

New York City, which is often called "the Big Apple", is the largest city in the world. Speaking of NYC, people always think of Broadway, where they can appreciate world-class musicals and dramas. If you are interested in art, then Metropolitan Museum of Art is a must visit, which holds over 2 million priceless works of art. Tourists *who want to have a bird's eye view of the city* are recommended to go to the Top of the Rock of Rochefeller Center. Night is the most exciting moment for travelers, when they can sense the energetic pulse of "the City that Never Sleeps".

T: As we can see, all the required information can be found in the underline and wavy underline parts. Let's look at the following two sentences. Any difference between them?

New York City, which is often called"the Big Apple", is the largest city in the world.

Tourists who want to have a bird's eye view of the city are recommended to go the Top of the Rock of Rockefeller Center.

T: One apparent difference is the use of comma. We've already learnt previously that relative clauses with comma are non-defining relative clauses and those without comma are defining ones. Now let's discuss the meaning of them. Help me translate them first.

T: So in summary, when we translate the non-defining relative clause, we should put the translation into two sentences because the non-defining one is providing extra instead of necessary information to the topic we're talking about.

教学设计说明

通过对于纽约旅游小册子的问答形式引出定语从句的结构，并在情境中对于非限制性与限制性定语从句的区别加以解释。

Step 2 Use the relative clause to present a tourist destination.

T: After reading the brochure, I couldn't wait to go on a vacation in my winter vacation. So the next day, I went to a travel agency. Here're the 4 choices they offered. Please read the information on our handout and discuss it. Then please use the relative clause to present the choices to me. You should decide whether you should use the defining or the non-defining relative clause.

Part Ⅱ Here are the recommendations from a travel agency. Discuss in pairs and then present the options by using relative clauses. You should decide whether you need a defining relative clause or a non-defining one.

● **Barcelona, Spain**

Barcelona is famous for museums, nightlife, and seafood—and for the architect Antoni Gaudi. Several of the city's unique buildings were designed by him. The restaurants here stay open until midnight. At that time many locals are still enjoying dinner.

Barcelona is famous for museums, nightlife, and seafood—and for the architect Antoni Gaudi ______________________________

The restaurants here stay open until midnight ______________________.

● **Seoul, South Korea**

Seoul is well known for its spicy food and shopping areas. You can find everything from antique pottery(古董陶器) to custom-made clothing(定制服装) there. The Myeong-dong area has dozens of shops. The latest fashions can be found in those shops.

Seoul is well known for its spicy food and shopping area ______________.

The Myeong-dong area has dozens of shops ______________________.

● **Sydney, Australia**

Most tourists visit the famous Opera House when they go to Sydney for the first time. This Australian city also has great restaurants and museums. Most people come to visit Sydney in the spring and fall.

The place ______________________________ is the famous Opera House. This Australian city also has great restaurants and museums.

The spring and fall are the seasons ______________________________.

- **Hokaido(北海道), Japan**

Winter is definitely the best season to visit Hokaido. There you can go skiing and enjoy the famous Japanese hot springs! In January, there is a big ice sculpturing festival. The participants of the festival are from all over the world.

Winter is definitely the best season to visit Hokaido ______________________.

In January, there is a big ice sculpturing festival ______________________.

Possible answers:

Barcelona is famous for museums, nightlife, and seafood—and for the architect Antoni Gaudi, who designed several of the city's unique buildings.

The restaurants here stay open until midnight, when many locals are still enjoying dinner.

Seoul is well known for its spicy food and shopping area, in which you can find everything from antique pottery to custom-made clothing.

The Myeong-dong area has dozens of shops which/that sell the latest fashion.

The place which/that most tourists visit the first time they go to Sydney is the famous Opera House. This Australian city also has great restaurants and museums.

The spring and fall are the seasons when most people come to visit Sydney.

Winter is definitely the best season to visit Hokaido, where you can go skiing and enjoy the famous Japanese hot springs.

In January, there is a big ice sculpturing festival, whose participants are from all over the world.

教学设计说明

让学生运用定语从句来介绍一个旅游景点，并根据语境和不同的语用功能自行选择是应该使用限制性还是非限制性定语从句。

Step 3 Use "as" or "which"(referring to the main clause) to talk about a travel experience.

T: Those sights seem to be very inviting. But after I asked about the prices, I found it a bit unaffordable for me. As a result, I turned to my colleagues for advice. They recommended me to choose a domestic destination, a place in China. One of them shared her experience with me. First please discuss it with your partner and then match the sentences. After that, please use "which" or "as" to connect the corresponding sentences.

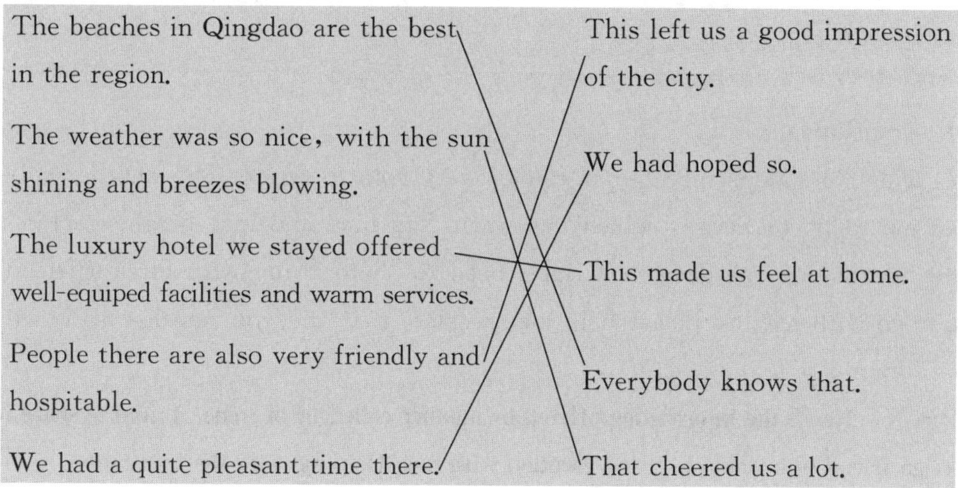

T: First let's match the sentences together.

T: What does "that" refer to? (Everybody knows that. That cheered us a lot.)

T: So here "that" refers to the whole sentence. Now let's use "as" or "which" to connect the sentences.

The beaches in Qingdao are the best in the region, *as everybody knows*.
The weather was so nice with the sun shining and breezes blowing, *which cheered us a lot*.
The luxury hotel we stayed offered well-equiped facilities and warm services, *which made us feel at home*.
People are also very friendly and hospitable, *which left us a good impression of the city*.
We had a quite pleasant time there, *as we had hoped*.

T: As we discussed before, here both "as" and "which" refer to the whole sentence. Then what's the difference between "as" and "which"? Let's look at the difference in meaning first. Please translate the following two sentences.

The beaches in Qingdao are the best in the region, as everybody knows.

The weather was so nice with sun shining and breeze blowing, which cheered us a lot.

T: In Chinese, "as" means "正如", while "which" can be translated as "这". In summary, Non-defining relative clause beginning with "which" is usually placed after the main clause while clause beginning with "as" has more flexible application in terms of position.

教学设计说明

引导学生用"as"及"which"指代整个句子的结构来描述一次旅行经历并在语境中体会两种用法的区别。

Step 4 Translation.

T：Qingdao sounds nice but it can be very cold in winter. So another colleague advised me to go to Sanya，which has warm sunshine and nice beaches. Here's the Chinese information she gave me. But I need to share it my with foreign friend who wants to go with me. So please help me translate that and you can discuss it within a group of four.

Part Ⅳ Here's the information offered by another colleague of mine. I need to share it with my foreign friend who wants to go on vacation with me. Help me with the translation.

众所周知，三亚被称为"永远的热带天堂（tropical paradise）"。它是中国最热门的旅游地之一。亚龙湾（Yalong Bay）的海滩上总是挤满了游客，他们正晒着太阳、游着泳。三亚有着各种各样的奢华度假村，这些度假村的水疗值得尝试。许多人参加了诸如冲浪、滑水、潜水等与水相关的活动，这让他们的假期变得更刺激。

（as，which，who，whose）

Possible answer：

As we all know，Sanya is described as forever tropical paradise.
It is one of the hottest destinations in China.
The beaches of Yalong Bay are always crowded with tourists，*who are sunbathing and swimming*.
Sanya has a wide variety of resorts，*whose spas are worth trying*.
Many people take part in water activities such as surfing，water skiing and diving，*which makes their vacation more exciting*.

教学设计说明

在语境中综合操练定语从句，尤其是非限制性定语从句的用法。

Assignment

Write a paragraph about your hometown. Use at least five relative clauses. You should include at least two defining relative clauses and three non-defining relative clauses.

【案例五：被动语态】

设计思路

本节语法课首先复习了主阅读语篇 A 中介绍的德国、拉丁美洲和印度的成人礼传统和庆祝活动，引出学生即将迎来的 18 岁成人仪式，并通过比较学校官方微信平台对 18 岁成人仪式的报道和一则学生发布庆祝成人的朋友圈，体会到根据不同的交际场合、目的、对象需选用不同的语言和恰当的语态，借此初步认识被动语态适用的文体。之后，学生通过主阅读语篇 A 中若干句被动句以及一篇关于日本成人礼的新闻报道，加深对被动语态语用功能的理解，通过组合碎片信息，选用恰当语态，翻译新闻报道后半部分的采访内容，从而对被动语态的形式和语用加深理解。最后，学生观看一段关于犹太新生婴儿接受的传统宗教仪式的动画，在观看视频和关键词提示的基础上，自行判断关键动作的发出方和接受方，并评判是否需要选用被动语态加以呈现，最后连词成句，连句成段，不仅对本节课所学语言知识进行综合运用和巩固复习，也进一步了解了不同文化的传统习俗。

语料分析

本课所选取的语料是与单元主题一致的日本成人礼和犹太出生礼的内容。学生不仅能在主题意义的探索中综合运用目标语法，还能加深对各国文化传统习俗的理解。

学情分析

高一学生对“传统节日与习俗”的主题语境比较感兴趣，但是语言技能储备停留在初中阶段，表达能力受到词汇和句式的限制而有所欠缺。对于被动语态这个语法项目，学生很熟悉其形式但是对于语用功能和在什么情境中使用还不是很熟练。因此，课堂上教师要在语境中引导学生观察、感知和总结被动语态的表达形式、基本意义、使用场合和语用功能并引导他们在语境中正确地使用这一语法项目。

教学目标

1. 语法结构：被动语态(现在进行时和完成时)。
2. 语用功能：常用于说明文，新闻，科普文章，体现客观性。
3. 运用程度：在语境中理解并正确运用。

教学步骤

Step 1　Lead-in.

1. Ask students to review the content and the writing purpose of Reading A.

Guided questions:

(1) What is Reading A mainly about?

(2) What is the author's writing purpose? To tell a story, to express an opinion, or to introduce a concept?

(3) How many coming-of-age ceremonies are introduced in Reading A? What are they?

2. Get students to identify the form of the passive voice and analyze its usage in Reading A.

Guided questions:

(1) Why are these two sentences phrased differently while expressing the same meaning?

(2) Why is the passive voice used in these two sentences from Reading A?

教学设计说明

通过复习本单元主阅读的内容引入话题,使学生明确阅读语篇的体裁和写作目的,为后续的语法学习做好铺垫。引导学生在语境中观察、比较和体会被动语态的意义和语用功能。

Step 2 Revise and complete the news report about Japan's Coming-of-Age Day.

1. Ask students to read part of a news report about Japan's Coming-of-Age Day, revise and complete it and discuss the usage of the passive voice.

① On Monday, January 13, 2020, people held Urayasu city's Coming-of-Age Ceremony at Tokyo Disneyland. Wearing their best clothes, new adults were delighted to reunite with their classmates and were filled with youthfulness and possibilities! ② The second Monday of January is a national holiday in Japan called Seijin-no-Hi, Coming-of-Age Day. ____ __________________ This important rite of passage(人生大事) has a long history. Some believe that the modern-style ceremony has its roots in "Youth Festival" held in Saitama in 1946 and the festival then spread across Japan. January 15 was first established the national holiday, but since 2000, it has been moved to the second Monday of January. ③ As the 2021 Coming-of-Age Day is drawing near, the adults-to-be are busy preparing for the once-in-a-lifetime event...

Guided questions:

(1) Where can we most probably come across such a passage? How do you know that?

(2) Which sentence in Paragraph 1 does not sound objective enough? Can you rewrite it?

(3) Which sentence better fits the blank in Paragraph 2? Why?

(4) Which sentence in Paragraph 2 does not sound objective enough? Can you rewrite it?

2. Encourage students to role-play the interview between a news reporter and an adult-to-be by translating the reply into English using the passive voice properly.

[Group 1] Kato: a first-year business student

女生穿着精美的传统长袖和服,而男生穿着西服套装。仪式礼服往往需要提前12个月预订。

dress up/long-sleeved kimono(和服)/Western-style suit/order/ceremonial dress/in advance

Reporter: How do boys and girls dress up for the grand event?

Kato: ______________________________

____

[Group 2] Tanaka: a first-year computer science student

市长和重要人士受邀出席仪式并发表欢迎演说。演说结束后,现场有音乐秀,也有纪念品和小礼物发放。

invite/mayor and major figures/deliver/welcoming speech/follow/live music/give out/souvenirs and gifts

Reporter: What exactly happens during a coming-of-age ceremony?

Tanaka: ______________________________

____

[Group 3] Suzuki: a first-year environmental studies student

年轻人往往相约狂欢庆祝。但是,也应该有人给我们敲响警钟,我们要开始肩负起成年人的责任。

hang out/celebrate/remind sb. that/shoulder/grown-up responsibilities

Reporter: How do young people celebrate after the ceremony?

Suzuki: ______________________________

____

[Group 4] Yamada: a second-year law student

近年来，成年仪式逐渐演变成疯狂的同学聚会或毕业派对。因此，就是否将法定成年年龄从20岁下调到18岁，日本国内正在进行激烈辩论。

wild class reunions/graduation parties/lower/adulthood age/heatedly debate

Reporter: What do you think of this long-practised tradition?

Yamada: ____

____

Guided questions:

(1) Following the example, can you role-play the interview between a news reporter and an adult-to-be using the passive voice when necessary?

(2) Which part do you think should be translated with the passive voice?

教学设计说明

通过阅读日本成人礼的文本，更进一步地体会被动语态在说明类文本中的意义和作用，并能恰当地使用被动语态完成语篇。

Step 3 Using the passive voice with proper tenses in writing.

1. Get students to figure out how the passive voice is used with different tenses. Fill in the blanks with the appropriate forms of the verbs in the brackets.

In Jamaica, a mother who gave birth to a baby girl yesterday is now busy in the garden. The afterbirth and the cord 1 ________ already ________ (buy) by her in person in a specially chosen location and a tree 2 ________ now ________ (plant) on that spot. The tree 3 ________ (provide) by her parents before the birth of the baby. This tradition comes from a Jamaican expression that say, "Home is where your navel string is buried."

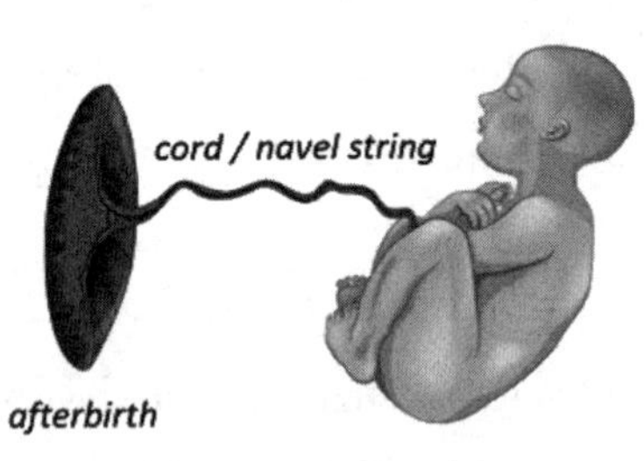

图片源自高中《英语》(上外版)教材必修一第四单元练习

Guided questions:

(1) Can you fill in the blanks with the appropriate forms of the verbs in brackets?

(2) Is there any signal word that helps you get the answer?

2. Ask students to watch a muted video clip about the Jewish birth traditions, and

introduce different aspects of the traditions using the proper voice based on picture clues and key words.

◆ **Introduce different aspects of the Jewish birth traditions using the proper voice.**

—Brit Milah(for a baby boy)/Brit Bat(for a baby girl)—
[Group 1] **Overview** • practise/long/tradition/Jewish people • schedule/the 8th day after birth • hold/a synagogue(犹太会堂) or the home of the baby's parents or grandparents ____________________ ____________________ ____________________ ____________________ ____________________ ____________________ ____________________ ____________________ We use the passive voice in the ________ sentence because ________________.
[Group 2] **Before the ceremony** • place/a drop of wine/baby's mouth/mohel(仪式执行人/mɔɪl/) • wash/hands and feet • light/candles/friend or family member ____________________ ____________________ ____________________ ____________________ ____________________ ____________________ ____________________ ____________________ We use the passive voice in the ________ sentence because ________________.

[Group 3] **During the ceremony**

- announce/Jewish name/explain/letter/parents
- read/blessings/poems
- introduce/baby/the Jewish community/first time

____

____

____

____

____

____

____

We use the passive voice in the ________ sentence because ______________________.

[Group 4] **After the ceremony**

- follow/a festive meal
- serve/wine or grape juice/customary Jewish foods
- invite/close relatives/friends/neighbors

____

____

____

____

____

____

____

We use the passive voice in the ________ sentence because ______________________.

Guided questions:

(1) According to the video clip, what are the pictures and the key words trying to convey?

(2) Can you introduce one aspect of the Jewish birth traditions using the passive voice when necessary?

(3) Which sentence should be written with the passive voice? Why?

(4) Is the passive voice used properly in other groups' introduction?

Checklist
☐ Are the Jewish birth traditions clearly explained?
☐ Are linking words properly used to achieve paragraph coherence?
☐ Is the passive voice used properly in terms of its form and meaning?
☐ Is the passive voice used with a good reason?

教学设计说明

引导学生在犹太教出生礼的语境中恰当地使用被动语态的各种形式，并在写作练习中运用这一语法项目，达到分组介绍犹太教出生礼的各种习俗的目的。

Assignments

1. Write a complete and coherent introduction to the Jewish birth traditions using the passive voice properly and dub the video.

2. Do library work and collect information about the coming-of-age ceremony of a certain ethnic group such as the Miao or the Yi people.

第三章

高中英语词汇教学实践研究

第一节 "双新"背景下的词汇教学

一、高中英语词汇教学的常见误区

词汇教学在高中英语教学中占据着非常重要的地位。英语语言学家 George W. Wilkins 在其《语言教学中的语言学》(1972)中指出:"如果没有语法,还可以传达一点点信息,但是如果没有词汇,那就什么信息也传达不了。"由此可见,词汇学习对提高学生语言综合运用能力的重要意义。然而,在中学英语学习中,单词的学习和记忆经常成为使学生头疼、教师束手无策的拦路虎。以教师为中心的"填鸭"式的词汇讲解和枯燥、机械的单词背诵使得词汇学习呈现"高耗""费时""低效"的局面,也不利于学生自主学习能力的培养与核心素养的发展。常见的词汇教学误区有以下两个方面:

(一) 脱离文本语境,过度讲解词汇,影响文章整体理解

阅读教学中,教师往往会过度注意新词教学,对一些"重点"词汇进行详细讲解和操练,将词汇学习与课文内容割裂开来,无形中削弱了对文本的整体理解,违背了以意义为主的语言输入的原则。

(二) 词汇教学手段单一、机械,忽略学生词汇学习策略的培养

教师常用的词汇教学手段为照着例句讲解,让学生背诵,由教师默写抽查等。长此以往,学生渐渐失去了词汇学习的兴趣和动机,也不利于学生学习能力的培养。

二、如何理解指向核心素养的词汇教学?

英语学科核心素养主要包括语言能力、文化意识、思维品质和学习能力。词汇教学是英语学习的重要基础,也是提升学生学科核心素养的重要途径。教师开展英语词汇教学的同时,以全方位释放英语教学内涵为着力点,保证学生在跟随英语核心素养引领的同时,感受到英语词汇的实际力量和相应内涵。

(一) 词汇教学与语言能力

词汇知识是发展语言能力的重要基础。在语言学习的过程中,词汇是语言的基本材料,是一切语言活动的基础。对语言学习者来说,词汇是重要的学习内容。拥有大量的词汇有助于促进语言各方面技能的发展,词汇能力是构成语言能力的重要因素。由此可见,词汇教学是发展语言能力的重要途径。

（二）词汇教学与文化意识

教师在开展英语词汇教学时，为了让学生的词汇学习效果得到提高，拥有良好的文化品格，可以依据单元的主题意义，深挖教材蕴含的文化内涵并有效地创设课堂情境，让学生联系生活实际，在情境中把单词有效地运用起来，在感受不同国家的文化的同时运用所学词汇介绍中华民族的优秀文化。这样的学习交流活动不仅加强了学生对英语知识和词汇内容的理解，也保证学生在词汇学习的过程中，接触更多的学习内容，培养学生的文化意识。

（三）词汇教学与思维品质

教师在词汇教学中，应尝试运用多种词汇教学策略促进学生英语思维的发展。比如：教师可以通过思维导图的模式进行词汇教学，锻炼学生的思维能力。在思维导图有效创建之下，可以让学生简明扼要地明确单词的实际意义，锻炼学生的发散性思维；通过指导学生利用上下文推测词汇在具体语境中的含义，培养思维的逻辑性；引导学生通过比较、分析和总结等手段，解释具体文本中特定词汇的意义或表达的意象，培养思维的批判性，等等。

（四）词汇教学与学习能力

教师在词汇教学之中，应尝试为学生提供小组合作探究的学习模式和机会。教师实行针对性教学方法，让学生开展自主探究，学生可以把自己有效记忆词汇的方法和手段进行分享和交流，这样在把握词汇学习进度的情况下，能让学生发展自主学习与合作学习的能力。此外，教师要在教学过程中帮助学生形成适合自己的学习方法和策略并积极主动地利用身边的资源开展词汇学习活动。比如：引导学生通过报刊杂志、计算机网络等资源获取信息或借助电子词典、手机应用等学习资源来扩大词汇量等。

三、“双新”背景下的词汇教学应关注哪些方面？

（一）词汇教学要基于主题语境

在高中英语词汇教学中，教师需要深挖文本，深刻感知和理解相关主题意义，整体规划教学设计，防止知识碎片化。在设计具体教学活动时，教师要充分考虑学情，结合情境教学模式，为学生营造良好的学习环境，调动学生学习词汇的兴趣，让学生通过听、说、读、写、看等方式感知和理解相关主题词汇的意义并使用词汇表达相关主题的信息和意义。

（二）词汇教学要培养学生的词块意识

《课标》指出：高中阶段的词汇教学除了引导学生更深入地理解和更广泛地运用已学词汇外，重点是在语境中培养学生的词块意识。词块是指由多词组成，可以独立用于构成句子或者话语，实现一定语法、语篇或语用功能的最小的形式和意义的结合体。鉴于词块的特点,学习者在运用语言的过程中可以直接从记忆库中提取词块,大大有助于语言表达的流畅和地道。词块意识的培养要求教师在语境中引导学生关注词块的半固定和固定搭配并创设情境让学生建构和运用语言。

(三) 词汇教学要引导学生对语言进行深加工

词汇教学中,教师不能仅仅重视学生对词汇的记忆和背诵,而忽略学生对词汇的运用和表达。语言的深加工过程就是要求学生自主学习词汇。通过对学生进行一定的示范和引领,指导学生自主创设情境,编制或改编包含目标词汇的句子,从而提升学生对目标词汇的有效输入,对语言进行深加工,最终实现语言内化和语言输出。

(四) 词汇教学要加强学习策略指导

在高中英语词汇教学中,教师要引导学生积极运用和主动调试英语学习策略,提升英语学习效率的意识和能力,拓宽学习渠道,提高学习能力。常见的词汇学习策略包括:建立单词本,利用语音规律或应用手机软件记忆词汇;通过阅读英语原版读物,观看英美影视剧,听英语歌曲等方式积累词汇知识和地道的表达等。只有学生养成良好的词汇学习习惯,掌握正确的词汇学习方法,才能取得良好的学习效果。

第二节 单元视角下的词汇教学

一、词汇教学基于单元主题的必要性

单元是承载主题意义的基本单位,是基于一定目标和内容所构成的基础学习模块。单元学习活动应围绕主题语境展开,通过合理情境和适切方式,指向不同语言技能与学习策略的培养。教师可以基于单元主题,把词汇教学融入单元的听、说、读、写训练活动,从而达到学生能在语境中正确使用目标词汇这一宗旨。因此,教师在准备和设计单元教学活动时,要整体规划一个单元各个课时的词汇学习,比如,可以通过文本介绍引入目标词汇,让学生通过阅读在语境中感知目标词汇的意义;通过深入理解文本引导学生感悟和体验目标词汇的用法;在语法教学中注意目标词汇的复现;在口语和写作教学中引导学生运用目标词汇进行口语和书面的表达;最后,通过听、说、读、写综合训练加强学生对目标词汇的认知、体验和运用。

二、如何基于单元主题进行词汇教学

下面笔者就以高中《英语》(上教版)必修一 Unit 2 Places 中的主阅读 Where history

comes alive 为例看看如何基于单元主题进行词汇教学。

单元整体分析

本单元属于“人与社会”的主题语境，介绍了中国以及世界上其他国家的一些区域和它们的历史文化。主阅读板块介绍了中国的西安和意大利的佛罗伦萨两个历史名城，学生通过阅读可以学习形容一个城市历史文化和现状的词汇；语法板块讲述了主人公在坐大巴旅行时接受了陌生人善意的故事，学生在语境中理解并操练了过去将来时态；听说板块与语法板块紧密相连，让学生听到了故事的第二部分并仿照这个故事讲述自己在生活中感受别人善意的经历；写作部分呈现了一个去新西兰旅游的博客，学生可以仿照范文撰写自己的博客，介绍旅行经历；文化聚焦板块介绍了不同地方名字的由来，而配套视频则介绍了中国南部的城市南宁。总之，各个板块围绕着 “Places”这个主题，从历史、文化、习俗、旅途等各个角度展开，充实了主题语境的内容。

阅读文本分析

本文的语篇类型为说明文。语篇内容展现的是中国西安和意大利的佛罗伦萨两个历史名城的过去和现在；语篇结构清晰，一共分为两个部分，分别介绍了西安和佛罗伦萨的重要地位，辉煌的历史和传承的文化；语言特征体现为分别使用现在和过去时态介绍两个城市的历史和现状。文章句式简练，用词准确生动；语篇的主题意义在于引领学生了解世界文化名城的相关背景知识，激发他们对中国以及世界各国历史文化的探究与思考。

教学活动设计

1. 围绕单元主题，预测文本内容，激活相关词汇。

在读前活动设计时，有意识地用目标词汇切入主题，引发学生的学习动机。就本单元而言，在上课的前几分钟，教师引导学生就文本话题预测课文内容，并把课文主题词写在黑板上，让学生说出看到该主题词时所联想到的相关词汇，在此过程中，学生既激活了学过的词汇，又拓展了有关主题的新词汇。围绕话题开展“头脑风暴”，激活相关词汇。通过“头脑风暴”活动可激活学生的背景知识，激发学生听的动机与兴趣，引起学生对新信息的注意，产生学习新知识的欲望，促进学生积极思考并激活他们头脑中的相关词汇。

Brainstorm: What comes into your mind when you read the title “Where history comes alive” and the name of the two cities?

Guided questions:

(1) What do you know about the two cities?

(2) Have you ever visited the two cities?

(3) Can you name some historic sites in the two cities?

Purposes:

(1) To arouse the students' interest in the topic.

(2) To activate the students' background information and their vocabulary about the topic.

教学设计说明

本文介绍了中外两个历史名城：中国的西安和意大利的佛罗伦萨。读前阶段，教师引导学生围绕话题，利用自身的背景知识和联想，说出与两个历史名城相关的单词和词组并形成两个分别以 Xi'an 和 Florence 为中心的"词汇网(word web)"，如与西安相关的 Terracotta Army of Emperor Qin Shihuang, Wild Goose Pagodas, former capital, Silk Road, Belt and Road Initiative 以及与佛罗伦萨相关的 Renaissance, valuable artworks, ancient buildings, Michelangelo, Leonardo da Vinci, Galileo 等。在进行头脑风暴时，教师要特别注意倾听并适时地根据学生的发言引出部分与课文相关度较高的重点词。如当学生说到 historic sites 时，及时提问"Can you name some historic sites in Xi'an?"引出 Terracotta Army of Emperor Qin Shihuang, Wild Goose Pagodas 等新词汇；再如当学生谈到 Renaissance 的时候，教师可以提问"Do you know some great minds who lived in Florence during Renaissance?"引出 Michelangelo, Leonardo da Vinci, Galileo 等新词汇。对于这些专有名词，老师还可以适时地配上图片，加深学生的认识。

2. **结合主题语境，挖掘文本内涵，理解目标词汇。**

读中活动设计时要注重引导学生根据上下文了解目标词汇，并在问答(用目标词汇提问或引导学生用目标词汇作答)、讨论等活动中加深学生对目标词汇的认知以及文本内容的理解。在本单元的教学过程中，可以通过语境来帮助学生理解标题中的目标词组 come alive 的意义。

活动 1

Read the text carefully and answer the following questions:

(1) What are the details that show the glorious history of the two cities?

(Possible answers:

Details about Xi'an: "One of China's great former capitals, a golden age of art and poetry, silk road which connected China to the rest of the world"

Details about Florence: "birthplace of many amazing ideas and discoveries, Renaissance")

(2) What are the details that show the cultural and historical inheritance of the two cities?

(Possible answers:

Details about Xi'an: "at the heart of China's Belt and Road Initiative, its long history can be seen everywhere, city walls"

Details about Florence: "be filled with art, science and history museums and ancient buildings as well as historic universities, in Florence today you can experience the old and the new")

活动 2

What's your understanding of the phrase "come alive" in the title according to the information you've got about the two cities from the text?

Purposes:

(1) To deepen the students' understanding of the text and the new vocabulary.

(2) To cultivate the students' ability to infer the meaning of the new vocabulary from the context.

教学设计说明

本文是对中国西安和意大利佛罗伦萨两个历史名城的简介,引领全文的文章标题是"Where history comes alive"。教师在指导学生阅读过程中,有意识地引导学生找出有关两座城市历史演变的内容。学生通过阅读可以找到有关两个城市的辉煌历史以及目前对于历史文化传承的相关细节。然后,教师引导学生把这些内容与标题联系起来,让学生思考标题"Where history comes alive",尤其是目标词组 come alive 的意义。学生通过刚才对文章内容的梳理,可以总结出西安和佛罗伦萨两个城市的共同点:它们不仅有着悠久的历史,辉煌的过去,而且这些历史文化在现代得到了很好的传承和进一步发扬光大。由此,学生可以推断出 come alive 的意思为:变得鲜活、恢复生机。这样的活动不仅可以帮助学生在语境中加深对目标词汇的理解,还有效加深了学生对文本的理解。

3. **深入单元主题,加强语言实践,运用目标词汇。**

教师在完成主阅读的教学后,可以依据单元主题和阅读文本,设计形式多样的语言实践活动,如复述课文,就某一话题进行课堂讨论,用给定词汇撰写故事等开放性的、综合性的操练,并逐步从口头表达进展到书面表达。在设计这些语言实践活动时,教师应特别关注引导学生运用目标词汇对文本内容或话题进行讨论、归纳和总结,促使目标词汇不断复现于学生的脑海中，活跃在学生的思维之中。就本单元而言，文本阅读后，教师可以设计以下的语言实践活动帮助学生夯实目标词汇。

活动 1

Review the text and answer the questions.

(1) How important is Xi'an in the Chinese history?

(Possible answer: It used to be the capital of ancient China. /It grew to be the largest city in the world during Tang Dynasty, a **golden age** of art and poetry.)

(2) What's your understanding of the expression **"golden age"**?

(Possible answer: Art and poetry were at their best during Tang Dynasty. So **"Golden age"** means the period of time when something is at its best.)

(3) What makes Xi'an so important today?

(Possible answer: Xi'an is **at the heart of** China's Belt and Road Initiative.)

(4) What does the metaphor "at the heart of" mean?

(Possible answer: Heart is the center of a human body. So the expression means "the center of something". Xi'an is viewed as the central place in the concept of China's Belt and Road Initiative.)

(5) How important is Florence in history?

(Possible answer: It is the **birthplace** of many amazing ideas and discoveries.)

(6) What's your **birthplace**? What does **birthplace** mean in this sentence?

(Possible answer: My birthplace is Shanghai. It originally means the place where people were born. In this sentence it means the place where something originated.)

(7) What makes Florence one of the famous historic cities in Italy today?

(Possible answer: Because it has a long history and you can still find many traditional cultures and historic places in the city today.)

(8) We can say Florence's history **is alive with** the memory of a time when art, culture and science were being "reborn". Can you guess the meaning of the expression **"be alive with"**?

(Possible answer: I think it means those traditional cultures and historic places are still living in people's lives in spite of the time passing by.)

活动 2

Design a poster to introduce Xi'an or Florence.

Directions: Divide the whole class into six groups. Each group represents a travel agency and designs a poster to introduce Xi'an or Florence.

Purposes:

(1) To deepen the students' understanding of the new vocabulary in the context.

(2) To guide students to use the new vocabulary properly in the context.

教学设计说明

本活动在主阅读完成后，首先通过教师与学生的问答环节复习课文内容并引导学生在语境中理解目标词汇 golden age, at the heart of, birthplace, be alive with 的意义并在单句中简单运用。其次，要求学生 4—6 人一组，作为旅行社团队，分别为西安和佛罗伦萨设计一份宣传海报，突出它们历史名城的特点。这一任务给学生提供了在相似语境下巩固目标词汇的机会。学生能够仿照课文，在自制的海报中运用含有 golden age, at the heart of, birthplace, be alive with 等词汇的句子。在日后的写作中，当学生想要介绍一些旅游景点和名胜古迹时，也可以灵活地运用这些目标词汇，使表达更丰富和生动。

从以上教学案例可以看出，教师可以基于单元主题和阅读、听说等文本，精心挑选目标词汇并规划本单元的词汇学习。首先，通过读前活动引入目标词汇，让学生对其有初步认知；然后，在读中阶段，通过深入阅读，让学生在上下文语境中感知目标词汇的形式并深入理解其意义；最后，依托单元主题创设各种情境，引导学生运用目标词汇进行口语和书面的表达，如本案例中通过师生问答、设计海报、介绍名胜古迹等活动让学生在主题语境中感悟和体验目标词汇的用法。总之，整个词汇教学设计应紧紧围绕单元主题并融入阅读、口语表达、写作等技能。这种听、说、读、写全方位的感官体验和全时段反复的语言使用，有利于学生在主题语境中理解并准确、得体地运用目标词汇，由此来提升学生对其的记忆和掌握。

第三节　高中英语词汇学习策略

一、词汇学习策略的重要性

词汇学习是语言学习中不可缺少的重要组成部分。如果采用“满堂灌”的教学方式或“死记硬背”的学习方式，既不利于词汇的掌握，也不利于学生学习能力的培养和思维品质的提升。为了解决这一问题，教师应该通过对《课标》的学习，明确英语教学中对学生词汇学习的内容和要求，尤其是对学生词汇学习策略培养的要求，然后深入研究如何在自己的教学中具体落实，以扫除学生的词汇学习障碍，达到学生在英语词汇学习中事半功倍的良好效果。

《课标》指出：学习策略主要指学生为促进语言学习和语言运用而采取的各种行动和步骤。学习策略的使用表现为学生在语言学习和运用的活动中，受问题意识的驱动而采取的调控和管理自己学习过程的学习行为。就词汇教学而言，教师在词汇教学中应重视对学生学习策略的培养，有意识地引导学生学习并尝试使用各种不同的词汇学习策略，如构词法、上下文猜测词义等，逐步形成适合自己的学习方法。让学生带着一定的策略意识学习词汇，不仅有利于提高学生的词汇记忆效率和处理新词的能力，也有利于减少学生词汇学习的挫败感，更大程度地带给他们成功的体验。学生还可以把课内学到的学习策略运用到课外的视听、阅读活动中，促进他们发展自主学习的习惯和能力。

《课标》指出学生在学习和运用英语的过程中常用的策略包括：元认知策略、认知策略、交际策略和情感策略等。其中，认知策略指学生为了完成具体语言学习活动而采取的步骤和方法。本章所讨论的词汇教学策略主要属于认知策略的范畴。《课标》在课程内容部分，对于“学习策略”中“认知策略”的词汇学习部分提出了明确的内容要求。表述如下：

表 11 普通高中英语课程学习策略内容要求

课程类别	策略	学习策略内容要求
必修	认知策略	3. 在语境中学习词汇和语法； 4. 通过分类等手段加深对词汇的理解和记忆；
选择性必修		1. 通过构词法、话题词等方式建构词族、词汇语义网，扩大词汇量；

从上表“认知策略”中有关词汇学习的内容和要求来看，词汇学习作为培养学生语言综合运用能力的基础，主要集中在“必修”和“选择性必修”的课程中。两类课程体现了由浅入深，由易到难的特点。比如“必修”阶段着重强调了要依托语境学习词汇，而在“选择性必修”阶段，学生则被要求掌握并使用一些具体的方法，如构词法、话题词等；再如，对于词汇分类组织的策略，在“必修”阶段，要求学生能对词汇进行分类理解和记忆，而在“选择性必修”阶段，学生则被要求在分类组织的基础上构建词族和词汇语义网，扩大词汇量。总之，形成有效运用词汇学习策略的能力是一个循序渐进的过程。教师要将词汇学习策略的教学融入学生的语言学习活动之中，结合学习内容有重点地训练学生对不同词汇学习策略的运用，增强学生的策略意识，突出词汇学习策略训练的过程性，保证词汇学习策略运用的实际效果。

二、多样化的词汇学习策略

本节将从语境、语义场和构词法三个角度来讨论教师应当如何在英语教学中引导学生形成自己多样化的词汇学习策略。

（一）语境策略(context strategy)

词汇的学习不仅仅是对于词汇知识的学习，更重要的是要掌握词汇的具体用法，使学生能在语境中正确、得体地使用语言。英语中有些词的特点是意义多变，除了基本意义之外，还有内涵意义，而语境可以决定其在某一特定环境下的意义。因此我们对某个词汇的理解记忆，只能放在具体的语境中进行。正如英国语言学家 Carter 所说：“如果把一个单词的形式及其功能特征的综合体置于一个完整的词汇环境中来学，学起来就比较容易。”(Carter，1999)语境策略就是学习者通过上下文与目标词汇之间的句法关系或语义关系来猜测、判断该词汇的意义及用法，从而习得这个单词的策略。在语境中学习词汇，我们不仅可以学到单词的指称意义、句法作用以及具体用法，还可以感受到词汇所传达的感情色彩。文本的上下文或生动的情境为学生学习词汇提供了生动的实例，教师应充分利用这些实例，借助合适的词汇学习策略，引导学生在语境中识记词汇、理解词义和用法，进而在语境中正确运用词汇。

1. 语境中的词义猜测策略。

语境为学习者提供了大量的语言输入，学生可以从中获得可观的词汇知识。鉴于语境在词汇教学中的重要性，新西兰语言学家 Nation(2001)强调：“ Incidental learning via guessing from the context is the most important of all sources of vocabulary learning. ”根据上下文语境猜测词义是阅读中扩大学生词汇量的一个非常重要的方法。教师应该引导学生利用上下文中的近义词、反义词、逻辑线索、标点符号、句子结构与联系等来推测出目标词汇的意义，以培养学生语境中猜测词义的良好习惯和学习策略。

Nation 提出的词义猜测策略通过以下步骤帮助学生理解词义：① 观察该词在句中的作用，并判断其词性；② 观察该词与周围邻近词汇的关联；③ 观察该词所在句子与前后邻近句子在结构及意义上的关联，标点符号有时也有用处；④ 利用步骤①至③所获得的知识猜测词义；⑤ 将所猜测的词义取代该词，并查词典，检查猜测是否正确；⑥ 通过上下文语境和词典，进一步了解该词汇的用法，如构词特点、固定搭配、常用例句、惯用语或成语等。下面我们通过一个教学案例来看看语境中的词义猜测策略是如何具体实施的。

教学案例

目标词汇： drawback

活动目的： 指导学生逐步掌握从上下文猜测词义的策略

活动素材： 高中《英语》(上教版)必修一 Unit 3 Choices Cultural focus *A new way of eating：online food delivery services*

> These services have no doubt brought us many benefits.
>
> ...
>
> However, we must not forget the **drawbacks** of online food delivery services. For one thing, they make it even easier to order unhealthy food, high in sugar, fat and salt. Food safety is another problem: it can be hard to establish where the food actually comes from, and whether the owner is legally permitted to run a restaurant. As couriers need to deliver the orders as quickly as possible, some pay little regard to traffic rules. In recent years, there have been a number of terrible traffic accidents because of this. Moreover, the industry is creating unbelievable amounts of packaging waste...

活动步骤:

(1) 引导学生观察目标词汇在句中的作用并判断其词性:从"we must not forget the drawbacks of online food delivery services."这句中看出,作为谓语动词 forget 的宾语,drawback 应该是个名词,而且是可数的。

(2) 引导学生观察目标词汇与周围邻近词汇的关系,从"However, we must not forget the drawbacks of online food delivery services."可以得知该词是用来说明 online food delivery service 的属性的。

(3) 引导学生注意包含该词的句子在段落中的地位:"However, we must not forget the drawbacks of online food delivery services."是本段的主题句,引领下文的内容。同时引导学生观察包含该词的句子与上一段落的关系得出以下两个线索:① 上一段的主题句为"These services have no doubt brought us many benefits."整段围绕着"线上外卖"的好处展开论述。② 本段的主题以 However 开头,说明本段的观点有了转折,意思可能相反。再读下文,"making it easier to order unhealthy food""food safety being a problem""couriers disregarding traffic rules"和"industry creating packaging waste",这四个方面果然都是负面的影响,由此可见 drawback 是个贬义词。

(4) 引导学生利用步骤(1)至(3)所获得的知识猜测词义:① drawback 是可数名词。② drawback 是用来说明"线上外卖服务"的属性的。③ 所在的主题句以 however 引出,说明与上一段的主题句表达的观点相反。因此,drawback 应该与上一段主题句中关键字 benefit 的意义相反,意思可能是 disadvantage,即缺点,不利条件。

(5) 指导学生查词典,核对检查是否猜对:词典中 drawback 的释义为"disadvantage or problem that makes sth. a less attractive idea":由此可断定词义猜测完全正确。

2. 语境中把握词汇外延和内涵意义的策略。

词汇意义可分为外延意义(denotative meaning)和内涵意义(connotative meaning)。

外延意义也称作概念意义，是字典里描述的意义，是语言的基础。而内涵意义则是外延意义的补充，它反映了在具体的语境中人们对于某个词汇的理解和情感联系。比如，在德国著名诗人海涅的一首诗 *The homecoming* 中有这么一句话："Spring will bring you back again what the winter's taken from you. "spring 和 winter 的外延意义是我们熟知的两个季节。但是结合诗歌的主题：只要有坚定的心就能看到希望，这里 winter 的内涵意义则是"严寒""困苦"，意指生活中的不幸和磨难；spring 的内涵意义是"回春""生机勃勃"，意指激励我们克服难关的希望。由此可见，在文本的主题语境中对目标词汇进行深入理解和赏析，不仅能让学生准确地把握目标词汇在语境中的意义和语用，而且能加深学生对文本的理解。下面我们通过两个教学案例来看看如何在语境中把握词汇内涵和外延意义。

教学案例一

目标词汇： wander

活动目的： 语境中深入理解目标词汇的内涵和外延意义

活动素材：《英语（牛津上海版）》高一年级第二学期 Unit 1 A Trip to the Theatre Reading *The phantom of the opera*

> At birth, he was so ugly that his own mother made him wear a mask. She forced him to leave home while he was still a child. He then spent years **wandering** the earth until he found his home on the island. Yet, this monster of a man loved singing, and had a wonderful voice.

活动步骤：

(1) 引导学生阅读对于主人公魅影早年经历的描写部分："He then spent years wandering the earth until he found his home on the island. "并关注目标词汇 wander。

(2) 通过提问"Do you sometimes wander on your way home?"让学生归纳出 wander 的外延词义是"move about aimlessly and slowly"。

(3) 结合上下文让学生思考能否把句子中的 wander 改成 walk, travel 或是 go 之类的近义词。学生在充分思考后都认为不能改。因为这段文字旨在交代主人公魅影童年时被赶出家门的不幸经历，有漂泊不定的含义，它的这层内涵意义能更生动形象地反映主人公当时孤苦伶仃、居无定所、四处漂泊的生活状态。

(4) 要求学生把 wander the earth 翻译成相应的中文。学生的答案是："在世间漂泊"。通过对 wander 这个词的咬文嚼词，学生在语境中比较精准地把握了 wander 这个词的外延和内涵意义，同时也对主人公的境遇有了更深刻的认识。

教学案例二

目标词汇： growl/order/demand/command

活动目的：语境中深入理解目标词汇的内涵和外延意义

活动素材：《英语(牛津上海版)》高二年级第二学期 Unit Five Reading *Green orchids*

本课描述了一个唯利是图、病入膏肓的商人，为了一己私欲，不惜破坏环境，炸掉了一个美丽的山谷，却也毁掉了他自己唯一活命的机会。

活动步骤：

(1) 教师在阅读中引导学生关注作者描写主人公与下属对话时所用的动词。通过观察，学生发现一个有趣的现象：这些动词都不是 said，而是 growl/order/demand/command 这样的词。

(2) 引导学生通过对话内容，归纳出这些动词的外延意义是“咆哮”和“命令”。

(3) 引导学生思考两个问题：① 这些词反映了主人公对下属什么样的态度？② 这些动词刻画了主人公什么样的性格？学生基于故事的主题语境，通过对这些目标词汇内涵意义的仔细品味，体悟到这些词给人的感觉是“强硬”“不尊重”，由此可以推断出他的性格是 bossy 和 rude 的。这样，学生就能很容易地理解他最终毁掉山谷也毁掉自己的结局是由于他不听劝告独断专行的性格造成的，从而更好地理解了文本故事的内涵、作者的情感及意图。

(二) 语义场策略(semantic field strategy)

语义场策略就是通常所说的把词汇按某个主题进行分类。语义场理论是德国语言学家 J. Tries 最先提出来的。它把一种语言的词汇看成是一个完整的、在语义上相互关联的网络系统，这个关系网络将语义上相互关联的词汇和短语集合起来从而形成语义场。语义场理论按词与词之间的关系对词进行分类，找出其间的相同之处和不同之处。因此我们可以根据词与词之间在语义上的联系，将表示共同概念的“上义词”和一系列“下义词”组成同一语义场。如在上义词“运动”下，可有“水上运动、田径运动、极限运动、室内运动、户外运动……”等一系列“下义词”；如以“水上运动”为“上义词”，又可有它的一系列的下义词。这样可为成千上万单词设立多种形式的语义场，为学生的理解、记忆、辨析和使用词汇提供了极大的方便。认知心理学家认为我们每个人的大脑中都装有一部“心理词典”，各人按一定的方式将词汇储存在这部“心理词典”中。Channell (Carter & McCarthy)从心理语言学的角度肯定了语义场理论在词汇学习中的作用。他针对运用词汇时所产生的失误，分析了第二语言词汇习得以及它们在心理词典中的编排后指出，在运用词汇时产生语义失误这一现象说明了词汇在心理词典中是按照词的意思编排的。为了减少这类失误，语言学习者需要进行精确的、按照意思编排的词汇联想，才能使其在运用词汇时挑选出恰当的目的词。因此，Channell 倡导在词汇教学中要使用语义场的策略和方法。下面我们结合案例来看看如何在词汇教学中运用这一策略。

1. 围绕不同主题，分类整理，建立词汇分类库。

对主题意义的探究应是学生学习语言的最重要内容，直接影响学生语篇理解的程度、思维发展的水平和语言学习的成效。《课标》提出的主题语境为英语词汇学习中的语义场策略运用提供了很好的基础和条件。普通高中英语课程包含“人与自我”“人与社会”和“人与自然”三大主题语境。其中“人与自我”涉及“生活与学习”“做人与做事”等两个主题群下的9项子主题；“人与社会”涉及“社会服务与人际沟通”“文学、艺术与体育”“历史、社会与文化”“科学与技术”等四个主题群下的16项子主题；“人与自然”涉及“自然生态”“环境保护”“灾害防范”“宇宙探索”等四个主题群下的7项子主题，这些内容基本上囊括了学生在中学阶段所能接触到的自然、社会和生活的方方面面。教师可以指导学生围绕这些子主题，根据自身的生活、学习乃至爱好进行不同主题及子主题的词汇分类整理。这种分类方法，可以帮助学生在学习一个新单词时复习与之意义相关的同类词，大大提高词汇理解和记忆的效率；同时，在表达自己的观点和思想时，也会运用不同的词汇，使表达更加丰富多彩、鲜活有趣。随着学生年龄的增长和认知水平的提高，子主题的内容会逐渐深入细化和丰富扩大，教师可以引导学生在探究相关主题意义时，进一步将已学的和新学的相关词汇进行集聚、比较、归类、整理、补充，形成自己的词汇分类库，并进行记忆、储存和运用。

教学案例

在学习“学校生活与学习”这个主题时，会涉及学校课程、学校活动、学习成绩、学生品质等话题，教师可指导学生把与上述话题相关的词或词组按照话题进行分类整理，并归到相应的子目录中。如：

学校课程	*n.* curriculum, course, Chinese, biology, mathematics, language, etc. *adj.* compulsory, optional, etc. *v.* attend, enroll, register, enter for, etc.
学校活动	*n.* after-class activities, society, Students' Union, charity fair, festival, etc. *adj.* extracurricular, physical, cultural, colorful, etc. *v.* take part in, participate in, be involved in, intend to, aim at, etc.
学习成绩	*n.* examination, test, grade, score, result, etc. *adj.* excellent, outstanding, struggling, etc. *v.* assess, evaluate, be good at, be poor at, etc.
学生品质	*n.* team spirit, patience, diligence, perseverance, etc. *adj.* careful, active, out-going, warm-hearted, independent, ambitious, etc.

教师应鼓励学生以主题为单位记忆单词，使单词的记忆模块化、系统化。指导学生建立动态的词汇库，并在今后的学习中关注与该主题相关的词汇，把它增加到词汇库相应的子目录中。例如，当学生们学完高中《英语》(上教版)必修二 Unit 2 *Roads to education* 时，可以把 lecture, resource 加到“学校课程”子目录中；把 debate, cooperation, donate, promote 加到“学校活动”子目录中；把 performance，academic，master，motivate 加到“学习成绩”子目录中；把 concentration，creative，devoted 加到“学生品质”子目录中。由此可见，根据主题分类有效学习和记忆词汇能摆脱传统的记忆模式，变被动记忆为主动记忆。学生在积累和反复中，不断充实、扩展和丰富自己的主题词汇库，学习和记忆的效果也相应提升。

2. 围绕同一主题，通过联想，构建词汇网络框架。

基于主题的词汇教学可以善加利用教材资源，因为教材中的语篇往往选取贴近学生实际生活的、不同体裁的文本，并根据主题进行编排。教师可以根据单元主题或以单元主题引发的分话题为中心词，引导学生构建语义图，然后基于语义图设计口头或书面的语言实践活动，引导学生主动、准确、反复地使用目标词汇，真正做到让学生在运用中巩固并加深对词汇的记忆。

在具体教学中通过运用语义图，教师可以引导学生把一个单元或语篇的词汇以及它们在单元或语篇主题下的内在联系用图示的方法表现出来，使他们对单元或语篇的主题内容、基本框架结构及相互关联建构起比较全面的理解和认识。国内外的许多研究表明不仅语义图可以提高学生的阅读技能，而且师生共同构建语义图的过程也是一种有效的词汇学习策略，可以帮助学生在所创建的语境中了解目标词汇的意义。

教学案例

设计意图：本活动用于课文的复习，旨在让学生通过分析、讨论等方式，利用语义图整合课本内容和语言知识，引导学生在熟悉巩固课文的同时，进一步在语境中巩固和运用目标词汇。

活动方法：利用语义图复习课文、巩固和运用目标词汇

目标词汇：与 *The 1940s House* 主题语境相关的词汇

活动素材：高中《英语》(上教版)必修一 Unit 4 Reading and interaction *The 1940s House*

本文介绍了生活在 21 世纪的一家人参与一个实验的经历，他们住进伦敦南部一幢房子，脱离现代生活，过起了 20 世纪 40 年代的生活。文章介绍了他们在实验过程中碰到的各种挑战以及他们的应对方法。

活动步骤：

(1) 复习课文，让学生找出在本实验中，主人公在哪几个方面遇到困难与挑战。学生根据课文内容，归纳出四个方面（safety，rations of goods，lack of modern devices，domestic chores），然后分别列出与这几个方面相关的主要词汇和词组，如 labor-saving devices disappeared，drop bombs，rationing of goods，boring food，spend most of their time preparing meals 等。

(2) 让学生围绕以上四个方面列举所涉及的主要问题。在这过程中，教师引出本节

课要学习的目标词汇(见图示中的粗体字部分)，并及时根据学生的回答在黑板上绘制出语义图(见下图)。

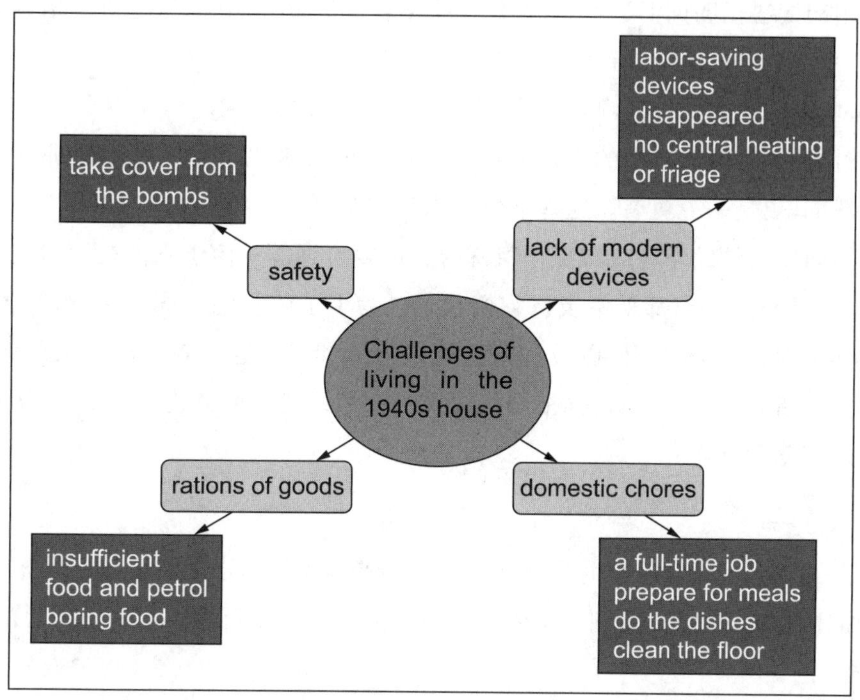

(3) 小组活动：学生分成四组，分别扮演主人公 Lyn、丈夫 Michael、女儿、外孙，基于语义图所提供的内容和语言支撑，代入各自的角色介绍参与体验 20 世纪 40 年代生活的经历和感受。

语义图构建完成后，学生不仅对这篇文章的主要内容和框架结构有了更清晰的了解，而且也在此过程中理解了 labor-saving devices，central heating，take cover，ration，domestic chores 等与“20 世纪 40 年代英国家庭生活”主题语境相关的目标词汇的意义。在此基础上，教师还可以引导学生根据单元主题构建语义图，在语境中帮助学生巩固并熟练运用与单元主题相关的目标词汇。

3. 构词法策略(word-formation strategy)。

构词法是学生在高中阶段应掌握的词汇学习的重要方法之一。语言学习由接受性学习和产出性学习组成，通过语言输入来学习语言的过程叫接受性学习，通过语言输出来学习掌握语言的过程叫产出性学习。语言学家 Ruth Gairns 和 Stuart Redman(2012)认为，关注构词法不论在接受性学习还是产出性学习方面都会给学习者带来益处。《课标》中对于构词法的学习也有明确的循序渐进的要求：在必修阶段要求学生了解词汇的词根、词缀，掌握词性变化规律，并用于理解和表达有关主题的信息和观点；在选择性必修阶段要求学生通过构词法、话题词等方式建构词族、词汇语义网，扩大词汇量；在选修(提高类)阶段要求学生运用构词法知识，扩大词汇量，结合各种主题语境，积累词块，深度学习词语，在表达各种信息时提高词语使用的准确性和丰富性。因此，教师应把着眼点放在如何指导学生利用构词法辅助词汇学习，在关注学生语言能力发展的同时，更重视培养学生的词汇学习能力，在词汇教学上真正做到“授之以渔”。

第一，构词法在接受性学习中的应用。

阅读时，学生常因文章中的生词而影响阅读速度及效果。尤其是面对那些由热门话题引出的新词，更是一筹莫展。这些词经常出现在英语新闻类热点文章中，主要是那些为了使用方便而创造的缩略词或被赋予特殊含义的复合词等。由于它们在短时间内被广泛传播和使用，甚至连词典都来不及将它们收录。为了了解它们的词义，扫清阅读障碍，教师可引导学生根据词语的结构以及构词法知识猜测和学习这些新词的意义。例如，学习者可以通过分析单词的前后缀、词根与构成来了解其词性和意义的变化，并在语境中对词义做出合理猜测和判断。

教学案例一

设计意图：本活动引导学生通过词缀法拆分单词，逐一分析前后缀和词根含义来推测单词的词性与大致意思，达到让学生在语境中猜测和判断目标词汇词义的目的，为阅读扫除障碍。

教学内容：构词法策略中的词缀分析

目标词汇：ecotourism

活动素材：Ecotourism becomes fresh favoured choice across China 新闻节选（选自 *Xinhua News* 2019 年 7 月 21 日）

> As more and more Chinese people are choosing to visit places that have *fresh air*, *thick forests and that are rich in negative ions*, ecotourism becomes a fresh favoured choice across the country. According to a report by the China Meteorological Service Association, trips to the regions granted as “*natural oxygen bars*” by the association surged over 200 percent year on year in 2018.

活动步骤：

（1）指导学生把目标词汇 ecotourism 拆分成三部分：eco-tour-ism。

（2）引导学生通过前缀 eco-，联想到单词 ecology，猜测目标词汇与“生态”有关；后缀-ism 提示目标词汇是名词，表示“……主义；……论”；再根据词根 tour 的含义“观光，旅行”，可以得出单词意思为“生态旅游”。

（3）教师可进一步要求学生在上下文中借助 fresh air，thick forests，rich in negative ions，natural oxygen bars 等验证猜测结果。

教学案例二

设计意图：本活动引导学生通过拼缀法，即对原有的两个词进行剪裁，取舍其中的首部或尾部连成新词的方法，在语境中猜测出目标词汇词义，扫除阅读障碍。

教学内容：构词法策略中的拼缀法。

目标词汇：walkathon。

活动素材：

> **Walkathon** Success
>
> Over 200 students，teachers，parents and alumni of Hillside School took part in a 10 km **walkathon** to raise money recently.
>
> Andy Lever was the first home in just over *four hours*. The purpose of the *walk* is to raise funds for many school projects.

活动步骤：

(1) 引导学生从拼缀法的角度认识目标词汇：walkathon 由 walk 和-athon 组成。

(2) 引导学生通过后缀-athon 联想到单词 marathon，结合单词的词根 walk，可以猜出目标词汇的词义是“步行马拉松”。

(3) 教师可进一步要求学生在上下文中借助 10 km，four hours，walk 等词验证猜测结果。

(4) 鼓励学生举一反三，利用拼缀法分析还原如 si-fi(科幻小说)，sitcom(情境喜剧)，edutainment(寓教于乐)等拼缀词汇，并要求学生给出这些单词的意思。

第二，构词法在产出性学习中的应用。

Ruth Gairns 和 Stuart Redman(2012)认为，词汇学习并不仅仅局限于识记与理解。就词汇的产出性学习而言，掌握一定的构词原则与实例有助于丰富学习者口头及书面表达。因此，教师应着眼于激发学生语言学习的兴趣，指导学生利用构词法体验学习新词的乐趣，灵活地运用已知单词，使词汇量成倍增长，从而丰富语言表达。比如，鼓励学生利用现有的词汇知识，结合时事话题和新闻，运用合词法等策略，从被动的单词识记者变成学习热门复合词的体验者，在丰富语言表达的同时也提高了词汇学习的兴趣。

教学案例一

设计意图：本活动用于以语言学习为目的词汇教学，通过引入构词法中合词法的规则和不同语境中的练习，帮助学生理解和运用目标词汇。

教学内容：构词法中的合词法。

目标词汇：由“名词＋现在分词/过去分词”构成的合成词。

活动素材：高中《英语》(上教版)必修一 Unit 4 Reading and interaction *The 1940s House*

In March, Lyn, her husband Michael, her daughter and two grandsons arrived at a three-bedroomed house in south London. Unfortunately, when they opened the door, all 21st century **labor-saving** devices immediately disappeared. There was no central heating or fridge in the house, but luckily, they had a coal fire to keep them warm.

活动步骤:

(1) 通过问题 What does Lyn think of the 21st century devices? 引出目标词汇 labor-saving,在复习课文内容的同时,引导学生关注目标词汇。

(2) 通过问题 How is the word "labor-saving" formed? 让学生思考并发现目标词汇的构成规则:noun+v-ing。

(3) 提供多种语境让学生体会和解释两种合成词"名词+现在分词"和"名词+过去分词"的构成和意义。

America's cooking habits were being changed by the **time and energy-saving** convenience of the microwave oven.

The professor says language learning is difficult **and time-consuming.**

As far as I know, joint ventures appeal to her more than **state-owned** enterprises.

China ia a **peace-loving** country and a country highly responsible for the international community.

It is likely that children mistake the **sugar-coated** pills for candies.

(4) 引导学生比较以下两句话并认识到运用合成词表达,能使句子更简洁。

Lyn thinks the 21st century devices can help her save labor.

Lyn thinks the 21st century devices are labor-saving.

(5) 通过完成句子,帮助学生在语境中运用构词法知识自主建构合成词,改写句子,使表达更简洁。进一步加深对这类合成词结构和意义的理解。

The PLA men came to the **areas which had been stricken by the earthquake** to rescue the victims. (earthquake-stricken areas)

Many devices **which can save time** enable housewives to get rid of kitchen drudgery. (many time-saving devices)

The satellite **that was made by man** orbits the earth every 48 hours. (the man-made satellite)

Today the Chinese people's lives have undergone changes **that can shake the earth.** (earth-shaking changes)

综上所述,英语词汇浩如烟海,构词法教学不是以教会学生识记词汇为最终目标,而是要激发学生学习词汇的兴趣,使学生具有构词法意识并养成从构词法的角度去识记、理解和思考词汇的习惯。正如《课标》要求的那样,在具体教学中,教师应在课堂上通过不同形式的练习与活动激发学生对于构词法的认识与兴趣，指导学生利用词语的结构，如词根、词缀等，举一反三，深度学习词汇。在课后，教师应充分利用各类阅读读物，引导学生不断归纳总结构词规则，从而使学生在遇到生词时，学会分析和归类，找到它们在结构上的规律，灵活运用构词法结合各种主题语境建构词族、词汇语义网，从而扩大词汇量，并在表达信息和观点时提高词语使用的准确性和丰富性。

本章介绍了几种词汇学习的常用策略。这些多样化的词汇学习策略不仅有助于改变学生逢词必查、死记硬背、单一枯燥的词汇学习习惯，帮助他们扩大学习、习得和记忆英语词汇的渠道，提高能使他们终身受益的、必备的英语词汇学习能力，也能促进学生对语篇文本的理解和思考，增加他们的英语学习兴趣，更好、更主动地掌握英语语言知识。在策略实施的过程中，教师要充分调动学生的主观能动性，让学生成为课堂上的主人，训练学生对词汇的敏感性，让学生领悟英语词汇应"怎么学"，最终引导学生自己观察、思考，发现新词汇的特点，并学会在语境中正确使用。当然，策略的实际应用会受到许多因素的影响，诸如词汇本身的特点、学习者的特点及母语的影响等等。这些因素，还有待于我们在教学过程中不断摸索，因材施教，以期达到最好的教学效果，使原本枯燥无味的词汇学习变成一种更生动、更形象、更有趣味、更有意义的学习活动。

第四节　高中英语词汇教学活动设计

一、阅读教学中的词汇学习

高中英语阅读教学的主要目标是为了提升学生阅读理解能力，但词汇教学也一直是阅读教学的重点之一，因为词汇的掌握会直接影响学生的阅读速度以及对语言材料的准确理解，也会影响学生继续阅读、深入学习的动机及兴趣。如何使词汇教学变得科学、高效，如何帮助学生通过累积逐步扩大自身的词汇量，尤其是高频词的量，这些都是困扰广大英语教师的难题。

（一）阅读教学中词汇学习的类型

I. S. P. Nation 在 *Learning Vocabulary in Another Language* 中提出：一个好的词汇教学课程应该包括四种类型：

(1) Learning from meaning-focused input through listening and reading(incidental learning of vocabulary)

(2) Learning from meaning-focused output through speaking and writing(incidental

learning of vocabulary)

(3) Language-focused learning(direct teaching and learning of vocabulary)

(4) Developing fluency through four skills of listening, speaking, reading and writing

类型一是以意义为主的语言输入,主要通过听力和阅读实现。这种学习基本上围绕语篇的内容展开,词汇学习是附带的;类型二是以意义为主的语言输出,主要通过会话和写作实现。这种学习的着眼点也在内容,词汇学习是附带的;类型三是以语言为主,专门针对词汇的学习;类型四是综合听、说、读、写四种技能的学习,主要目的是提高学生对词汇掌握的熟练程度和运用词汇的能力。在阅读教学中,我们主要关注的是阅读语篇的内容,因此词汇学习属于第一、第二种类型,即以意义为主的语言输入和输出。这种词汇教学应该紧紧地围绕着文本展开:教师在引导学生阅读文本的同时,精心挑选那些影响学生阅读理解的和与文本主题密切相关的重点词汇以引起学生的注意,在上下文中帮助学生理解并掌握其意义。

(二) 阅读教学读前阶段

1. 如何确定读前目标词汇。

阅读课的读前阶段的教学活动目的有三个:第一,引入话题;第二,激活学生背景知识;第三,扫除语言障碍,读前阶段的词汇教学也应围绕这些目的展开。为保证学生在读中过程有足够的时间阅读并且流畅顺利,我们应提高读前活动中词汇教学的效率,在引入话题、激活学生背景知识的同时教授部分词汇,为学生扫除一些语言障碍,为之后的文本阅读做好充分准备。读前活动一般只占据整堂课的前五六分钟,必须把握好词汇学习的量,数量不宜过多,而且处理要迅速,不要涉及词汇的深度知识,要尽快进入阅读阶段,否则"过多、过细的词汇用法讲解会使学生丧失阅读兴趣"。

那么,我们在读前阶段可以挑选哪些词汇进行学习呢?不同的词汇有不同的认知目标,我们往往没有对各类新授词加以区分,而是均衡用力"一刀切",在还未阅读文本的读前阶段就对所有生词的意义用法做了一一讲解,这种"鱼与熊掌欲兼得"的做法不仅忽视了学生学习能动性的发挥,更忽视了有效学习词汇策略的指导,不利于学生把握重点。因此,教师在备课制定词汇教学目标时应认真阅读分析文本,对课文词汇仔细分析斟酌,以"文本"为基础,清晰了解学生已有知识水平,以"学生"为中心,确定具体的读前词汇教学目标,帮助学生顺利地进入文本阅读。确定读前教授词汇的依据主要有以下几个方面:

(1) 会造成学生阅读障碍的课文核心词汇。以高中《英语》(上外版)必修二 Unit 1 Reading B *The Beauty of Nature* 为例,文中有两句话:"The future generations will be **paupers** when it comes to the offerings of natural world. "和"Nature is an **intrinsic** part of our lives. " 这两句话反映了作者对于自然与人类关系的看法和对未来的忧虑,因此虽然 pauper 和 intrinsic 这两个词并未列入《课标》内,属于超纲词,但是它们的词义对理解文本具体内容和作者的观点非常重要,所以它们是需要在读前阶段处理的核心词。

（2）与背景知识紧密相关的词。如《英语（牛津上海版）》S1A Unit 4 *Surprises at the studio*，故事背景发生在一个电视摄影棚中，其中与 studio 有关的词汇有：director/cameraman/contestant/host/makeup artist 等，学生若能在读前通过对故事的背景 studio 的场景设置，熟悉录制节目的大致情况，习得这些词汇的意义，就能顺利进入故事的阅读阶段，从而为接下来理解故事内容做好准备。

2. 读前阶段的词汇教学活动设计。

高中英语课文生词多、文章长，我们常常担心过多的生词、难词会影响学生的阅读理解，因此往往会在课前要求学生背诵单词表，但实际上学生只是消极地识记了词汇，并没有经过大脑的思考去主动认知词汇，因此很容易遗忘，并且这种脱离语境的词汇背诵，即使学生记住了词汇的形式和意义，也很难将其运用到实际交际活动中。那么我们应该如何在读前阶段设计词汇教学活动呢？

（1）创设与单元主题相关的语境进行词汇教学。

在读前阶段，教师可以通过创设出与本单元话题相关的语境，有意识地涵盖部分与文章内容有关的词汇，让学生在语境中感知、理解这些新词汇，以减轻学生的读前心理焦虑，激发阅读兴趣。以高中《英语》（上外版）必修一 Unit 3 Reading A *A Roman Holiday* 为例，这篇文章介绍了作者在罗马的旅游经历，文章里有许多介绍罗马景点的专有名词和与旅行相关的词汇。为扫除学生的阅读障碍，教师在读前可以用“If you have a 3-day visit to Rome, what do you plan to do?”这个问题，激活学生有关罗马的已知的背景知识，并通过展示罗马著名景点的图片，让学生对 Coliseum/Roman Forum/Sistine Chapel/Vatican City 等专有名词有了直观感性的认识，同时也通过与学生的问答让他们在语境中理解了 tourist attraction/relic/sculpture 等与旅游和名胜古迹相关的词汇。

（2）通过头脑风暴导出本课核心词汇。

教师在读前阶段可以引导学生进行头脑风暴，就话题预测词汇，即把话题的主题词写在黑板上，让学生说出看到该主题词时，会联想到的相关单词，以期达到让学生复习词汇并且自主扩展新词汇的目的。以《英语（牛津上海版）》S1A Unit 2 *Care for Hair* 为例，这篇文章的标题简单清晰地说明了课文的话题是关于头发的养护，与每个人息息相关，教师在读前在黑板上写上课文标题“Care for Hair”，通过问题“What comes into your mind when you read the topic?”，引导学生围绕主题，利用联想，说出与主题相关的单词、词组。很快黑板上形成了一个以“Care for Hair”为中心的 word web（如 hairstyle/barber/cut/face shape/hair care/apply/conditioner）。这时，教师要特别注意倾听，灵活适时地根据学生的发言及时引出部分与课文相关度较高的重点词。如当学生说到 hair care 时，及时用“how”的问题引出 shampoo/conditioner/suit/apply 等新词汇。头脑风暴词汇学习法调动了学生的大脑思维活动，在师生交流互动中，学生通过头脑风暴激活已有词汇，同时接触了许多和新文本话题相关的词汇，学生已有的知识跟新的知识建立了联系，并且对文章内容有了一定的感知，培养学生对语言材料的预测能力，为顺利理解阅读文章做好铺垫。

(3) 激活背景知识，引入核心词汇。

Thomas S. C. Farrell 认为学生的读前背景有三种：1）与所要读的文本内容类似；2）与所要读的文本内容相冲突；3）读者不具备所要读的文本背景知识。教师的作用就是要确保学生具有或帮助他们建立起包括词汇在内的相关的背景知识，以便他们成功地理解文本。以高中《英语》(上外版) Unit 4 Reading B *Homecoming* 为例，中国学生对于美国校园的传统节日“返校节”并不理解，可以说不具备要读文本的背景知识。教师在读前阶段播放了几段美国校园庆祝“返校节”的视频片段，不仅让学生了解“返校节”是一个在校学生和校友可以一同庆贺的节日，而且熟悉了“返校节”各校经常会举办的一些活动，大大激发了学生的阅读动机和兴趣。在此过程中，教师通过引导，很自然地让学生在语境中熟悉了 alumni/reminisce/band/parade 等词汇，为下一步的阅读做好了铺垫。

总之，阅读是学习语言的重要途径，而扫清部分词汇障碍是顺利阅读的保障。读前环节的词汇教学是否有效将直接影响读中理解、读后产出的效果。教师在读前阶段精挑与课文话题紧密相连的词汇；与背景知识紧密相关的词或造成阅读障碍的课文核心词汇，把握好词汇教学的量和度，创设与课文相关的语境，激活新的图式，为提高读中领会课文、读后运用词汇的能力打下坚实基础，从而形成良性循环。

(三) 阅读教学读中和读后阶段

阅读教学中，我们主要关注的是阅读语篇的内容，因此读中阶段的词汇学习属于第一种类型：Learning from meaning-focused input through reading 即以意义为主的语言输入。读后阶段的词汇学习则属于第二种类型：Learning from meaning-focused output through speaking and writing 即以意义为主的语言输出。由于这两个阶段都是以意义为主，因此词汇学习都是附带的。

1. 阅读过程中词汇教学常见的误区和对策。

(1) 脱离文本语境，过度讲解词汇，影响文章整体理解。

读中阶段常出现的误区是过度注意新词教学，教师往往会对一些“重点”词汇进行详细的讲解和操练，将词汇学习与课文内容割裂开来，无形中削弱了对文本的整体理解，违背了以意义为主的语言输入的原则。

Nation 在 *Learning Vocabulary in Another Language* 书中提出了一个重要的教学原则：“Vocabulary learning is an accumulative process. The initial meeting is followed by many subsequent meetings. Teachers should not spend a lot of time fully explaining a word when learners first meet it.”由此可见，语言学习是个逐步累积的过程。当学生在阅读语篇中首次碰到目标词汇时，教师不必花很多时间面面俱到地讲解，而是应该在后续的教学中尽可能多地创设机会让学生反复地遇到它。因此针对这个误区，我们提出的对

策是教师应该正确处理好阅读文本和词汇学习之间相辅相成的关系。这种相辅相成的关系体现在以下两个方面：

1）阅读文本为词汇学习提供了大量的语境，词汇学习应该围绕文本，依托语境展开。

语境对词汇学习的重要性体现在两个方面：① 词的特点是意义多变，语境可以决定它在某一特定环境下的意义。② 语境提供了大量的语言输入，学生可以从中获得可观的词汇知识。鉴于语境在词汇学习中的重要性，Nation 在两本著作中都强调："Incidental learning via guessing from the context is the most important of all sources of vocabulary learning."由此可见，从上下文语境猜测词义是阅读中扩大学生词汇量的一个非常重要的方法。在以意义为主的语言输入阶段，教师应该培养学生这种词汇学习的策略，引导学生利用上下文中的近反义词、逻辑线索、标点符号、从句等来推测出目标词汇的意义。

【案例】通过上下文的逻辑线索猜测词义。看看教师如何指导学生通过五个步骤逐步猜出词义：

Although most astronauts do not spend more than a few months in space, many experience physical and psychological problems when they return to Earth. For example, due to the effect of the weightless environment, astronauts tend not to use their legs in space as much, so the muscles gradually **atrophy**.

活动步骤：

		学生在教师的指导下利用上下文逻辑线索通过五个步骤逐步猜出目标词义。
Step 1	Look at the unknown word and decide its part of speech.	**atrophy** 是个动词。
Step 2	Look at the immediate context of the word, that is, the clause and the sentence containing the unknown word.	从以下这句话"... **so the muscles gradually atrophy**"我们知道 **atrophy** 是个不及物动词且表示肌肉的渐进变化。
Step 3	Look at the wider context of the word, that is, the relationship with adjoining sentences or clauses.	1. 从这个段落的首句我们知道本段主旨是关于宇航员的身体和心理问题。 2. 在"Due to the effect of the weightless environment, astronauts tend not to use their legs in space as much, so the muscles gradually **atrophy**."这句话中，连词 **so** 表明了前后两句话的因果关系：原因是"in the weightless environment, astronauts tend not to use their legs in space as much"结果是"the muscles gradually **atrophy**"

Step 4 Use the knowledge you have gained from steps 1—3 to guess the meaning of the word.	1. 本段主旨是关于宇航员的身体和心理问题。 2. **atrophy** 是不及物动词,表示宇航员的肌肉由于宇宙中的失重环境而导致的渐进变化。 3. 根据常识判断,如果我们甚少使用身体某一部位,那个部位的肌肉会变弱或萎缩。因此 **atrophy** 的意思可能是"**become weaker**"。
Step 5 Check the guess.	1. 把 **become weaker** 代入原句"The muscles gradually **become weaker.**"原句意思通顺恰当。 2. 词根和词缀在猜测中没起到作用。 3. 字典中 **atrophy** 的释义为:**weaken especially through lack of use**,词义猜测完全正确。

2)咬文嚼字能帮助学生更精准、更深刻地理解阅读的文本。

【案例】牛津上海版教材高二(下)第五课 *Green orchids*

本课描述了一个唯利是图,病入膏肓的商人,为了一己私欲,不惜破坏环境,炸掉了一个美丽的山谷,却也毁掉了他自己唯一活命的机会。教师在阅读中让学生注意到文本中一个有趣的现象:描写主人公与下属对话时,作者所用的动词都不是 said,而是 growl/order/demand/command 这样的词。然后教师让学生思考两个问题:① 这些词反映了主人公对下属什么样的态度?② 这些动词刻画了主人公什么样的性格?学生通过对这些词的仔细体会,发现了主人公对下属总是采取命令、咆哮或者强硬的态度,由此归纳出他的性格是 bossy 和 rude 的。

(2)词汇教学手段单一、机械,忽略对学生词汇学习策略的培养。

读中阶段另一常见的问题是教师教授词汇的手段比较单一、机械,常用中译英或英语解释等方法。学习者在词汇学习中要经历三个重要的心理过程:Noticing,Retrieval 和 Generation。在读中和读后这两个阶段,学习者主要经历的是第一和第二个过程,即注意到目标词汇以及在文本的上下文语境中理解并掌握其词义。如何利用这两个重要的心理过程提高阅读中的词汇教学的有效性?学生的兴趣和学习动机至关重要。单一、机械的教学方法显然无法达到这一目标。因此针对这个误区,我们提出的对策是教师应该设计多样化的阅读教学活动来提高学生的兴趣,从而帮助其更好地理解和掌握目标词汇。

1)释义法。

阅读中词汇教学的最常见的手段方法是释义法。词义解释可以直接帮助学生理解文本中词汇的意义,进而理解文本的内容。英英释义可以培养学生用英语思考和表达的习惯。有的人认为母语翻译会影响英语的学习，但其实在解释一些专业性词汇，如 analysis（分析）、strategy（策略）、approach（方法）以及专有名词如 the United Nations（联合国）、the Great Wall（长城）、the U. S. State Department（美国国务院）或中英文区别较大的情况下，如 burn the midnight oil（熬夜）、kick the bucket（死亡）等时，直接用母语翻译也不失为一种好方法。

2）直观定义法。

当目标词汇的词义用语言无法解释清楚时，教师可以用动作演示、实物或图片等直观的方法来呈现词汇，既形象生动，又节约时间。

◆ ***Defining by performing actions***

【案例一】牛津上海版教材高一（上）第四课 *Surprises at the studio*

课文中形容主人公 Mandy 紧张情绪的时候出现了 sit at the edge of her seat 的词组。教师让全班同学一起演示了这个动作，快速地让学生了解了这个词组的意义。

◆ ***Defining by showing objects***

【案例二】牛津上海版教材高一（下）第六课 *Friend or enemy?*

这是一篇介绍蜘蛛的文章。文本中形容蛛丝性质的时候出现了 elastic 这个词汇，很难形象地用语言或图片解释。于是，教师上课时向学生展示了一根橡皮筋拉伸再弹回的现象并告诉学生："The rubber band is elastic."实物展示既形象又直观，让学生迅速而准确地掌握了目标词汇的意义。

◆ ***Defining by showing pictures or diagrams***

【案例三】牛津上海版教材高二（上）第三课 *More Reading*：*Uniform Fashion Good for Young Students*

文本中出现了 gang color 这个词。虽然它是个低频词汇，但是如果不扫除这个词汇障碍，学生就很难理解什么是 gang color？为什么美国学生穿校服可以减少学校暴力。于是教师展示了几张图片。美国的校园帮会组织往往会用统一的服饰来识别敌友。但是如果学生都穿校服，那么至少在形式上淡化了帮派意识，冲突也就减少了。生动的图片展示帮助学生迅速地理解了目标词汇 gang color 的意义，同时也排除了理解这篇文章的文化障碍。

【案例四】牛津上海版教材高二（下）第六课 *Unique and conventional*

课文在形容传统化妆品行业广告包装昂贵时，出现了"The products are presented in expensive packaging, often **doubling their cost.**"这句话。教师用某个化妆品价格组成的一张图表很直观地向学生展示了"成本翻倍"的事实。

（3）读后活动设计随意，忽略学生在语言输出中对目标词汇的运用和巩固。

读后阶段常出现的误区是教师往往根据课文的主题设计一些形式花哨却与文本内容不太相关的活动。学生的语言输出活动看似非常热闹却经常"离题万里"，根本没机会运用和巩固课文中学到的目标词汇。因此针对这个误区,我们的对策是教师应该紧扣文本内容精心设计读后活动,使学生在复习回顾文本内容的同时,在语言输出的活动中运用和巩固目标词汇。

在阅读教学的读后阶段,教师可以依据阅读语篇的内容设计一些口头的活动,如retelling the story, interview, introduction, debate, discussion等等;或是一些笔头的活动,如rewriting the story, second-hand cloze, essay questions等等。不管采取何种形式的活动,最重要的一点是教师要有意识地鼓励学生在语言输出活动中使用目标词汇。

【案例一】牛津上海版英语高一(下)第四课 *Two Geniuses*

复述对学生复习课文内容和提高口头表达能力有明显的作用。如果教师在学生复述的过程中有意识地鼓励其运用目标词汇,还可以深化学生对目标词汇的理解和巩固。比如在学生学习完Two Geniuses这个故事后,教师可以用借助图片加提示词让学生复述的方法来达成这个教学目标。此外,语义图不仅可以在读中阶段使用,而且可以运用在读后阶段。由于它给学生既有内容上又有语言上的支撑,因此学生完全可以借助语义图来复述课文。

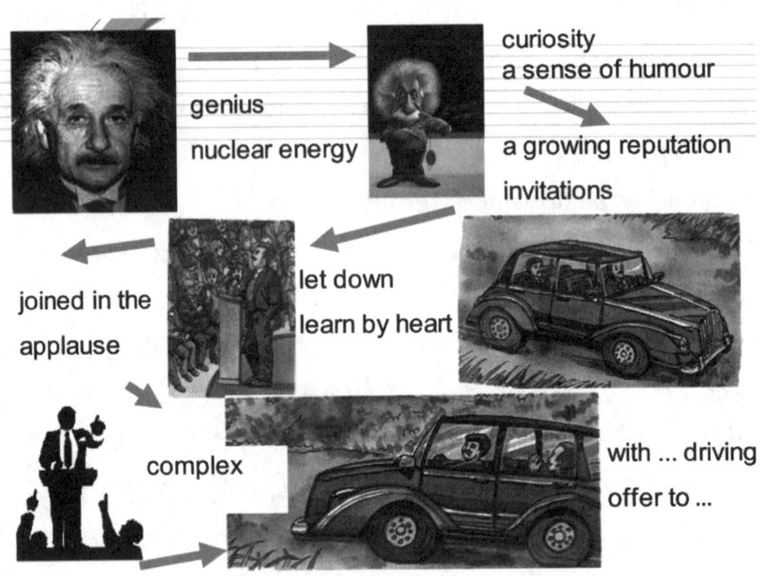

【案例二】牛津上海版教材高一(上)第五课 *Very Vegetarian*

教师在最初设计这篇文本的读后活动时,让学生基于食物金字塔来谈谈"How to eat a balanced diet?"。在学生活动过程中,教师发现学生在讨论时用到课文的目标词汇很少。原来这篇课文的主题似乎是和食品有关,但其实主体内容是两位主人公在争论是否要成为素食者,及其理由。因此,教师在第二轮教学之中调整了读后活动的设计:教师把学生分为观点相反的两组:一组支持成为素食者,另一组反对,进行交叉辩论。学生在引述课文罗列的理由来维护自己观点的同时巩固了目标词汇的应用。

【案例三】牛津上海版教材高一(上)第三课 *Places of interest*

现行教材丰富的主题为学生提供了大量的写作素材。在读后阶段,教师可以紧扣文本的核心内容设计一些写作的活动并鼓励其在表达中运用目标词汇,这不仅可以加深学生对课文的印象,提高学生的书面表达能力,还可以促使学生的接受性词汇向产出性词汇转换。教师最初在设计这篇课文的读后活动时,让学生仿照课文随意写一段景点介绍。学生介绍的景点五花八门,却很少能把课文中学的目标词汇运用到自己的表达中去。究其原因,是不同的景点各有特色,所涵盖的主要词汇亦不同。于是在第二轮教学时,教师调整了读后活动的设计。鉴于课文中介绍了上海博物馆和布达拉宫两个馆藏类的景点,因此教师让学生写一段关于苏州博物馆的介绍,学生很自然地把目标词汇用到自己的表达中去了。

苏州博物馆(The Suzhou Museum)

设计者：design/designer

建造历史：construction

外观:From a distance, it looks like...

展馆：The museum includes galleries with...

开放时间：It is open between... and...

It opens at... and closes at...

综上所述,阅读课中的词汇教学应该把学生从大量静态的、抽象的、割裂的例句学习中解放出来,代之以依托文本的、具体的、多样化的词汇教学活动。只有把词汇置于语篇中,让学生利用语境、上下文关系并结合自己已有的知识来建构起对目标词汇的理解并随之运用,才有可能把它内化成学生自有的知识体系。阅读中的词汇教学才能打开一个全新的局面。

二、视听说教学中的词汇学习

词汇教学不仅仅局限于阅读教学中。视听说作为语言运用能力的重要组成部分也是我们进行词汇教学的"主战场"。视听是理解的技能,说是表达的技能,而词汇作为影响听力和话题表达的重要因素之一,在教学中起到举足轻重的作用。在语言学习中,学生视听技能的差异以及话题的表达能力在很大程度上是由学生的词汇量决定的。同时,学生的视听说水平,能否大量接触真实、地道、鲜活的英语语言材料以及教师在视听说授课时能否有意识地提高学生学习和理解词汇的技巧和能力,这些因素都影响着学生词汇学习的效率。可以说,视听说教学与词汇教学两者相辅相成,互相促进。那么,如何在视听说教学中进行有效的词汇学习呢?

(一) 如何确定视听说教学中的目标词汇

视听说课中,"视听"是以意义为主的输入学习,而"说"则是以意义为主的输出学习。

因此教师在处理视听说材料时，不必面面俱到地教授所有的生词，而是应该关注与语篇主题意义相关的重点词汇，同时根据学生之前的词汇掌握情况来确定视听说课的目标词汇。具体来说，视听说教学中确定目标词汇需要注意以下两个方面。

1. 与视听说主题密切相关的词汇。

高中英语教材中的视听说材料都是以主题为引领的。材料中某些词汇与语篇的主题密不可分，它们对于学生掌握视听说文本大意和捕捉细节信息有着举足轻重的作用，因此这些词汇应被列为视听说教学中的目标词汇。

例如，高中《英语》（上外版）选择性必修第二册 Unit 4 *Disaster Survival* 的 Listening, Viewing and Speaking 板块中，视听部分包括一则台风“山竹”侵袭中国南部的新闻报道音频，以及一段震中与震后应该如何进行自我保护的教学视频；而口语部分则要求学生协助地方救灾中心调查当地居民对自然灾害应急措施的了解程度。教师可以根据话题内容，确定 strike、rip、sway、smash、strand、evacuate 等描述受灾程度和疏散措施的词为视听说教学的目标词汇。

2. 对学生理解视听说内容造成障碍的词汇。

视听说材料中有些词汇也许并不是和主题紧密的重点词汇，但是对学生理解视听说材料起着十分重要的作用。如果教师不处理的话，会给学生的理解造成障碍，造成学生心理紧张，不利于他们对于视听内容的理解和口语的表达。因此，教师可以根据学情，把这些词汇列为视听说教学的目标词汇。

例如，高中《英语》（上外版）选择性必修二 Unit 1 *Scientists* 的 Listening, Viewing and Speaking 板块是一篇人物传记，讲述了世界著名物理学家史蒂芬·霍金所患的严重疾病、生平所著的书籍以及探索宇宙奥妙并提出黑洞理论等科研成果。听力语篇中出现了：“He was diagnosed with a disease called amyotrophic lateral sclerosis, or ALS, at the age of 21.”。其中 diagnose 和疾病名称 amyotrophic lateral sclerosis 以及缩写 ALS 对于学生理解霍金身体状况以及感受他身残志坚、投身科学研究的精神有很重要的作用。因此，虽然这些词汇比较难，甚至是超纲，但是处理这些词汇有助于我们对听力材料背景知识和语篇主题的了解，因此应该被确定为目标词汇。

（二）视听说前的词汇教学

视听过程中，由于学生无法看到文字材料，听到的字词句稍纵即逝，因此会产生紧张和焦虑的情绪。为了缓解学生的学习焦虑，教师可以选取一些会造成学生理解障碍的生词，结合语篇的主题和背景，设计一些适当的活动，帮助学生理解目标词汇，从而更好地进行视听说活动。

1. 结合视听材料的背景学习目标词汇。

学生对视听材料的背景知识的了解有助于他们深入理解视听材料。因此，教师可以在视听活动开始之前，精心设计一些活动，激活学生对话题的背景知识，或者介绍一些学生不了解的相关背景知识，为学生下一步的视听活动做好铺垫和准备。

例如，之前提到的高中《英语》（上外版）选择性必修第二册 Unit 1 Scientists 的 Listening, Viewing and Speaking 板块，介绍的是世界著名物理学家史蒂芬·霍金的生平。学生对于霍金的疾病可能有一点儿理解，但是到底这样的疾病会给霍金带来多大的痛苦和不便，学生缺乏深刻的认识。因此，在听前阶段，教师播放了一段霍金说话的音频，同时引出目标词汇 voice synthesizer（语音合成器）。当学生了解到霍金由于病情不能说话，只能通过语音合成器与别人交流时，大为震撼。这个简单的活动，让学生身临其境地感受到了霍金的痛苦，为之后理解他身残志坚、投身科学的伟大精神做好了铺垫。同时，学生也在语境中学习了 voice synthesizer 这个会对听力理解造成障碍的词汇，消除了学习的焦虑情绪。

2. 利用多模态的视听材料学习目标词汇。

学生在视听说课中，经常会接触到多模态的视听材料，如图片、图表、动画和影视片段等，因此《课标》把“看”作为语言技能的新要求。多模态的图片和视频通过展示人物的面部表情、肢体语言、背景声音等一些非文字信息，为我们视听说课提供了生动具体的语境。因此，我们在视听说课前可以思考如何利用这些多模态的试听材料来帮助学生学习目标词汇，并为接下来的视听活动做好铺垫。比如，在学生正式“听”之前，教师可以让学生观察图片预测试听材料的内容或静音播放部分视频，让学生了解视频的概貌，做出初步的判断。同时，在多模态材料创设的情境中学习目标词汇。

例如，高中《英语》（上外版）必修第一册 Unit 3 *Travel* 的 Listening, Viewing and Speaking 板块中，在听力之前，教师向学生展示三张图片并向学生提问：What is the woman doing? Is it before/during/after travel?

图片来源：高中《英语》（上外版）教材必修一第三单元

学生通过描述图片，回答：

The woman is searching for flights, which is before travel.

The woman is getting packed, which is before travel.

The woman is buying souvenirs, which is during travel.

通过这个简单的活动，学生不仅了解了听力材料的主要内容，而且依据图片在语境中学习了 search for flights、get packed、souvenir 等目标词汇，为下一步的听力填空活动做好了准备。

再如，高中《英语》(上外版)选择性必修二 Unit 4 *Disaster Survival* 的 Listening, Viewing and Speaking 板块中，音频选段来自于 *Sky News* 一则关于台风"山竹"侵袭中国南部的新闻报道。新闻导语部分简要地呈现了主要内容，主体部分提及了台风"山竹"的路径，对广东、香港、澳门等地群众造成的严重影响，以及政府与群众采取的预防措施。此外，新闻还通过海滨酒店进水、脚手架被吹落、摩天大楼外窗遭损坏、海滨区积水、汽车搁浅、赌场暂停营业等受灾情况，侧面表现出台风"山竹"的威力。报道中使用了一系列动词，例如 strike、tear、crumble、rip、sway、smash、batter、strand，精准而有力地表达了受灾程度，但是这些动词多为超纲词汇，需要以"看"促"听"，借助多模态形式的画面和图像帮助学生直观认知单词并理解其意义。因此，教师在学生听前，先播放了一段没有报道声音的视频，使学生借助多模态形式的图像直观认知单词、理解意义，提前扫除听力障碍。同时，学生也在情境中学习了以上这些描述台风肆虐的目标词汇。

总之，在视听说前的阶段，教师可以设计一些活动帮助学生预测视听的主要内容，学习与视听主题相关的重点词汇，帮助学生扫除视听的障碍，提高视听说活动的有效性。

(三) 视听说中的词汇教学

视听说中的阶段是视听说课的核心环节。在这个阶段，教师应先让学生整体感知视听材料，把握视听语篇的内容，并在理解视听材料的基础上获取主旨大意、理解具体信息、做出推理判断。在碰到影响学生视听理解的目标词汇时，我们要运用多种方法在语境中帮助学生准确地理解其意义。

例如，在学习了一篇关于地震的听力语篇后，教师可以设计以下的活动，帮助学生在语境中巩固与地震主题相关的词汇：

- 教师给学生提供一个描写智利大地震的段落。段落内包含了听力语篇中出现的目标词汇。

On May 22, 1960, the largest **magnitude** earthquake in recorded history—9.5 on the Richter Scale—hit Southern Chile. This **devastating** quake left two million people homeless, injured at least 3 000, and killed about 1655. Occurring at a relatively **shallow** depth of 30 kilometers, shockwaves **rattled** houses in cities thousands of miles from the epicenter.

- 教师根据目标词汇，设计练习，帮助学生在语境中理解目标词汇的意义。

(1) Something that is not very deep can be described as ________.

(2) When an earthquake is of a large ________, it's very big.

(3) If something is ________, its destruction is extreme.

(4) When something is ________, it is shaken considerably.

再如，高中《英语》(上外版)选择性必修第二册 Unit 4 *Disaster Survival* 的听力板块中，教师引导学生用 mapping 的方式把新闻报道中的关键信息整理出来，新闻报道总体可以分为两部分：台风造成的危害以及应对台风采取的措施。在填写思维导图具体细节信息的时候，教师可以通过问答有意识地在语境中让学生关注到目标词汇并理解其意义。

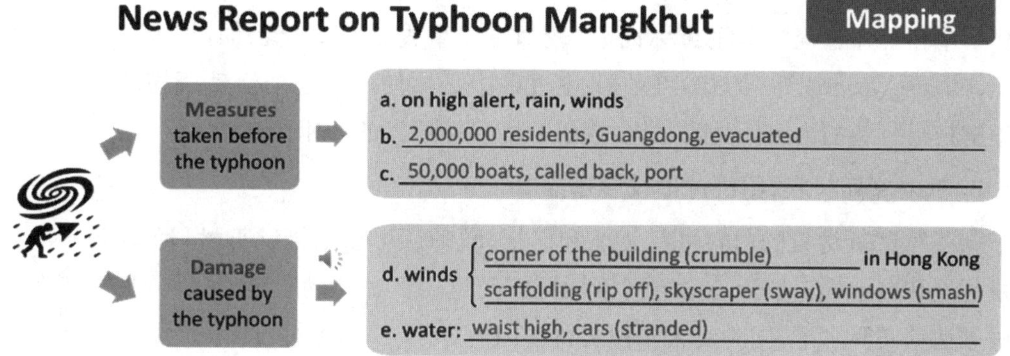

T：What happened to the residents and the boats when the typhoon hit Guangdong?

S：The residents escaped from Guangdong and went to other places.

T：Yes, we can also say the residents were **evacuated.**

S：The boats were **called back** to the port.

T：What does "call back" mean here?

S：It means "召回，调回"。

由此，学生在用 mapping 整理听力信息的过程中，通过与教师的问答，在语境中理解了目标词汇 evacuate、call back 等的意义。

总之，视听说课中的词汇学习不是单纯的单词记忆，而是要结合具体主题，在特定语境中去理解、运用。吕叔湘先生曾说过，词语要嵌在上下文里才有生命。众所周知，孤立的东西不容易记忆。要有效地掌握词汇，就应该将词汇学习与视听说材料的主题结合起来，引导学生在语境中理解词义。

(四) 视听说后的词汇教学

视听后阶段，教师可以紧扣视听说材料的主题，设计一些交际类任务，主要是通过听、看与说或写的结合，在语境中帮助学生巩固和运用目标词汇，加深对视听材料的理解并拓展学生说或写的能力。具体的方法如下：

1. **对视听材料进行复述或概括大意。**

对视听材料进行复述是一种模仿性训练，有助于学生对视听材料内容的理解和巩固；而概括大意要求学生用简练的语言表达视听材料的主要内容，提高学生分析概括材料的能力。这两种活动都有助于学生在语境中掌握语音、词汇等语言知识。

例如，高中《英语》(上外版)必修第二册 Unit 2 *Animals* 的 Viewing 板块 *Animal*

Heroes 介绍了两段宠物拯救主人的英勇故事。视听中的任务是填写两张表格。一张是关于导盲犬拉布拉多在"9·11"袭击中救助盲人主人的事迹;另一张是关于宠物猫维尼敏感地觉察到家中一氧化碳泄露,及时示警,救了主人一家的事迹。学生通过观看视频,填写了两张表格中关于主人公、事情经过和结果的具体信息。在视听后阶段,教师可以设计一个 pair work,要求学生两人分工,根据已有的表格信息各向同桌复述一个故事。为了确保学生在复述过程中运用目标词汇,教师可以事先给一些提示词,如 lead... to、guide dog、collapse、award 等,要求学生在讲述过程中必须使用。这个活动既检验学生是否真正理解视听材料的内容,也能让学生真正巩固目标词汇的使用。

2. **针对视听材料,组织讨论或展示活动**。

除了对试听材料的内容进行复述和概括,教师还可以围绕试听材料的主题设计一些课堂讨论和展示的口语活动来巩固目标词汇的运用。在活动设计时,教师要考虑到学生口语表达的实际水平,同时要紧扣视听材料的内容,实现学生对目标词汇的迁移运用。

例如,《英语(牛津上海版)》高一年级第二学期 Unit 3 *Plants* 的听说课中,教师通过让学生记录视听材料的细节信息,学会了如何形容植物外形,如长宽高以及描述植物喜爱的生长环境和习性等一些词块。在视听说后阶段,教师布置了一个展示任务:要求学生运用相关词块来介绍以下几种植物:

Camellia 茶花

- tree: 2 m
- flowers: 12 cm
- leaves: green all year round
- warm, moist
- grow fast
- 2—3 years to produce flowers

Fragrant osmanthus 桂花树

- tree: 3—12 m
- leaves: 7—15 cm long　3—5 cm wide
- flowers: small, sweet-smelling; tea, cake, wine

Yulan magnolia 玉兰花

- tree: 12 m
- leaves: green all year round; 15 cm long　8 cm wide
- flowers: white or purple; 10—16 cm in diameter
- South east Asia

• warm, moist

• roots, leaves and flowers; herbal medicine(中草药)

为了降低任务的难度,教师给学生提供了一些必要的信息并提醒学生运用之前学过的词块,可以说在内容和语言上都给学生搭好了"脚手架",使他们能在口头表达中顺利地把目标词块运用在新的语境中。

再如,在观看了"World of Caffeine"的视频后,教师可以根据视频内容,提问一个Critical thinking的问题,组织学生讨论:"Do you think the reasons for consuming caffeine outweigh the reasons against consuming it?"。学生会整理视频信息,列出咖啡因的好处和坏处,权衡利弊后形成自己的观点,然后各抒己见,展开激烈的辩论。在讨论和辩论的过程中,学生很自然地运用caffeine、abuse、addicted、concentration、alert等目标词汇来阐述自己的观点,从而达到了在语境中迁移运用的目的。

3. 针对视听材料进行拓展写作、概要写作等笔头操练。

视听技能的训练与写作和说的能力是分不开的,因此在完成视听任务后,教师可以设计相关的写作活动,以听促写来巩固目标词汇的运用。

例如,在完成了一篇介绍网络购物优缺点的听力文章后,教师针对网络购物的优点和弊端,设计了以下的写作任务:

假设你是王华,你的朋友Michael是位网购达人,经常买一些没用的东西,而且货物经常出现质量问题,很是烦恼。请给他发一封邮件,提出你对网络购物的建议。

这个视听后的写作任务,紧扣听力语篇的主题,学生可以结合听力语篇中提到的网购的优缺点,提出自己的建议并在写作中灵活使用诸如online shopping、fake、refund、impact、target customer等目标词汇。

综上所述,英语视听课的主要任务还是听力理解,视听教学中的词汇学习是一种附带学习,主要是帮助学生理解视听材料。教师在视听前阶段可以将词汇学习与储备话题词汇、激活背景知识和激活兴趣相结合;视听中阶段把对视听材料的深入理解与目标词汇的学习相结合;视听后的语言输出活动中创设与主题相关的语境,引导学生迁移运用,巩固目标词汇。

三、写作教学中的词汇学习

作为一项重要的语言技能和语言输出载体,写作教学对学生词汇的习得和运用、语言能力的提高具有举足轻重的作用,而合理有效的词汇学习又能够极大地促进写作能力的提升,两者的关系密不可分。写作教学中词汇教学的目的是帮助学生学会用适切的词汇,以书面形式准确地表达自己的观点、态度和情感。具体来说,写作中会用到大量的词汇知识,如词汇的正确拼写、词汇的恰当选择、词汇的正确运用等,更强调词汇运用的得体性和规范性。而写作本身的开放性又决定了学习者必须在自身的词汇库中辨识、分析、选择恰当的词汇运用到文章的具体情境中，以更好地为写作目的服务。词汇"选择"的过程本身就是词汇学习的过程，超越了机械识记孤立词义的低级方式，将词汇的习得定位于其语用功能和情境运用，显然更具应用效果和学习价值。那么，英语教师应当如何在写作教学中进行词汇教学呢？写作教学的不同阶段可以采取不同的方法和策略。

(一) 写作教学写前阶段

写作教学的写前阶段，教师在引导学生正确审题的同时，必须关注相关词汇的激活、拓展与补充，让学生感到有话可写、有词可用，为后面写作任务的顺利完成打下坚实的基础。这一阶段是确立文章写作路径、明确主题、通篇布局的阶段，是非常重要的思维提升的过程，也是学生根据写作任务确定自我观点、设计文章结构、确定文章大致内容的过程。

在这一阶段，教师可采取图片或视频激活、头脑风暴、小组讨论等教学活动帮助学生确定写作主题，完成写作提纲，采集写作的数据和事例等内容素材。在写前任务的驱动下，学生充分调动起他们所储备的语言知识，同时在互动活动中扩大和构建相关主题的词汇库。因此，写前阶段也是帮助学生习得写作词汇的黄金阶段。教师可有意识地设计教学任务，引导学生激活及学习在写作中需要使用的重点词汇（名词、动词、形容词、副词）及相关搭配，等等。这样，学生不但为接下来的写作活动做了内容准备，也积累了一定量的与写作主题相关的语言词汇。这时，学生往往更多关注的是写作主题语境中的词汇的意义。所以，教师在这一阶段更应注重激活学生的思维，加深学生对词汇表意功能的理解。

教学案例一

写作任务：

Suppose you are working as a part-time tour guide for Green Island Travel Agency. To attract more tourists, you are asked to write an article introducing some new forms of tourism. The two following aspects should be included:

1. The activities the tourists can participate in.
2. The reasons for your introduction/recommendation.

写前活动：

围绕主题"新兴的旅游方式"，引导学生联想、分类归纳与主题相关的词汇，为写作活动做好铺垫。

活动步骤：

Step 1

Answer the question:

Q: If we talk about "new forms of tourism", what will come into your mind?

Possible answers:

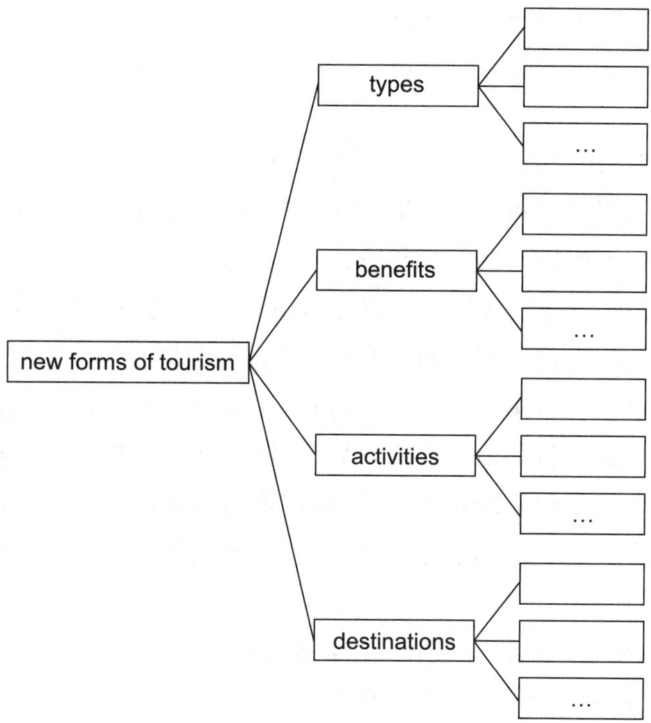

Step 2

Group work: Brainstorm what is closely related to the sub-topics.

Possible answers: (Take activity and destination as examples)

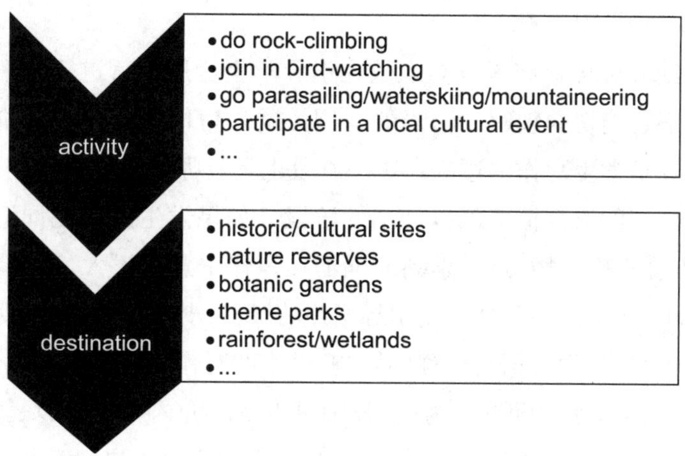

Step 3

Talk about the forms of tourism that you want to recommend and give your reasons. (type, tourist destination, activity, benefits...)

Expressions for students' reference:

I strongly recommend(ecotourism) because...

The place I want to introduce is... because...

You can take part in/participate in the activity of...

...can raise our awareness of protecting the rare species

案例分析：

本活动用于写作教学的写前阶段，旨在引导学生在思考写作主题内容的过程中激活、选择和运用与写作主题相关的词汇，同时帮助他们收集内容素材和语言素材，以便更好地完成写作教学任务。首先，教师通过提问的方法，引导学生创建关于"新兴的旅游方式"的子话题，如：种类、好处、活动和目的地等。然后，通过小组活动，让学生根据子话题运用头脑风暴的方法，汇总相关的词汇并进行归纳整理。最后，让学生选择使用相关词汇，围绕话题进行口头表达，从而简单运用与旅游相关的主题词汇，如：表示活动的动词词组，表示旅游目的地的名词词组等词块，为下一步写作活动做好铺垫。这样的写前活动，不仅激活了学生的思维，帮助他们理清写作的思路，同时还帮助他们构建了有关"新兴的旅游方式"主题的词汇语义网，使他们能在书面表达中灵活运用相关词汇。

写前阶段的活动不仅要启发学生认真审题，还要帮助他们为自己的写作做好内容和语言上的准备。教师在进行写前阶段活动时，要注意围绕主题有意识地激活学生已有的词汇储备，并适度拓展与主题相关的新词汇。同时，引导学生通过 gathering ideas、mind map、listing、clustering 等活动形式对其进行归类和整理。如此，既方便学生在之后的写作过程中提取和运用词汇，也会帮助学生积累一定量与主题相关的词汇。

（二）写作教学写中阶段

写作教学中期教师应该将教学重点放在引导学生运用语言进行表情达意上，要指导学生对所用的词汇有确切的理解和恰当的运用。这是写作教学的主体阶段，占据最多教学时间的活动无疑是学生写作的过程。这一阶段也是教师鼓励和引导学生将写前阶段所激活的词汇结合恰当的语言情境加以运用的阶段。如果学生只识记词汇的词义，对其语用功能不了解，不会正确使用，这样学到的词汇在写作中意义不大，甚至可认为是"死"词汇。在写作过程中，教师的主要任务是引导学生将"死"词汇转变成功能明确、运用自如的"活"词汇。同时，由于受到母语负迁移的影响，学生在写作时还经常会出现词汇的选择和使用不符合英语表达习惯的问题。为此，教师可以及时介入，运用语块教学的策略，采取切实可行的教学手段来加强语块的输入和输出，注重学生对语块的不断积累，帮助他们提高英语书面表达的准确性和流利度。

教学案例二

写作任务：

Suppose you are Li Hua, a student in Mingqi High School. You want to write a letter to the teacher who is in charge of school gardening，giving suggestions on what to grow in the coming spring to make the campus greener.

写中活动：

围绕写作任务，运用语块教学的策略让学生在上下文中了解目标语块的意义和功能，并学会在语境中使用目标语块。

活动步骤：

Step 1

Read a passage about what to grow in the coming spring and find out the expressions used to make suggestions.

Examples：

It is time to...

Why not do...

If you like... do not ignore...

If you have no idea what to do... you could...

Step 2

Give suggestions to the following people about what to grow in the coming spring，using the expressions above.

1. Mrs. White，who lives in a cool，moist climate and loves sweet-smelling flowers.

2. Mr. Green，who lives in a small apartment and is too busy to take good care of the plants.

Example：

To Mrs. White，

It is time to grow some plants for the coming spring. Why not grow Yulan magnolia，which is ideal for the cool，moist climate?

If you likesweet-smelling flowers，do not ignore white jasmine.

To Mr. Green，

If you have no idea what to grow in your small apartment，you could plant a golden ball cactus because it can be kept indoors and outdoors.

If you don't have much time to look after the plant，why not grow a golden ball cactus，which is very tolerant?

Step 3

Write a letter to the teacher who is in charge of school gardening，giving suggestions on what to grow in the coming spring to make the campus greener. Try to use the expressions for suggestions properly.

Example：(学生作文)

Dear Mr. X,

Spring is in the air, so I think **it is time to** grow some plants to decorate our school. Here are three plants, which can make the campus more beautiful.

Why not grow evergreen trees on our campus? Just as is showed in the name, they give a landscape of year-round interest, color and texture. Therefore, with the evergreen trees, our campus will be green even in winter.

If the students like sweet-smelling flowers, **do not ignore** white jasmine. We can grow jasmine vines on a frame over the path beside the students' dormitory area so that they can enjoy white sweet-smelling flowers every time they walk along the path.

If you have no idea what to grow, you could plant Yulan Magnolia, which is ideal for the cool, moist climate in Shanghai. If planted in front of the library, the tall trees can provide some shade for the students who want to read or study in the open air.

案例分析：

本活动是专门针对写作中所需语言的教学。活动根据语块教学法，让学生在语境中理解目标语块的语用和意义，并要求学生模仿范文写作，灵活地运用目标语块，使表达更准确、流畅。在写前阶段，教师根据“以读促写”的理念，让学生阅读了一篇关于春季应该栽种什么植物的文章，从中找出用来表达建议的短语或句式，从而引出目标语快，并让学生在上下文中理解其功能和意义。在写中阶段，首先，教师创设语境，提供了两位假想的人物以及他们现实的情况和对植物的喜好，让学生运用目标语块，给适合他们栽种的植物提一些口头建议，从而使学生在具体情境和口语表达中操练目标语块，为最终的写作任务做好铺垫。然后，通过模仿范文写作，让学生给学校管理绿化的老师写一封建议信，使其学会在语篇中正确地使用目标语块，提高其对目标语块的运用能力。

不同文体、不同主题内容的写作都会有与之相关的词汇语言的表达，学生对于这些词汇掌握运用的数量和质量直接关系到他们对所写主题内容的表达。写中阶段是学生用语言词汇进行书面产出的过程，也是最容易暴露他们词汇使用问题的阶段。教师要善于观察和及时发现学生的困难和障碍，并针对他们的写作需求设计教学活动，通过各种“介入性”活动给学生有针对性的引导和帮助，使写作的过程成为学生学习、体验、丰富、使用语言的过程。

(三) 写作教学写后阶段

写作教学后期需要着力于评价和修正，巩固已得的词汇学习成果。在写作教学的后阶段，文章批阅、评价、修改、润色是活动的主要内容。这也是对前两个阶段所激活、积累和运用的词汇作适当修正并再次巩固、内化的关键阶段。在评价文章结构和内容的同时，对学生语言及词汇运用的评价必不可少。教师需引导学生加强选择词汇的意识和能力，以进行适切、准确和有感染力的表达。其实词语本身并无正误与好坏之分，只有在表达意义的过程中，也就是在句子或段落中，通过语境才能显示其使用是否正确或恰当。所谓选词原则，就是指选择和使用最适合具体语境、最能向读者传递作者真实思想情感的词语。不难发现，名词、动词、形容词和副词等实词是最能传递完整信息的词汇。教师应指导学生在审视和修改文章的过程中根据表情达意的需要，选择适当的名词、确切有力的动词、生动的形容词和副词，对写作初稿进行自我修正。指导学生学会选择使用恰当的词汇是一个复杂的过程，不能急于求成，而要循序渐进。要指导学生从用词准确、恰当到用词生动、传情，帮助学生切实提高语言运用和表达能力。

教学案例三

写作任务：

Suppose you are Wang Jia, a student in Mingqi High School. After hearing the tragic news of the earthquake in Sichuan province, your class decided to hold a charity funfair to raise money for the victims. Write an article about your volunteering experience at the charity funfair.

写后活动：

根据核查表(checklist)对例文尤其是词汇选择方面进行修改。

活动步骤：

Step 1

Revise the article, using the following checklist.

Checklist
1. Did the article include the beginning, middle and ending of the incident?
2. Did I introduce the setting and main characters at the very beginning?
3. Did I stick to the past tense in the account of the incident?
4. Did I use a twist or conflict to make the account more attractive?
5. Did I use the proper words and expressions(nouns, verbs, adjectives and adverbs) to describe the details(surroundings, actions, feelings, etc.)?

Step 2

Look at the pictures of the earthquake in Sichuan province and answer the following questions.

Q1: How do you feel when you look at the pictures?

A: I feel frightened/shocked/astonished.

I have great sympathy for the victims.

I'm terribly sorry for their suffering.

Q2: How did you feel when you did your part to help the earthquake victims?

I felt very happy/proud of myself/a sense of achievement.

Step 3

Read the excerpt of the writing and then answer the question.

My volunteering experiences

... After seeing some **surprising** pictures of the earthquake-stricken area in Sichuan province, all of us **felt sorry for** the suffering of the victims, so our class decided to hold a charity funfair in our school to raise money for the earthquake victims... (Beginning)

... How time flew! It was not until the sunset that we realized that the funfair was coming to an end. We sold out all the T-shirts and souvenirs and collected more than 3 000 yuan. Though exhausted, we all felt very **happy.** (Ending)

Q: Which word do you think can be replaced by a better alternative? Give your reasons.

A: I think the words "surprising, sorry and happy" should be replaced because they can't describe the horrible scene of the earthquake or show people's strong feelings.

Step 4

Please think of some words that are similar in meaning to"surprising, sorry and happy", but better describe the writer's feelings.

Possible answers

We can replace "surprising" with "shocking". Because someone is surprised at something unexpected or unusual while he/she is shocked at something very bad, so "shocking" is a better choice to describe the pictures of earthquakes.

We can replace "feel sorry for" with "had great sympathy for", which can better describe our response to the suffering of the earthquake victims.

We can replace "happy" with "on top of the world". Because "on top of the world" means "feeling both happy and proud", which is exactly what we felt after successfully holding funfair and raising so much money for the earthquake victims.

Revised version

My volunteering experiences

... After seeing some **shocking** pictures of the earthquake-stricken area in Sichuan province, all of us **had great sympathy for** the suffering of the victims, so our class decided to hold a charity funfair in our school to raise money for the earthquake victims... (Beginning)

... How time flew! It was not until the sunset that we realized that the funfair was coming to an end. We sold out all the T-shirts and souvenirs, and collected more than 3 000 yuan. Though exhausted, we all felt **on top of the world.** (Ending)

案例分析：

这个根据核查表(checklist)讲评学生习作的教学活动，用于写后阶段。教师讲评作文时，引导学生对作文中的语言表达进行思考，通过指导学生利用近义词替换，帮助他们增强写作中的词汇选择意识，丰富语言表达形式，提高语言运用能力。首先，教师指导学生根据核查表(checklist)对文章的框架，内容，语法等方面进行修改。然后，聚焦文章的用词问题，一步步引导学生选择最适合语境、最能向读者传递作者真实思想情感的词语：第一步通过展示四川地震的图片，营造视觉刺激，让学生抒发地震灾难给他们的感受，为词汇辨析和选择的活动做好铺垫。第二步通过问题，引导学生思考学生作文节选中的词汇选择问题并给出替换的理由。通过辨析 surprising 和 shocking，feel sorry for 和 have great sympathy for 以及 happy 和 on top of the world 三组近义词，学生不仅在语境中更深刻地理解了它们的词义以及在表达情感上的作用，而且通过近义词替换更生动准确地凸显了作者的感受，为作文增色不少。

写后修改阶段是学生发现问题进行自我修正和改进的过程，也是他们提升语言表达能力的好时机。教师在设计自评或互评的核查表时，需有意识地加入有关词汇选择和使用的内容，引导学生进行评价、修改和润色。为了更好地培养学生选择词汇的意识和能力，教师可创设情境，帮助学生在语境中感知、体会和比较用词的不同；也可引导他们查阅词典，更精准地掌握相关词汇的意义和用法，从而进行适切、准确和有感染力的表达，切实提高语言运用和表达能力。

第五节　词汇教学典型案例与解析

【教学案例一】

设计意图：

此活动是专门针对语言点的教学。选取的文本素材是一篇推荐春季适宜栽种植物的说明文。活动依托文本主题，运用刘易斯语块教学的策略让学生在上下文中了解目标语块的语用和功能，并创设情境让学生在语境中操练和使用目标语块，最终达到把目标语块用到写作中去的目的。

活动方法：

刘易斯语块教学的策略

目标词汇：

The expressions to make suggestions

活动素材：

A Learn to care for plants

Read this article from a newspaper to get some new ideas about what plants you can grow this year.

Spring is in the air, so it is time to go outside and do some gardening. Here are three plants which can decorate your home.

Why not grow common white jasmine? You can raise it as either a bush or a vine. Jasmine vines produce more flowers than jasmine bushes, but they need a frame to grow on. If you grow them on a frame over a path, the path will soon have a cover of white, sweet-smelling flowers. Jasmine is not just for tea.

Of course, if you like blossoms, do not ignore the Yulan magnolia. These trees can grow to be over 12 metres tall. In early spring, they are covered with white blossoms which are more than 12 centimetres wide. After the blossoms fall off, green leaves cover the trees all summer. In autumn, these leaves change to red and orange before they litter the ground with colour. The Yulan magnolia is ideal for cool, moist climates.

If you have no idea what to grow, you could plant a golden ball cactus. You could keep it in your house, or plant it outside where it can grow to be more than 60 centimetres tall. While it prefers the sun, it tolerates temperatures of below zero degrees centigrade.

(选自《英语(牛津上海版)》高一年级第二学期 Module 2 Unit 3 More reading *Learn to care for plants*)

活动步骤：

Step 1

1. Ask the students to read the passage carefully and answer the following questions:

Q1: What does the author suggest we do in the coming spring?

A1: Spring is in the air so it is time to go outside and do some gardening.

Q2: What are the suggestions the author makes about the three plants that we should grow in spring?

A2: Why not grow common white jasmine?

If you like blossoms, do not ignore the Yulan magnolia.

If you have no idea whatto grow, you could plant a golden ball cactus.

2. Ask the students to find out the expressions used to make suggestions in the above answers:

It is time to...

Why not do...

If you like... do not ignore...

If you have no idea what to do... you could...

教学设计说明

通过两个问题帮助学生了解了本文的中心内容是作者向读者推荐适宜在春季栽种的三种植物。在理解文本内容的基础上引导学生关注作者用于提建议的一些表达方式，从而引出了目标语块并让学生在上下文中理解了其语用和功能。

Step 2

Ask the students to give suggestions to the following people about what to grow in the coming spring, using the expressions learned in the text.

1. Mrs. White, who lives in a cool, moist climate and loves sweet-smelling flowers.

2. Mr. Green, who lives in a small apartment and is too busy to take good care of the plant.

学生回答举例：

1. **It is time to** grow some plants for the coming spring. **Why not grow** Yulan magnolia, which is ideal for the cool, moist climate?

If you like sweet-smelling flowers, **do not ignore** white jasmine.

2. **If you have no idea what to grow** in your small apartment, **you could** plant a golden ball cactus because it can be kept indoors and outdoors.

3. If you don't have much time to look after the plant, **why not grow** a golden ball cactus, which is very tolerant?

教学设计说明

在学生深入理解文本内容的基础上，创设任务型的情景，让学生给打算春季栽种植物的对象提一些建议，并鼓励其尽可能地运用文中所学的多种提建议的表达方式，从而使其在语境中学会和操练目标语块。

Step 3

Ask the students to write a letter to the teacher who is in charge of the gardening of the school, giving suggestions on what to grow in the coming spring to make the campus greener. (Students can choose from the plants introduced in the text or search online to find other eligible plants.)

Example：(学生范文)

Dear Mr. X(Ms. X),

Spring is in the air, so I think **it is time to grow** some plants to decorate our school.

Here are three plants, which can make the campus more beautiful.

Why not grow evergreen trees on our campus? Just as is shown in the name, they give a landscape of year-round interest, color and texture. Therefore, with the evergreen trees, our campus will be green even in winter.

If the students like sweet-smelling flowers, **do not ignore** white jasmine. We can grow jasmine vines on a frame over the path beside the students' dormitory area so that they can enjoy white sweet-smelling flowers every time they walk along the path.

If you have no idea what to grow, you could plant Yulan Magnolia, which is ideal for the cool, moist climate in Shanghai. If planted in front of the library, the tall trees can provide some shade for the students who want to read or study in the open air.

教学设计说明

在学生初步掌握目标语块的语用和功能的基础上,让其根据本课所学到的或网上查到的有关植物的信息给负责校园绿化的老师写一封信,推荐一些适合校园栽种的植物并陈述理由。通过这个模仿课文写作的活动使学生学会在语篇中正确地使用目标语块。

【教学案例二】

设计意图:

此活动是专门针对语言点的学习,选取的文本素材是一篇关于如何策划完美婚礼的说明文。在学生完成了对文本整体理解之后,依托文本中婚礼策划的主题,从文本内容出发,由浅入深,由易到难地创设多个情境,让学生在语境中学习和操练目标词汇的搭配。

活动方法:

在语境中学习和操练目标词汇的搭配

目标词汇:

consult(consult sb. on/about sth. ; go to sb. for consultation)

活动素材:

The wedding stationery may include invitations, photo albums, menus etc. The best idea is that the couples **consult** a specialist printer, who can give helpful advice.(选自《英语(牛津上海版)》高三年级第一学期 Module 2 Unit 4 *Planning for the perfect wedding*)

活动步骤:

Step 1

Ask the students to read an unsatisfactory wedding invitation and give the couple a suggestion on who they should **consult** or **go to for consultation**?

学生回答举例：

He should **consult** a specialist printer.

He should **go to** a specialist printer **for consultation.**

Jack Smith
Alice White
request the pleasure of your company at their marriage on June 30, 2013 at
Gaden Hotel
567, South Xizang Road, Shanghai

(original version)

教学设计说明

通过师生依据文本内容的问答，引出目标词汇 consult 的用法和搭配：consult sb. /go to sb. for consultation。

Step 2

Ask the students to give more suggestions to the couple on how to improve the wedding invitation.

学生回答举例：

Jack Smith
Alice White
request the pleasure of your company at their marriage on June 30, 2013 at
Gaden Hotel
567, South Xizang Road, Shanghai

(Improved version 1)

The words are too small in size, so they should **consult** the printer **on/about** the word size.

Jack Smith
Alice White
request the pleasure of your company at their marriage on June 30, 2013 at
Gaden Hotel
567, South Xizang Road, Shanghai

(**Improved version 2**)

The words are not beautiful in form, so they should **consult** the printer **on/about** the font.

(**Final version**)

The background is too plain, so they should **consult** the printer **on/about** the background.

教学设计说明

通过不断改进婚礼请帖样式的活动，促使学生在语境中学会并运用目标词汇 consult 的搭配：consult sb. on/about sth.。

Step 3

Ask students to talk about other important aspects of planning a perfect wedding mentioned in the text, using the collocations of **consult**.

The following are some other important aspects the couple should take into consideration in planning the wedding. Who would you suggest they should **go to for consultation** and what they should **consult** the person **on/about**?

1. Bouquets
2. Wedding photographs
3. The honeymoon

学生回答举例：

1. The couple should **go to** a good florist **for consultation** and **consult** her **on** what kind of bouquets can best match their wedding dresses.
2. The couple should **go to** a professional photographer **for consultation** and **consult** him **about** the places where the wedding photos will be taken.
3. The couple should **go to** a travel agency **for consultation** and **consult** the travel agent **on** the destination and itinerary of their honeymoon.

教学设计说明

通过让学生谈论在策划婚礼的过程中，新人该就一些事宜向谁咨询的话题，帮助学生在新语境中操练和巩固 consult 的搭配：go to... for consultation 和 consult sb. on/about sth. 。

【教学案例三】

设计意图：

此活动是阅读教学读中阶段的词汇学习，选取的文本素材是一篇关于色彩意义的说明文。由于读中阶段是以意义为主的语言输入阶段，因此活动的目的是让学生在教师的指导下利用上下文的逻辑线索通过五个步骤逐步猜出目标词汇的意义并借此加深对文本的理解，即色彩在日常生活中的应用。

活动方法：

运用上下文逻辑线索猜测词义

目标词汇：

stimulate

活动素材：

That food companies often use red, green, orange and yellow is not surprising. All of these are regarded as the main “appetite” colors that help persuade people to buy more food. Fast food restaurants often use red for two reasons. Not only does it **stimulate** the appetite, but it also makes people feel energetic, so that after they have eaten, they will leave more quickly, thus making space for more customers.（选自《英语（牛津上海版）》高二年级第二学期 Module 2 Unit 3 *The many meanings of color*）

活动步骤：

Step 1

Ask the students to look at the unknown word and decide its part of speech.

学生从 stimulate the appetite 这个动宾短语可以看出 stimulate 是个及物动词。

教学设计说明

确定一个单词的词性对于理解其词义至关重要，因此词义猜测的第一步是确定目标词汇的词性。

Step 2

Ask the students to read the immediate context of the word, that is, the clause and the sentence containing the unknown word.

学生从“Not only does it stimulate the appetite, but it also makes people feel energetic...”，可以得知 stimulate 表示的是红色对于胃口的一种影响。

教学设计说明

在确定了词性之后，学生可以利用包含目标词汇的那句话所提供的两个线索，即它的主语 red 和宾语 appetite 推测出它的大致意思。

Step 3

Ask the students to read the wider context of the word, that is, the relationship with adjoining sentences or clauses.

学生可以从相邻的两句话“Fast food restaurants often use red...”和“All of these are regarded as appetite colors that help persuade people to buy more food.”中得知红色是可以帮助说服人们多购买食物的颜色，因此经常被快餐店使用。由此可以推测出红色对胃口的影响是积极的。

教学设计说明

在知道了目标词汇表示红色对胃口的影响之后，学生可以利用相邻句子所提供的逻辑线索推断出这种影响是积极的影响。

Step 4

Ask the students to use the knowledge they have gained from steps 1 - 3 to guess the meaning of the word.

学生根据前三个步骤得出的线索进行综合判断。

1. stimulate 是个及物动词。
2. stimulate 表示红色对胃口的一种影响。
3. stimulate 所表示的影响是一种积极的影响，因此红色才会被快餐店频繁使用。

由此推测出 stimulate 的意思是“促进和激发”。

教学设计说明

学生综合前三个步骤所掌握的信息，即目标词汇的词性和上下文得出的逻辑线索判断出 stimulate 具体的词义。

Step 5

Ask the students to check the guess.

词义猜测完成后，学生可以用以下的步骤验证准确性：

1. “促进和激发”与 stimulate 一样是及物动词。

2. 把“促进和激发”代入原句，翻译成“红色不仅可以促进我们的胃口，也可以使人们变得更有活力”。原句意思通顺恰当。

3. 字典中 stimulate 的释义为：to make sth. more active; to encourage sth. ，词义猜测完全正确。

教学设计说明

词义猜测完成后，学生可以从词性、句意通顺以及字典释义等方面来验证其准确性。

【教学案例四】

设计意图：

此活动针对构词法的词汇学习，选取的文本素材是一篇作者游玩罗马的游记，介绍了罗马的诸多景点。此活动的目的是让学生在教师的指导下利用合成词的方法高效地猜出目标词汇的意义，并能举一反三，利用合成词的方法构建新词并在情境中运用。

活动方法：

运用合成词的方法猜测词义并构建新词

目标词汇：

breathtaking/masterpiece

活动素材：

The **masterpieces** of the Renaissance were so **breathtaking** that Eleanor couldn't take her eyes away from them.（选自高中《英语》（上外版）必修第一册第三单元 Reading A *Roman Holiday*）

活动步骤：

Step 1

1. Ask the students to read the third paragraph carefully and answer the following

questions:

Q1: What did Eleanor see in the Sistine Chapel?

A1: She saw the masterpieces of the Renaissance.

Q2: What did she think of the **masterpieces**?

A2: She found them **breathtaking.**

2. Ask the students to pay attention to the words: "masterpiece", "breathtaking", and find out how these two words are formed.

A1: "Masterpiece" is formed by putting "master" and "piece" together.

A2: "Breathtaking" is formed by putting "breath" and "taking" together.

T: Yes, a compound word is formed by putting two or more words together.

教学设计说明

通过对课文内容的提问,引出目标词汇 masterpiece 和 breathtaking,引起学生注意并引导学生分析目标词汇是由哪两部分组成,从而引出合成词的概念。

Step 2

1. Ask the students to guess the meanings of the two words by analyzing the word parts.

A1: "Master" means "大师"and "piece" means "作品",so "masterpiece" means "大师杰作"。

A2: "Breath" means "呼吸"and "taking" means "夺走",so "breathtaking" means "令人窒息,让人惊叹"。

2. Ask the students to tell the difference between the ways the two compound words are formed.

A1: "Masterpiece" is formed by putting two nouns.

A2: "Breathtaking" is formed by putting noun+*v*-ing.

教学设计说明

通过分析合成词的组成部分,引导学生猜测目标词汇 masterpiece 和 breathtaking 的词义,并让学生分析两种合成词构词的不同之处。

Step 3

1. Ask the students to follow the examples of the two compound words and brainstorm more similar words.

A1: headmaster/marketplace/background/password...

A2：eye-catching/eye-opening/mouthwatering/bullfighting/handwriting/sunbathing...

2. Ask the students to make compound words by matching a word from Box A with one from Box B. Then complete the sentences with the appropriate compound words.

Box A

over	back	heart
country	land	well

Box B

come	side	ground
break	mark	known

1) Edinburgh is famous as the home of many ________ writers, such as Robert Louis Stevenson, Arthur Ignatius Conan Doyle and Joanne Kathleen Rowling.

2) Famous ________ in Shanghai include the Bund, the Oriental Pearl TV Tower and the Huangpu River.

3) Travel can be a scary thing, but most of the things we may fear about travel can easily be ________.

4) I've been looking forward to changing the ________ images on my computer.

5) If you walk in the ________ of Britain, you will spot piles of stones along the road from time to time.

6) We know that ________ brings great sadness and emotional suffering, but travel is a good way to help us forget.

Key for reference

1) well-known 2) landmarks 3) overcome 4) background 5) countryside 6) heartbreak

教学设计说明

引导学生仿照两个合成词的不同构词方法，头脑风暴出更多类似的合成词，从而深化构词法的学习并设计半开放的练习，使学生能在语境中操练合成词的用法。

第四章

高中英语写作教学实践研究

第一节 "双新"背景下的写作教学

一、高中英语写作教学现状分析

写作属于产出性技能，是借助内化的语言规则创造性地运用语言的过程。因此，英语写作是学习者语言综合技能的运用，也是衡量学生英语学习综合能力的重要指标。英语写作能力的培养与训练不仅能够促进学生更好地掌握英语语言知识，更是培养学生进行英语思维的有效手段。因此成为高中英语教学中的重要内容。《课标》明确地把"写"的要求列入了英语语言技能的目标中，它很重视中学生在书面表达上运用英语的交际能力，对学生写作技能及其评价有了较为明确的说明。因此，在高中阶段，教师应重视英语写作，认真研究新教材和新课程标准，指导和组织学生进行英语写作训练，在平时教学中应有计划、有目的地去训练和提高学生的写作能力。

虽然《课标》对英语写作教学的要求作了扼要、精确的描述，体现了写作教学的重要性和新理念，然而很多教师对如何实施英语写作教学仍然感到困惑，英语写作的教和学两方面都处于低效甚至无效的状态。主要存在的问题为：

(一) 现用的教学方法不利于学生写作习惯的培养和能力的发展

目前的高中英语写作教学普遍采用成果写作教学法(the product approach)，其写作教学程序大多遵循"教师命题—学生写作—教师批改"的模式，教学的重点放在写作的最终结果上。这种重成果轻过程的方法把教学过程看成是刺激、反应的机械过程，对学生写作过程中遇到的困难和问题缺乏有效的指导，不利于学生学习主动性的发挥和写作技巧的掌握，也容易造成学生不良的写作心理和习惯。

(二) 写作教学中忽视学生英语思维能力的培养和训练

教师在写作教学中大多只重视语言能力的培养，忽视了思维能力在学习中的核心地位，因而弱化了英语思维能力的培养与训练。导致了学生在英语作文时，常以母语的思维定式展开思维，不具备较为严密的逻辑思维能力和篇章思维能力，致使整篇文章结构松散，布局凌乱。在语言表达上，学生由于受母语思维的影响，负迁移现象严重，中式英语俯拾皆是。

(三) 缺乏科学有效的评价机制，不利于学生在写作过程中的全面发展

传统评价模式的主体单一化且教师对学生作文的评价反馈通常用符号勾画出语法错误，最后以一个分数或字母等级作为定论，缺乏在写作教学活动过程中的评价。千变万化

的写作过程及其动态表现最终仅凭一两篇成品来测量，结果只会置信度、效度于不顾，对学生缺乏指导性和可操作性。这种“学生单独写作，教师单独评阅”的模式，不仅忽略了师生间的双向交流，更忽视了学生的主体地位。长此以往，学生被动地受评、被动地学习，不利于其在写作过程中的全面发展。

二、过程体裁写作教学法

我国传统的写作教学大多采用成果教学法。这种教学法起源于西方写作教学法流派“形式法”和“现时-传统法”，理论基础是行为主义理论，它认为教学过程就是教师给予刺激，学生做出反应；课堂以教师讲授修辞法、语法规则、文章发展模式和写作技能为主；学生的整个写作过程是在教师的完全支配下完成的。由于这种教学模式忽视了学生在写作前、写作中及写作后的一系列交互协商和监控等主观能动作用，造成学生缺乏写作动机和真正的交流，写作能力低下。

针对成果教学法的弊端，20 世纪 70 年代，西方语言学界和教学界涌现出许多关于英语写作新的教学理论和方法。美国西北大学教授 Wallace Douglas 首先提出过程教学法，将第二语言写作研究的重点从写作成果转向写作过程。随着语言学家对篇章体裁研究的深入，他们开始探讨以体裁为基础的教学法。Badger 和 White(2000)集合了过程教学法和体裁教学法的优点提出了“过程体裁教学法”。他们认为，写作应包括语言知识、语境知识、写作目的和写作技巧等要素。写作目的、语言知识和语境知识都可以为作者提供足够多的输入，可以使学生有话可说，调动学生的写作潜力；写作技巧的训练可以使学生知道怎么说。教师、学生本人和文本都可以帮助学生确定某一题目的语境，然后帮助他们确立此类文章的写作目的，接下来帮助他们考虑文章的语域(话语范围、话语方式和话语基调)。具体过程为：首先，学生在教师的指导下归纳出某一体裁的篇章结构和语言特点；然后，学生结合写作过程的各种技巧(制订计划、写草稿、修改等)进行具体创作。过程体裁教学法的写作过程不同于过程教学法中的写作过程，它已不是单纯的写作技巧的训练过程，而是将写作的各个要素调动在一起(语言知识、语境知识、写作目的和写作手段)，揭示出写作过程不再是一个单纯的个人行为，而是个人与个人、与他人、与文本、与社会多方位的互动过程。(韩金龙，2001)

基于此，教师应深入学习过程体裁教学法的相关理论并做到理论与实践相结合，通过不断的课堂教学实践摸索出一套适合高中学生的英语写作教学模式。在关注学生语言表达能力的同时，有针对性地开发并提高学生的写作思维能力。根据高中各年级英语写作教学的目标，结合新教材和《课标》，针对高中生各个年龄段的思维发展特点设计有利于写作思维培养与发展的思维训练活动，通过挖掘学生思维潜力(如头脑风暴、思维导图等)，借鉴创新思维培育模式(发现问题、解决问题)以提高学生在写作各个环节上的思维品质。内容的安排力求充实、精确、有序，并初步形成一个相对完整的写作训练体系。同时，针对不同的评价主体(教师、学生、同伴),提供英语写作评价标准或评价工具,为写作过程(情感、态度、价值观和学习策略)和写作过程结束后的作品开发不同的评价工具;针对不同类型的写作任务(记叙文、说明文、议论文、应用文等)开发具有操作性的评价工具。方便学生在写作过程中实现自评与互评,也利于教师对写作教学的实施开展自我评价与反思。

第二节 各种体裁作文的写作建议

一、记叙文写作建议

记叙文是以叙事为主要表达方式,以记叙自身的经历或他人发生的事情为主要内容的一种文体。记叙文一般按照时间顺序,通过记叙生动形象的事件来反映生活,表达作者的思想感情。文章的中心思想蕴含在具体材料中,通过对人或事生动的记叙和描写来表现,按内容大致可分为“记实”和“描写”两大类型。前者重在讲清事件本身,后者则重在描写细节。记叙文的写作要点如下:

(一) 围绕记叙的主题

记叙文的主题是文章的“灵魂”。写记叙文应紧扣主题,特别是题目中呈现主题的关键词,并围绕主题选材和组织文章内容。选材时要挑选那些最能凸显主题,对作者来说重要、有意义和有感触的材料,这样才能使文章不偏离中心,表达作者的真情实感,打动读者。记叙文在写作过程中必须有一个主要的事件作为“主线”,所有的细节都应围绕着“主线”组织并为其服务。

(二) 涵盖记叙文写作的要素

记叙文写作包含以下基本要素:叙事背景(时间、地点、人物)、叙事人称(第一或第三人称)、情节(开端、发展、高潮、结尾)以及叙事顺序(顺叙、倒叙、插叙)。记叙文常用的篇章结构为:开头 the beginning——交代必要的背景,如:时间、地点、人物等;中间 the middle——交代故事情节(事情的主体),如:事件的发生、发展和前因后果(可以使用表示时间或空间的连接词,使文章连贯。如:at first... then... few minutes later...);结尾 the ending——事情的结果或感想、愿望等(所表达的感想或愿望应与所记叙的内容有关系,起到扣题或点题的作用,使文章结构紧凑)。记叙文的时态一般使用动词的过去时态,切忌叙述过程中出现多种时态混乱的现象。

(三) 运用细节使记叙和描写生动

记叙文写作应避免平铺直叙,即避免将记叙的事件简单罗列,叙述平淡,缺乏吸引力。

在记叙过程中可以通过对人物、场景、对话、情感和心理活动等方面的细节描写以及设置悬念、使用多种修辞手法等渲染、烘托记叙的事件，使文章更生动。

教学案例一

记一次记忆深刻的中国传统节日

范文 1

Every year, I together with my family members, go to Suzhou to spend the Qingming Festival. The experience of the festival in 2007 is still fresh in my mind.

That morning, my grandfather, my parents and I left for Suzhou. We went there by railway so that we could have a comfortable environment to chat and to have our breakfast. Of course, the breakfast included Qingtuan, the traditional food on that day. There are a lot of people who came to sweep the tomb. By noon, we had finished the activity in the cemetery. Then, we went to the nearby park to have a spring outing. The beautiful view attracted us.

The Qingming Festival is very important to all Chinese people, as it has a long history. It is also a festival that I will treasure for good.

范文 2

The Lantern Festival of this year is one of the most unforgettable holidays I have ever had. As usual, when the Lantern Festival comes, we often eat dumplings in the restaurant or buy some from the supermarket. **But this year, Grandma decided to make some by herself for a change.**（点出今年过节与往年不同的特殊之处，为难忘做铺垫）**We were all excited.**（心情描写）Grandma began making all the preparations several days before the festival. **My cousin and I all gathered around and saw for the first time how dumplings were made with great curiosity. We even tried making some by ourselves.**（生动的细节反映作者期盼的心情）

Finally, the Lantern Festival arrived. We all sat at the table and **couldn't wait**（急切的心情）to try the home-made dumplings. Grandma served them proudly and told us some old traditions about the Lantern Festival, such as the family's get-together, visiting the temple or paper-cutting. We found the dumplings were delicious and the meal was fantastic, **but more importantly, we felt the happiness of a family reunion.**（点出过节的真正意义）

The Lantern Festival of this year has left me with a sweet memory, which I will cherish forever.

第一篇范文的作者按时间顺序报告了一天的活动安排，但没有细节、高潮和感受，虽然最后加了一句“记忆深刻”，但读者不能感同身受。而第二篇范文则很好地通过一些生动的细节描述点出了今年元宵节的特别之处，让读者印象深刻。通过以上两篇范文的比较，我们可以看出要把一件事记叙得生动出彩，除了把握好记叙文的几大要素，还可以通过增加细节、高潮和作者心情感受的方法来达到比较好的效果。

教学案例二

My apartment

范文 1

My apartment is a small but cozy place. It is located on Fifth Street. When you open the door, you'll find a small living room with a balcony. On the left of the living room is my bedroom with blue walls and many beautiful plants in it. My apartment also has a small kitchen and a tiny bathroom. Though it is small, I really love it.

范文 2

My apartment is a small but cozy place. It is located on Fifth Street **which is very quiet.**（点出了公寓周围的环境十分幽静）When you open the door, you'll find a small living room. **Though it always looks a little messy,**（客厅略显凌乱，突出了公寓的小，也具有生活气息）it's my favorite place. **Every night, when I sit on the comfortable sofa watching TV or reading magazines, I feel very relaxed.**（描写了作者的活动和感受，体现了客厅是个让人放松的地方）I don't cook myself, so I seldom use the small kitchen. But **on weekends, I will make a cup of coffee in it, turn on the CD and enjoy a quiet afternoon on the balcony. The blended smell of the coffee and the flowers on the balcony accompanied by the light music will make me forget all the worries. I really love my small apartment.**（对阳台和厨房的描写充分调动了读者的嗅觉、听觉，让人身临其境）

看了第一篇范文的恐怕只是知道这间公寓的构成有哪几部分，而根本无法体会作者所谓的小而温馨的感觉，至于最后一句作者表达的对这间公寓的喜爱之情让人觉得有几分莫名。而第二篇范文的作者则通过具体描述公寓的几个小细节，让读者有了身临其境的感觉。总之，要写好描述文体，一定要具体、细腻，让读者仿佛能看到你所描写的人，亲历你所描写的场景，亲身体会到你所描写的感受。如何能写得具体，一个比较可行的方法就是在写前阶段，围绕你所要描写的对象设想几个问题，比如，针对上文对公寓的描写，你可以问：

1. Where is it located?
2. What are the surroundings?
3. What does it look like?
4. What do you usually do in it?
5. How do you feel?

通过这个方法可以使头脑中的模糊、笼统的印象具体起来，也有助于理清写作的思路。

二、议论文写作建议

议论文是通过议论或说理来表达作者的见解和主张，为了使读者同意他的看法，提出若干道理来说服他人的一种文体。议论文的构成有三要素：论点、论据和论证。论点是作者表明的主张及观点，要求立场正确、观点鲜明、有概括性；论据是用来证明论点的理由及事实，要求内容充实、具典型性；论证是运用论据来证明论点的过程和方法，要求推理层层推进、符合逻辑。

（一）议论文引言段的写作要点

1. 运用多种方法引出话题。

（1）统计数据或事实（用数据和事实来呈现问题，引出主题）。

Every 60 seconds, 3 people are killed by handguns. Handgun shootings have taken the lives of doctors, lawyers, politicians and even nuns. More people die from handgun shootings than from cancer. There must be stricter handgun law enforcement.

（2）问题形式（用一系列问题来引出话题，并引起读者对此问题的关注）。

Is your husband addicted to chatting online? Are your kids playing computer games day and night? Do you know where your kids and spouse are? If they are in front of the computer, you might have a reason to worry. There are several reasons why the computer is not "man's best friend".

（3）曲折引入法（先呈现对此话题人们普遍的观点或有些人的错误想法，然后提出自己的论点加以反驳）。

New York City has an international reputation for being "the city that never sleeps". In other words, criminals work 24 hours a day in the "Big Apple". However, if recent statistics are correct, this reputation is undeserved. In fact, New York City might be one of the safest cities in the world.

2. 引言段需要一个鲜明、正确的论点。

写议论文的目的不是让读者知道或认识某件事物，而是让读者同意或接受自己的观点和看法。因此，一个鲜明、正确的论点是全文的主旨、灵魂和统帅。在撰写论点时应注意以下几点：

（1）论点最好在第一段中开门见山地提出，引领全文。

（2）论点要符合逻辑，不可有歧义。

（3）论点要立场鲜明，切忌模棱两可、含糊不清。

例1：自行车是中国最流行的交通工具（means of transportation），所以中国又被称为自行车王国。骑自行车有许多好处，也有许多缺点。请你谈谈我们是否应该提倡骑自行

车。(100—120 words)

学生论点 1：... In my opinion, riding a bicycle is not only convenient but also dangerous.

问题：此论点本身在逻辑上存在问题，使读者不知其意。

学生论点 2：The bicycle is the most popular means of transportation in China, and China is known as “the kingdom of bicycles”. I think riding bicycles has both advantages and disadvantages.

问题：论点虽没有逻辑问题，但模棱两可，作者并未对题目中“我们是否应该提倡骑自行车的问题”表明自己的立场。

正确示范：Riding bicycles are very common in China. Just as the saying goes, “Each coin has two sides”, it has both advantages and disadvantages. As far as I'm concerned, we should encourage riding bicycles, for it benefits our health as well as the environment.

(4) 运用恰当的语言提出论点。

提出观点时不要使用以下句子“Now I will tell you about...”“I would like to discuss...”“In my paper I will explain...”，而可以用以下句型：

In my(humble) opinion...　　I think/believe...

From my perspective/point of view...　　As for me...

As for what I think...　　As far as I'm concerned...

(二) 议论文主体段的写作要点

1. 主体段的论据必须支持引言段的观点，不可以有不相关或相反的内容。

例 2：

题目同例 1

观点：We should encourage riding bicycles.

主体段：First, it's more convenient for us to ride a bicycle than to take a bus, especially in the rush hours. It can save more time. Second, riding bicycles does no harm to the environment. Unlike cars, bicycles don't release harmful gases into the air. Last but not least, riding bicycles is good for our health. We can keep fit by cycling every day. Cycling is also a popular sport. There are a lot of international cycling races in the world and the world's most famous cyclist is Lance from America. (此部分内容与观点无关) However, riding bicycles also has some disadvantages. Bikes are not suitable for long-distance trips' and they are easily stolen. (此部分内容不支持观点)

从这个议论文的主体段中明显可以看出画线部分的内容虽然也涉及主题 cycling，却和论点没有关系，不能起到论证和支持论点的作用。

2. 主体段的论据必须有较强的逻辑性，才能说服读者接受你的观点。

例 3：

题目同例 1

错误论据 1：Riding bicycles is faster than driving a car.

问题：不添加额外条件的话，骑车不可能比开车快。

修正：Compared with cars, bicycles are handy and convenient. They allow us to go anywhere nearby easily.

错误论据 2：If we all rode bicycles, there would be no pollution.

问题：我们不可能都骑自行车出行，假设的条件不符合逻辑。

修正：Bicycles are friendly to the environment. They do not cause air or sound pollution.

错误论据 3：Only by riding bicycles can we do more exercise and become healthier and healthier.

问题：除了骑车，我们也有别的锻炼方式，此话太武断。

修正：In modern times, people are usually too busy to spare any time for physical exercise. Riding a bike regularly serves as a good way to keep yourself strong and healthy.

3. 主体段应使用一些恰当的连接词使文章有层次感和连贯性。

例 4：

论点：I think there are at least three things that a person can do to stay healthy.

主体段：First of all, proper nutrition is important for good health. Try not to eat too much sugar and meat because they are full of high protein, and may cause obesity. It is better to eat plenty of fruits and vegetables. Getting proper amount of sleep is another way of keeping healthy. Without enough sleep, you will feel tired and uncomfortable in your study and work. Last but not least, we should exercise every day. Whenever you run, swim, ride a bike or play ball games, you exercise your body, which is sure to provide you with fresh air, and to improve your heart and lungs as well.

从以上段落中，可以找到一些连接词，即 first of all、another way、last but not least，令段落安排更有次序，而透过这些词，读者能很快地找到论点中提到的保持健康的三种方法。

附：议论文写作常用连接词：

(1) 表示罗列递进关系。

first(ly), second(ly), third(ly),

first, then/next, finally

for one thing... for another...

besides/in addition/furthermore/moreover/another/also

(2) 表示举例。

for example, for instance, such as..., take... for example

（3）表示转折关系。

but，however，while，though，or，otherwise，on the contrary，in contrast，despite，in spite of，even though

（4）表示因果关系。

because，because of，since，now that，as，thanks to...，due to...，therefore，as a result(of)

（5）表示比较与对比。

similar to，similarly，the same as，in contrast，compared with，just as

4. 写主体段时采取总分的手法，即先写主题句，然后用推展句充实段落。

（1）写主题句的必要性。

例 5：

请比较以下两个段落：

论点：TV is playing an important role in our daily life.

主体段：First，after a day's hard work，I will come back home and switch on the TV. The interesting programs will soon make me feel relaxed. After dinner，the whole family will sit together，watching TV and chatting occasionally to kill time. Second，as we all know，learning things by TV is much faster than by listening to the radio or just by reading books，for it has colorful pictures as well as wonderful music.

问题：虽然主体段有连接词，但读者未必能很快地领会作者提出的两个论据。

修正：如果在每个论据前加上一句主题句，就使读者更容易把握文章发展的脉络，也符合英语行文的习惯。

First，TV provides a good way of entertainment. After a day's hard work，I will come back home and switch on the TV. The interesting programs will soon make me feel relaxed. After dinner，the whole family will sit together，watching TV and chatting occasionally to kill time. Second，you can expand your knowledge by watching TV. As we all know，learning things by TV is much faster than by listening to the radio or just by reading books，for it has colorful pictures as well as wonderful music.

（2）如何写好主题句。

主题句共分两部份：Topic(主题)＋Controlling Idea(中心思想)。中心思想的作用是规定段落的发展脉络，限制主题的覆盖范围。例如：“Smoking cigarettes is harmful to your health.”，Smoking 是 topic，而“is harmful to your health”则是“controlling idea”，规范了主题的走向，限制了主题的范围。

主题句不能太含糊，范围太大，要重点突出；若主题句太狭隘，则很难再去阐述或讨论下去，所以要在限定范围内展开你的话题。

例 6：Exercise is good for you.

问题：主题句太宽泛。

修正：Aerobic exercise is good for your health.

　　　Driving a car can be dangerous.

问题：主题句太宽泛。

修正：Drunk driving is dangerous.

　　　He can fix a bicycle himself.

问题：主题句太狭隘。

修正：He can fix a bicycle himself in several simple steps.

　　　She tries to improve her looks.

问题：主题句太狭隘。

修正：She tries many ways to improve her looks.

(3) 如何推展段落

确定了一个论据的主题句后，应该用推展句(supporting details)来支持，说明主题句。常用的段落推展的方法有引证法，即引用一些名人名言、成语、谚语或数据等作为论据；例证法，即举一些具体事例来进行论证；喻证法，即用比喻的方法来论证事理，把深奥、抽象的事理表达得浅显易懂，使文章既生动又形象；对比论证法，即通过对事物的正反两个方面的对比分析论证，使文章的表达效果更强烈，给人留下深刻的印象。

例 7：2013 年上海高考英语作文

上海博物馆拟举办一次名画展，现就展出场所(博物馆还是社区图书馆)征集公众意见。假设你是王敏，给上海博物馆写一封信表达你的想法。

你的信必须满足以下要求：

① 简述你写信的目的及你对场所的选择；

② 说明你的理由(从便利性、专业性等方面对这两个场所进行对比)。

论点：In my opinion, community library is more suitable to hold the exhibition.

主体段：As far as convenience is concerned, the community library makes it possible for citizens of all ages from different districts to visit the exhibition with ease. **Unlike** Shanghai Museum, whose location is stationary, several community libraries can take turns to hold the exhibition. **As a result**, even those with disabilities or living in the suburbs can have an opportunity to appreciate the paintings without inconvenient transportation, which also helps to publicize the exhibition.

Someone may question the professional ability of the community library to hold the exhibition, but I think the library can make up for it in many ways. **For example**, it can call in some experienced/professional staff from the Shanghai Museum to help preserve the famous paintings and ensure the security of these masterpieces.

主体段围绕着论点"社区图书馆更适合举办画展",从两个角度展开论述:① 社区图书馆比上海博物馆更具便利性;② 社区图书馆不乏专业性。第一段推展,用了对比法和因果论证法,而第二段则用了例证法。

(三) 议论文结尾段的写作要点

我们知道文章的开头很重要,因为好的开头可以吸引读者、抓住读者的注意力。同样,文章的结尾也很重要,好的结尾会使读者对全文的中心思想留下深刻的印象,可以增添文章的效果和说服力,让人深思,回味无穷。确切地说,结尾的作用就是概括全文内容,进一步强调或肯定文章的中心思想,使读者加深印象;有时也用于展望未来,提出今后方向或令人深思的问题,给读者留下回味和思考的余地。但是,如何才能写好议论文的结尾呢? 下面就介绍几种议论文结尾段最常用的方法。

例 8: 题目同例 1

论点:We should encourage riding bicycles more.

① 重申观点,达到再次肯定和强调的效果。

In short, riding bicycles is definitely the best choice for us in our daily transportation.

② 概括总结文章要点,进一步肯定作者观点。

Now, you see the great advantages of riding bicycles. To enjoy a healthy, environment-friendly and economical life, a bicycle is your first choice.

③ 提出展望或呼吁读者投入行动。

Riding bicycles is a green life style. Let's be hand in hand riding bicycles more to make our bodies stronger and our city more beautiful.

三、说明文写作建议

说明文是一种以说明为主要表达方式的文章体裁,通过对客观事物做出说明或对抽象事理的阐释,使人们对事物的形态、构造、性质、种类、成因、功能、关系或对事理的概念、特点、来源、演变、异同等能有科学的认识。说明文具有科学性、条理性、严谨性,语言确切生动。它通过揭示概念来说明事物特征、本质及其规律性。在说明文写作中常用的方法有定义法、比较与对比法、因果分析法等。

(一) 抓住事物特征,把握说明中心

任何事物都具有自身的质的规定性,一个事物的特征是区别于其他事物的标志。写说明文只有抓住事物的特征,才能把被说明的事物准确清晰地介绍给读者,让人们对事物有确切的了解。事物往往有很多方面的特征,介绍事物时,不可能在一篇说明文里面面俱到;只能根据需要,一次谈一两个特征。因此,要写好说明文,必须把握说明文的中心。

例 1：

Shyness

If you suffer from shyness, you are not alone, for shyness is a universal phenomenon. It is not surprising that social scientists are learning more about its causes.

The first environmental cause of shyness may be a child's home and family life. Today's children are growing up in smaller and smaller families, with fewer and fewer relatives living nearby. Growing up in homes in which both parents work full time, children may not have the sociali experience of frequent visits by neighbours and friends. Because of their lack of social skills, they may begin to feel socially inhibited, or shy, when they start school.

A second environmental cause of shyness in an individual may be one's culture. In a large study conducted in Japan, 57 percent of participants rated themselves as shy. Researchers Henderson and Zimbardo say, "One expectation is that in Japan an individual performance success is credited externally to parents, teachers, and others, while failure is entirely blamed on the person." Therefore, Japanese learn not to take risks in public and rely instead on group-shared decisions.

Technology may also play a role. In the United States, the number of young people who report being shy has risen from 40 percent to 50 percent in recent years. Due to our huge advances in technology, watching television, playing video games, and surfing the Web have replaced recreational activities that involve social interaction for many young people. Adults, too, are becoming more isolated as a result of technology. Face-to-face interactions with bank clerks, gas station attendants, and shop assistants are no longer necessary because people can use machines to do their banking, fill their gas tanks, and order goods. In short, they become shy.

It appears that most people have experienced shyness at some time in their lives. Therefore, if you are shy, you have lots of company.

本文说明的主题是“害羞”这种情绪。从第一段“If you suffer from shyness, you are not alone, for shyness is a universal phenomenon.”可见，文章设定的读者应该是自身具有害羞情绪的人。说明“害羞”这个主题可以从很多角度来切入，如“害羞”的原因、影响、方式等等。但为了让读者体会到“害羞”是一种普遍的情绪，无需为自身的这种情绪担心，作者抓住了“害羞”的成因这个角度，以此为中心，从家庭环境、文化和技术等三方面说明了形成“害羞”的因素。

（二）合理选择说明顺序，做到条理分明

文章的条理性是客观事物、事理本身的特点、规律在文章结构上的反映。说明文解说

事物、阐释事理要按其本身的条理来安排说明的顺序，使之层次清楚、主次分明。如何具体安排说明顺序，不同类型的说明文有不同要求：

(1) 时间顺序：按照事物发展过程的先后次序来说明事物，如介绍路线、说明物品的制作流程等。

(2) 空间顺序：按照事物的空间存在形式或从外到内，或从上到下，或从前到后，或从整体到部分等依次介绍。一般来说，说明事物的形状、构造的文章，通常采用空间顺序。

(3) 逻辑顺序：按照事物或事理的内部联系及人们认识事物的过程安排说明顺序。事物的内部联系包括因果关系、层递关系、主次关系、总分关系等，认识事物或事理的过程则指由浅入深、由具体到抽象等。

例 2： 介绍学校的说明文

初稿：

... There is a new classroom building on one side of the road. Our library now stands on the other side, where the playground used to be. In it there are all kinds of books, newspapers and magazines...

修改稿：

... On the left side of the road there is a new classroom building. On the right side, where the playground used to be, now stands another new building—our library. In it there are all kinds of books, newspapers and magazines...

比较上面这篇介绍学校的说明文的初稿和修改稿，我们可见第一篇在介绍的时候，完全没有顺序和条理，东拉西扯，让读者无法明确学校一些标志性建筑的方位。而修改稿通过运用完全倒装结构，运用从左到右的空间顺序，条理清楚地介绍了教学楼、操场和图书馆等建筑。

(三) 选择恰当的说明方法，阐明主题特征

说明文可以采取各种方法。常见的有定义法、罗列法、举例法、比较与对比法、分类法和因果分析法等。能够根据说明文主题的特征选择恰当的方法是写好说明文的重要因素之一。必要时，可以把几种方法综合使用。

例 3：

古人云："天生我材必有用。"通过描述你生活中的一件事，说明人各有所长，无论才能大小都能成为有用的人。

There is an old Chinese saying that there must be a use for my talent. I have regarded this as my motto for many years. As for me, everybody is good at something. With some useful talent, you will make your contribution to society.

When I was ten years old, there was an old man living at the corner of xx Road. He didn't have the opportunity to study in school, but he learned how to make wooden furniture. Every time people went to ask him to mend their furniture, he was willing to help them. In his spare time, he would make toys with small pieces of wood. Some of them were sold to toy stores and others were given to us. Whenever I see the lovely toys made by this old man, I remember my happy childhood.

在本题中，要求用生活中的一件事说明“天生我材必有用”。本文首先运用了定义法，把“天生我材必有用”定义为“每个人都可以利用自身长处为社会做出贡献”。然后，又运用举例法，通过讲述童年时期一位木匠的故事，说明了这一古语的意义。

例 4：

Both President Lincoln and President Kennedy were assassinated suddenly on Friday, and each in the presence of his wife. Each man was shot in the head and in like manner, crowds of people watched the shooting. Lincoln's secretary, named Kennedy, advised him not to go to the theatre where the attack occurred. Similarly, Kennedy's secretary, named Lincoln, advised him not to go to Dallas where the attack occurred.

历史上的美国总统林肯与肯尼迪都是被刺杀的。围绕着他们的刺杀事件，存在着很多相同的巧合。本文运用了类比的方法，从被刺杀的时间、在场的人员、秘书的提醒等方面对两次刺杀事件进行了说明。

第三节　写作过程中的教师介入

一、什么是写作过程中的教师介入？

目前的高中英语写作教学普遍采用成果写作教学法（the product approach），其写作教学程序大多遵循“教师命题—学生写作—教师批改”的模式，教学的重点放在写作的最终结果上。这种重成果、轻过程的方法对学生写作过程中遇到的困难和问题缺乏有效指导，不利于学生学习主动性的发挥和写作技巧的掌握，也容易造成学生不良的写作心理和习惯。过程写作教学法把侧重点由传统的篇章结构、语法和词汇转向了对写作内容和写作过程的整体关注。根据过程写作教学法，一篇文章的写作大致分为写前（pre-writing）、写中（drafting）和写后（revising）三个阶段。

认知心理学认为成功的写作是在写作和修改的过程中不断做出正确决定的结果。写作过程中的“教师介入”指的是教师在学生写作过程中提供及时的帮助，帮助学生学会在主题选择、篇章组织和语言等方面做出正确的决定，同时学会识别、摈弃不恰当的决定。

二、写作过程中的教师介入课堂观察

2015 年 4 月 8 日下午，上海市普教系统"双名工程"英语名师培养基地中学一、二组在上海市复兴高级中学共同举办了写作教学实践研究活动。复兴高级中学的夏蕾老师针对高一年级进行了记叙文写作教学的公开展示。我对本节课教师介入情况记载如下。

课堂观察记录表

课题	Narrative Writing	教师	夏蕾	时间	2015 年 4 月 8 日
学校	复兴高级中学	班级	高一(7)班	地点	复兴高级中学

教学目标：

1. To get students to have a rough idea of what a narrative paragraph is.
2. To help students learn to connect ideas with time words.
3. To get the students to achieve an overall understanding of the process of writing a narrative paragraph.
4. To help students learn how to revise their draft.
5. To inspire the students to write about moments and times in their lives.

主要教学活动	教师何时介入	教师如何介入	介入的效果
1. Share one of the teacher's experiences with the students.	写前阶段	教师通过讲故事的方式和学生分享了一段自己为狗妈妈接生的经历。	1. 教师亲身讲述的方式引起了学生的兴趣。 2. 教师的示范让学生了解了什么是记叙文的段落。
2. Ask the students to read the narrative paragraph about the teacher's own experience and find out the topic, the purpose, the point and the audience of it.	写前阶段	教师引导学生阅读、分析根据教师亲身经历写成的记叙段落。	1. 学生了解了记叙文段落的四要素：记叙主题、叙事目的、表达意义和读者意识。 2. 学生明确了记叙文段落应使用的时态和时间连接词。
3. Ask the students to choose a topic for their narrative paragraph.	写中阶段	教师运用明确具体的指示指导学生选择记叙主题。	具体而且形象的语言成功地拓宽了学生写作的思路，激发了他们的写作灵感。
4. Tell the students to write a topic sentence for the narrative paragraph and ask some students to share theirs in the class.	写中阶段	教师请几位同学在全班分享他们写的主题句，由教师进行点评，如发现问题及时纠正。	1. 分享的同学得到了及时的反馈。 2. 其他学生也可以从中获得灵感并审视自己的主题句写得是否符合要求。
5. Ask the students to write a draft of a narrative paragraph and do the peer editing according to the checklist.	写后阶段	学生写完初稿后，教师引导学生根据所给的评价量表进行同伴互评。	1. 学生理清了写作思路，认识到自身问题所在。 2. 增进了生生之间的交流。

三、如何有效地进行写作过程中的教师介入？

通过对夏蕾老师课堂教学的观察，我对记叙文写作过程中教师应该如何介入有如下的思考：

（一）明确写作过程中教师介入的重点

从本节课的观察，我们可以看出，要成功地上好写作指导课，一定要在设计课的时候，想好本节课介入的重点。学生在写作中表现出的问题很多，但教师要记住"The golden rule here is not to be over ambitious. Trying to rectify too many faults at one go will only lengthen the teacher's talk time. A 40-minute lesson will probably have only one intervention episode."即"如果教师在短短一节课中过多地去纠正学生的问题，只会增加教师讲授的时间，重要的准则是要明确本节课介入的重点"。那么，教师应该如何选择介入的重点呢？

首先，教师应该更多关注高水平的信息，即如何表达文章的中心思想，如何发展中心思想，以及如何组织文章结构等这些方面的整体效果；并且应该忽略低水平信息，即如何拼写单词，某个介词用法是否得当等局部层次的问题。

其次，选择介入重点时还要考虑到学段和学情。高一、高二、高三都可以上记叙文写作，除了写作任务布置的不同，介入的重点也应该有所差异。本节写作课针对的是高一的学生，因此教师介入的重点为：1. 记叙文段落的概念；2. 记叙文段落的四要素：记叙主题、叙事目的、表达意义和读者意识；3. 记叙文段落的时态和时间连接词。如果高二再进行记叙文写作的教学，在学生已经掌握以上要点的基础上，教师介入的重点可以变成细节选择，即教师应帮助学生选择细节内容来使记叙更形象生动。

（二）教师在写作各环节介入的方法

1. 写前(pre-writing)阶段。

针对本节课的介入重点，教师在写前(pre-writing)阶段用了示范(modeling)的方法：

教师通过讲故事的方式和学生分享了一段自己为狗妈妈接生的经历，既拉近了和学生的距离又引起了学生的兴趣。

I will never forget the night when my dog—Sasha gave birth to 5 puppies and I was really glad to be there. It was last October 31st and Sasha had expected for 63 days. (Most dogs are pregnant for between 58 days and 65 days and the vast majority will give birth on the 63rd day.) After dinner, I tried to feed her favorite food as usual, but she didn't eat anything at all. I suddenly realized she hadn't eaten anything since morning and that meant tonight could be the night. I called my friend, who had experience and knew what to do. She came and we started to wait. We waited and waited until midnight. Then came the first one. Sasha was a great mom and she did almost everything except for one thing: the cord. I had always wanted to cut the cord and I thought I could, but when the moment came, I was too scared to do it. “Don't panic. You are doing just fine,” my friend said. I took a deep breath, calmed down, and I cut it! More incredibly, I cut it another four times! Four times! The next day I felt exhausted but extremely happy as I was fortunate to do my part in welcoming new lives to the world. It was several months ago, but it's like it happened yesterday.

其实，试讲的过程中，教师尝试过把教师写好的文章直接发给学生和教师亲身讲述两个方式，最后发现还是由教师绘声绘色地讲故事的效果更好。因为如果学生一开始拿到的是教师写好的成品作文，会产生恐惧和畏难情绪，觉得自己无法达成这样的目标。为了保护学生写作的积极性，教师有的时候可以用学生的文章做范例，因为其更接近学生写作的实际水平，让他们觉得写好作文并不那么高不可攀。

在写前(pre-writing)阶段，学生通过观察分析教师的示范(modeling)了解了以下内容：(1) 什么是记叙文段落；(2) 记叙文写作时要有明确的写作目的以及读者意识。必要时，要补充读者未知的信息，如在教师的示范中补充了有关狗妈妈孕期时长的背景知识；(3) 记叙过程中要使用一般过去时态和时间连接词。

2. 写中(drafting)阶段。

针对本节课的介入重点，教师在写中(drafting)阶段运用了两个介入的方法：

(1) 明确具体的指示(specific instructions to inspire the students)。

教师在要求学生选取一个记叙的主题时说了以下一段话：“Choose a topic that means something to you. It can be a happy moment; it can be a sad day; it can be your grandma who took care of you in your childhood; it can be a mistake from which you've learned something...”

如此明确、具体而且形象的语言成功地拓宽了学生写作的思路，激发了他们的写作灵感，使学生顺利地确定了记叙的主题(topic)和通过叙事要表达的意义(point)。

(2) 学生样本(student's samples)。

教师要求每位同学根据已确定的记叙主题(topic)和表达意义(point)写一个主题句。写完后，请几位同学在全班分享交流，由教师进行点评，如发现问题则及时纠正。这样，不仅交流的同学得到了及时的反馈，其余聆听的学生也可以从中获得灵感并审视自己的主题句写得是否符合要求。

3. 写后(revising)阶段。

在传统的写作教学中，评价的主体单一化，即教师本人，而且教师对学生作文的评价反馈通常用符号勾画出语法错误，最后以一个分数或字母等级作为定论，缺乏在写作教学活动过程中的评价。这种“学生单独写作，教师单独评阅”的模式，不仅忽略了师生间的双向交流，更忽视了学生的主体地位。长此以往，学生被动地受评，被动地学习，不利于其在写作过程中的全面发展。

因此，在写后(revising)阶段，教师采取了同伴互评(peer editing)的介入方式。首先，教师依据今天写作课介入的重点制订了评价的量表(checklist)：

(1) Did the writer use time words to connect ideas? ( )

(2) Was the past tense covered in the story? ( )

(3) Can you find the topic sentence of the paragraph? ( )

(4) Is there any information you are not familiar with? ( )

(5) Can you find out what the writer tries to tell you? ( )

(6) Is there anything that you think can be added to the paragraph? ( )

其次，教师让学生两两结对，根据评价量表(checklist)进行同伴互评，这让学生有机会站在读者的角度上审视别人的文章，同时，对于理清自己的写作思路也有很大的帮助。最后，学生根据同伴评价的结果进行自我修改。这种利用评价量表(checklist) 互评的方式，不仅突出了学生的主体地位，增进了生生之间的双向交流，而且让学生清楚地认识到自身问题所在并加以修正，是真正的促进学生学习的评价方式。

综上所述，教师不仅要在思想上足够重视写作教学，有计划、有目的地去训练和提高学生的写作能力，更要学习先进的理论和科学的方法，并将其运用到自己的教学实践中去，从而提高高中英语写作教学的效益。

第四节　促进学生学习的写作评价

一、传统写作评价模式的弊端

英语写作是学习者对语言综合技能的运用，也是衡量学生英语学习综合能力的重要指标。英语写作能力的培养与训练不仅能够促进学生更好地掌握英语语言知识，更是培养学生进行英语思维的有效手段。因此成为高中英语教学中的重要内容。

目前高中英语写作教学存在的一个主要问题为：缺乏科学有效的评价机制。

二、如何实施促进学生学习的写作评价？

《促进学习的评估十原则》[①]中指出促进学习的评估应是教与学规划的组成部分；是

① Assessment Reform Group, 1999, U. K. Assessment for learning: beyond the black box[R]. Cambridge, U. K: University of Cambridge School of Education.

课堂教与学的重心。因此，为了提升高中英语写作教学的效益，我们应该改变目前的这种主体单一、只注重结果的评价方式。近年来，评估的趋势有以下的发展：

第一，静态评估变为动态评估：教师由传统关注考试结果变成关心学生的每次学习过程。教师利用每次的评估，了解学生的改变情况，进而采取适当的教学方法。

第二，单一评估变为多元评估：所谓多元评估是指反映在内容、形式、过程、专业、人员、结果以及呈现方式上的多元等。其中，过程的多元化指的是更重视学生学习过程中的形成性评估。人员的多元化指的是评估的主体不再仅仅是老师，还包括学生的互评以及学生的自评。因为教学评价的实施对象是学习者，评价的过程却完全忽略学生的参与，这种评估的心态显然不合常理，评估也不能达到预期的效果。接下来，笔者将结合一个具体的案例来分析如何实施促进学生学习的写作评价。

本案例呈现的是上海某高中高一年级第一学期记叙文的写作教学。通过本案例的分析说明教师如何改进传统的评估方式，在记叙文写作教学的全过程中进行主体多元和形式多样的动态评估，使学生在写作过程中实现自评与互评，提高自我反思的能力，促进对记叙文写作的学习。

教学案例

1. 传统的评价方式。

写作任务：

Narrate a personal experience which you will never forget.

（记叙一次让你难忘的经历）

评价标准：

内容	A. 内容翔实，生动有趣 B. 内容具体，故事完整 C. 故事较完整
语言	A. 用词得当，句式多样 B. 表述清楚，有少量语法错误 C. 表述基本达意，语法错误较多
结构	A. 结构完整，有恰当连接词 B. 结构完整 C. 仅有记叙文的主体部分

评价结果分析：

由于这次记叙文习作的评价是采取只注重结果，忽视过程的传统评价模式，因此即便有一个从内容、语言和结构三方面来制定的评价标准，学生还是只拿到了三个等第，不清楚自身的问题在哪里。通过教师对学生的访谈,78%的学生表示不知道如何对自己的习作进行修改;89%的学生希望老师能提供更多的帮助和建设性的建议和评价。

2. **评价方式的改进**。

写作任务和教学重点:

记叙文的写作包含许多方面。为了提高评价的针对性和有效性,在写前阶段,教师就应该明确写作任务和教学重点。

Narrate a personal experience which you will never forget.

(记叙一次让你难忘的经历)

教学重点
◇ Use time order signals.
◇ Use sensory details.
◇ Share your feelings throughout the story.

写前阶段:

写前阶段第一步:通过阅读范文及相关问题的回答,帮助学生理解本课的教学重点:在记叙文的写作中围绕所确定的主题,使用表示时间顺序的词或词组,有序地组织内容,学习使用感官细节进行生动的描述。

Step 1 Read the passage below and answer the following questions.

The story of how I learnt to swim is dramatic.

One hot summer afternoon, my father took me to a swimming pool. While my father was changing his clothes, I was roaming along the bank of the pool. Just then, I heard a voice, "Look out!" and then came a big noise and beautiful splashes. Being intoxicated with the swimmer's skills, I slipped into the pool. I was so afraid that I cried at once. But the water kept coming towards me and I drank a lot of it. I moved upside down and tried to reach the bank. I struggled very hard to keep my head above the water. A minute was like a hundred years to me. Suddenly, I was surprised to find I was able to keep the swimming style. At that time, my father saw me and he seemed to be shocked. He then shouted, "Calm down, just wave your arms and legs like this. That's right!" And I got it! I finally learnt to swim! You can't imagine how happy I was and I wanted to jump for joy!

From this unforgettable experience, I learnt that one's power is unlimited. Sometimes, you can show that power in an emergency. If you believe that, you will discover the power hiding within yourself and achieve your goals.

Questions:

(1) What topic does the writer focus on?

(2) What time signal words does the writer use?

(3) What sensory details does the writer use?

写前阶段第二步：列出几个学生想写的话题，运用教师给的 checklist 与同伴讨论，通过同伴互评，选择一个既能吸引读者又能驾驭的合适的话题。

Step 2 Choose a topic.

(1) Draw a topic chart. List two or three possible story ideas.

Topic	Time	Place	Things that happened
travelling abroad	this summer	London	sightseeing
my trip to Beijing	National Day	the Great Wall	sightseeing
an incident	last summer	home	nearly losing my brother

(2) Discuss with your partner, using the checklist below.

◇ Which topic would the readers enjoy most?

◇ Do you have enough details to make the story interesting? Is it unforgettable?

◇ Did the experience occur within a relatively short period of time?

(3) Write down the topic you have chosen and the reason why you chose it.

My topic is ________________ because ________________________________.

写中阶段：

在学生写第一稿时，通过 checklist 引导学生写作时关注：按时间顺序记叙故事的发展，使故事流畅、合理和生动，以及感官细节和情感描写，结尾能简要写出此次经历对自己的影响。

Checklist

(1) Is the beginning of your story attractive?

(2) When developing the middle part, do you ________?

◇ give enough details

◇ describe your experience with some sensory words

◇ use time order signals to organize the details

◇ express your feelings

(3) When writing the ending of your story, do you talk about what you've learnt?

写后阶段：

学生根据教师给出的评价标准，修改自己的作文，并对同伴的作文提出修改建议。这种针对教学重点进行的互评，让学生有机会站在读者的角度，审视别人的文章，对于理清自己的思路有很大的帮助。

Checklist
☐ Do I organize the story in time order?
☐ Do I use time order signals properly?
☐ Do I have enough details, including feelings, sensory details, etc.?
☐ Do I express the feelings with the appropriate and specific words?

修改举例：

The improved version

Last summer holiday, I nearly lost my little brother forever. I have been trying to forget this experience, yet I never.

My brother was only five years old at that time. Like many other children of his age, he loved playing football very much. One afternoon, I was looking after him as Mum went out. After playing football with my brother for a while, I decided to leave him alone in the yard and went inside to watch TV. After all, it was comfortable to sit on the sofa. ① Suddenly I heard a loud noise outside. I realized that I had ignored my little brother. I went out, but saw nobody in the yard. ② Where was my brother? My heart beat quickly and heavily. ③ Just then, I saw a crowd of people outside our yard. I rushed there and ④ found my little brother sitting on the ground crying in a panic with the football beside. A car stopped close to him. I could imagine what happened minutes ago. How dangerous it was! ⑤ Instantly, holding my poor brother's hand tightly, I went home with tears in my eyes.

After that, I never leave my brother alone as I learnt to be more careful and responsible.

修改目的说明：

① 表达事件发生的突然性。

② 描述内心活动和情感。

③ 准确使用时间信号词。

④ 增加感官细节。

⑤ 增强情感的表达。

评价结果分析：

这种主体多元化，关注写作学习全过程的动态的评估给予学生很大的帮助。通过课后的访谈，95％的学生表示明确了“做什么”和“怎么做”，知道如何对自己的文章进行修改，提高了自我反思能力。

研究报告显示，要通过评估活动改善学习，有一些制约因素，如教师着重批改作业与评级，而非提供改善的建议。还有一些正面的积极因素，如给予学生有效的反馈；学生需要具有评估自己表现的能力及掌握如何改善的方法。（选自《促进学习的评估—飞越暗箱》）①因此，在高中英语写作教学中，我们应针对不同的评价主体（教师、学生、同伴）开发具有操作性的评价工具，构建主体多元和形式多样的英语写作评价体系，从而有效地促进学生的写作学习。

第五节 写作教学典型案例与解析

一、记叙文写作教学案例

教学案例一

写作任务：

记叙你生命中一个重要的时刻

写作阶段：

写前阶段

写作介入重点：

1. Understand the big picture.
2. Select a topic.
3. Gather and organize the details.

教学步骤：

Ⅰ. Understand the big picture.

Ask the students two questions about the genre of the passage they are going to write.

---

① Assessment Reform Group, 1999, U. K. Assessment for learning: beyond the black box[R]. Cambridge, U. K: University of Cambridge School of Education.

1. What are autobiographical narratives?

Autobiographical narratives are stories about events in your **OWN** life. Whenever you describe something that happened to you, such as a choice you made or a great moment in your life, you are telling an autobiographical narrative.

2. How are they connected to your life?

It is likely that you tell autobiographical narratives almost every day. You might tell classmates what you did over the weekend. You might tell friends about something funny that happened to you in school. You might trade stories with your family about your day.

教学设计说明

通过两个问题，让学生对今天的写作任务有一个大致的了解，如写作主题、写作体裁和体裁特点等。

Ⅱ. Analyze the teacher's model.

1. Share one of the teacher's own experiences with the students and ask them two questions:

(1) What is a narrative paragraph?

It is a little story about your personal experience, focusing on one moment or time in your life.

(2) Can you find the three main parts of a narrative paragraph: topic sentence, body and the closing sentence?

I will never forget the night when my dog—Sasha gave birth to 5 puppies and I was really glad to be there.	**Topic sentence**
It was last October 31st and Sasha had expected for 63 days. (Most dogs are pregnant for between 58 days and 65 days and the vast majority will give birth on the 63rd day.) After dinner, I tried to feed her favorite food as usual, but she didn't eat anything at all. I suddenly realized she hadn't eaten anything since morning and that meant tonight could be the night. I called my friend, who had experience and knew what to do. She came and we started to wait. We waited and waited until midnight. Then came the first one. Sasha was a great mom and she did almost everything except for one thing: the cord. I had always wanted to cut the cord and I thought I could, but when the moment came, I was too scared to do it. "Don't panic. You are doing just fine," my friend said. I took a deep breath, calmed down, and I cut it! More incredibly, I cut it another four times! Four times! The next day I felt exhausted but extremely happy as I was fortunate to do my part in welcoming new lives to the world.	**Body**
It was several months ago, but it's like it happened yesterday.	**Closing sentence**

2. Help the students to analyze the four key elements of a narrative paragraph by asking the following questions:

(1) What is this paragraph mainly about?

(2) What do I try to tell you by writing it?

(3) Is there any information you were not familiar with before reading it?

(4) What do you think is my purpose of writing the paragraph?

The students can fill in the table by answering these questions:

Topic	My dog Sasha gave birth to five puppies one night
Point	I was really glad to be there
Audience	My students may not be dog owners, so I added extra information about dogs' pregnancy
Purpose	To share a memorable moment with my students

教学设计说明

通过分析教师提供的范文,让学生明确记叙文段落的框架结构以及写作目的、读者、叙事意义等要素,为下一步学生自行写作做好铺垫。

Ⅲ. Your job as a writer.

1. Select your topic.

Step 1 Ask the students to list some important moments in their life and select one according to the checklist.

A student's sample:

Topics List

Got the first prize in the speech contest
Fed a sea lion in the aquarium
Scored the winning shot in basketball
Climbed a high mountain
Watched the warehouse burn

Checklist

(1) Do you think it a unique experience in your life that you really want to share? ( )

(2) Does this experience mean a lot to you, for example, it teaches you something and helps you grow? ( )

(3) Is this experience still fresh in your mind? ( )

The topic selected: I watched a warehouse burn one night.

Step 2 Ask the students to choose one experience from the list to write about and clarify the point, audience and purpose.

A student's sample:

Topic	Watching the warehouse burn
Point	I want to be a firefighter someday
Audience	My classmates and teacher
Purpose	To share an important moment with them

教学设计说明

通过头脑风暴和核查表，帮助学生选定写作话题，即一个对自己意义重大的时刻。同时利用表格明确自己的写作目的、叙事意义和读者。

2. Gather and organize details.

Step 1 Ask the students to write freely about your chosen topic, noting down all the details they can remember about the experience.

Step 2 Ask themselves **5W** and **1H** questions to organize the details they've noted down.

A student's sample:

Free writing

> My brother was shouting. I heard sirens. Fire trucks flew past. I ran down to the corner. Smoke was coming out of the warehouse's windows. One firefighter asked me to help her. I did. I kept watching her. I'd like to be a firefighter.

5W and **1H**

Who—my brother, the firefighter and me

What—a warehouse caught on fire

When—last summer

Where—in my neighborhood

Why did I get interested? —a firefighter asked for help

How did I change? —now want to be a firefighter

教学设计说明

通过学生自由写作，罗列出与写作主题相关的细节并利用 **5W** and **1H** 的方法把相关细节进行归类整理。

Ⅳ. Homework.

Finish the autobiographical narrative paragraph.

二、议论文写作教学案例

教学案例二

写作任务：

自行车曾是中国最常用的交通工具(means of transportation)，所以中国又被称为自行车王国。骑自行车有许多好处，也有许多缺点。请你谈谈我们是否应该提倡骑自行车。(120－150 words)

写作阶段：

写前写中阶段

写作介入重点：

1. Have a clear picture of the basic structure of a persuasive essay.
2. Know various ways of introducing and concluding the essay.
3. Understand the basic criteria for a good supporting part.

教学步骤：

Ⅰ. Have a big picture.

1. Lead in the topic by showing an advertisement to the students.

Are you tired of the hustle and bustle of the city? Then come to Mogan Mount, close to nature!

It will surely impress you with charming scenery, numerous attractions and rich cultural heritage!

2. Ask the students two questions.

(1) What's the purpose of the advertisement?

The purpose of the advertisement is to persuade people to go to Mogan Mount.

(2) What do you think is the purpose of the persuasive writing?

The purpose of the persuasive writing is to persuade the readers to accept your opinion.

3. Introduce the basic structure of a persuasive essay by comparing it to a hamburger.

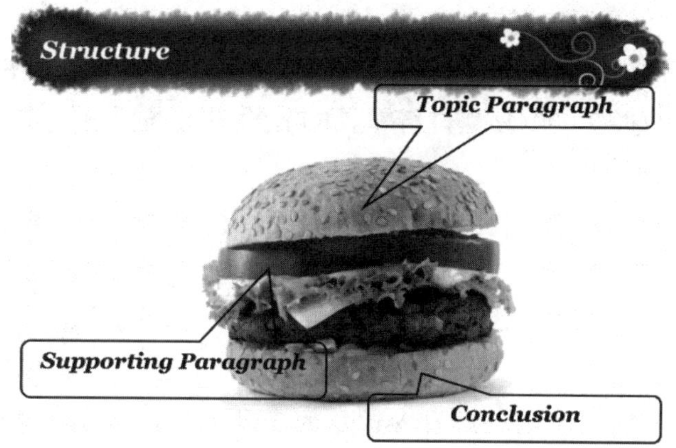

教学设计说明

通过向学生介绍一则广告，引入写作主题，让学生明确议论文的写作目的；通过打比方的方式，让学生理解议论文的总体框架。

Ⅱ. Write the topic paragraph.

1. Show the students various ways of introducing the topic and how to state the opinion clearly.

Introduction

Every 60 seconds, 3 people are killed by handguns. Handgun shootings have taken the lives of millions of Americans. More people die by handgun shootings than from cancer. <u>Thus, there must be stricter handgun law enforcement.</u>

Is your husband addicted to chatting online? Are your kids playing computer games day and night? Do you know where your kids and spouse are? If they are in front of the computer, you might have a reason to worry. <u>As for me, there are several reasons why the computer is not "man's best friend".</u>

New York City has an international reputation for being "the city that never sleeps". In other words, criminals work 24 hours a day in the "Big Apple". However, if recent statistics are correct, this reputation is undeserved. <u>In my opinion, New York City might be one of the safest cities in the world.</u>

2. Ask the students to write a topic part based on the given topic.

自行车曾是中国最常用的交通工具(means of transportation)，所以中国又被称为自行车王国。骑自行车有许多好处，也有许多缺点。请你谈谈我们是否应该提倡骑自行车。(120—150 words)

Reference information：

- 中国素有"自行车王国"的称号。
- 数据显示，目前中国自行车用户约 4.5 亿，全国自行车拥有量在 6 亿辆左右。
- 中国人每年购买 3 000 万辆自行车。60%的国人选择自行车为出行的主要交通工具。
- 近年来，随着汽车工业和文化在中国的兴起，越来越多的人购买汽车作为代步工具。很多人认为自行车是一种过时的交通工具，应该被时代所淘汰。

教学设计说明

通过提供范例，让学生理解引入话题的三种方法：运用数据和事实、提问法和曲折引入法，并要求学生仿照范例撰写引言段。

Ⅲ. Write the supporting paragraph.

1. Show the students the three basic criteria for a good supporting part.

The three basic criteria：

(1) Relevant

(2) Coherent

(3) Logical

2. Ask the students to do peer editing according to the three criteria.

Peer editing

Opinion：We should encourage riding bicycles for its various benefits to our life.

Supporting paragraph：If you ride bicycles， you won't have to sit in those endless traffic queues during rush hours or desperately look for a parking place in the shopping mall on weekends. As we all know， cars cause serious air and sound pollutions to the environment. Unlike cars， bicycles burn no fuel and release no harmful gases into the air. Cycling is good for the heart and can help reduce the incidence of heart attack. It is also a great way to lose weight and keep in shape. Actually， cycling is a popular sport. There are a lot of international cycling races in the world and the world's most famous cyclist is Lance from America. However， riding bicycles also has some disadvantages. Bikes are not suitable for long-distance trips， and they are easily stolen.

教学设计说明

学生在教师的引导下归纳出评价一个好的主体段的三个标准，并依据此标准对学生所写的段落进行同伴评价，找出逻辑、相关性和连贯性方面的问题。

Ⅳ. Write the concluding paragraph.

1. Show the students various ways of concluding the essay.

In short, computers can have negative impacts that undoubtedly affect our lives.

As mentioned above, apart from the benefits it brings, computer use is interfering with our health, work and relationships.

Over-dependence on computers is eating away our life. So remember not to spend countless hours near it. Let's turn off the computer and get rid of its control.

Practice

2. Ask the students to write the concluding paragraph.

教学设计说明

通过提供范例,让学生理解结尾段总结全文的三种方法:重申观点、总结要点和提出呼吁。并要求学生仿照范例撰写结尾段。

Ⅴ. Homework.

1. Write your own supporting part.

2. Organize your writing into one complete essay.

三、说明文写作教学案例

教学案例三

写作任务:

Write an expository essay to compare two types of air pollution: smoking and driving cars.

写作阶段:

写前写中阶段

写作介入重点:

1. Compare and contrast in a logical way.

2. Use comparative words, phrases or conjunctions.

教学步骤:

Ⅰ. Have a big picture.

1. Read the sample and answer the following questions.

Although modern dance and ballet have something in common, they are really quite different dance forms. The ballet dancer and the modern dancer both wish to entertain an audience. Also, modern dance and ballet are alike because in both arts the dancers move in steps planned by a dance designer. On the other hand, the dance forms differ greatly in important ways. Ballet requires a courtly bearing, while modern dance makes use of more natural body positions. In ballet, it stresses following a tradition. Modern dance, however, lays stress on the originality of the individual.

Questions:

(1) Which part talks about the similarities of modern dance and ballet?

(2) Which part talks about the differences between modern dance and ballet?

(3) What's the difference between comparison and contrast?

(4) Can you underline the words or phrases for comparison and contrast?

Answers for reference:

(1) "The ballet dancer and the modern dancer both wish to entertain an audience. Also, modern dance and ballet are alike because in both arts the dancers move in steps planned by a dance designer."

(2) "Ballet requires a courtly bearing, while modern dance makes use of more natural body positions. In ballet, it stresses following a tradition. Modern dance, however, lays stress on the originality of the individual."

(3) Comparison shows how two or more items are alike; contrast shows how they differ.

(4) For comparison: both, also, alike; for contrast: on the other hand, while, however

教学设计说明

通过分析范文,让学生理解什么是比较与对比以及两者的区别;同时,关注范文中用以表示比较与对比的关键词。

Ⅱ. Analyze the sample.

1. Read the sample again and underline the topic sentence and points.

Although modern dance and ballet have something in common, they are really quite different dance forms. The ballet dancer and the modern dancer both wish to entertain an audience. Also, modern dance and ballet are alike because in both arts the dancers move in steps planned by a dance designer. On the other hand, the dance forms differ greatly in important ways. Ballet requires a courtly bearing, while modern dance makes use of more natural body positions. In ballet, it stresses following a tradition. Modern dance, however, lays stress on the originality of the individual.

2. Complete the outline of the sample essay.

Outline

Beginning paragraph	Topic sentence: Although modern dance and ballet have something in common, they are really quite different dance forms.
Point 1	The ballet dancer and the modern dancer both wish to entertain an audience.
Point 2	Modern dance and ballet are alike because in both arts the dancers move in steps planned by a dance designer.
Transitional sentence	On the other hand, the dance forms differ greatly in important ways.
Point 3	Ballet requires a courtly bearing, while modern dance makes use of more natural body positions.
Point 4	In ballet, it stresses following a tradition. Modern dance, however, lays stress on the originality of the individual.

教学设计说明

通过分析范文，让学生梳理文章框架并完成提纲，为下一步写作打好基础。

Ⅲ. Your job as a writer.

Write a paragraph to contrast two types of air pollution—smoking vs. driving cars.

1. Collect ideas and information through a discussion.

Discussion: Although smoking and driving cars both pollute the air, what are the differences between them?

Two types of air pollution

Smoking	Driving cars

Example:

Two types of air pollution

Smoking	Driving cars
1. Public advertising of smoking is banned.	1. Public advertising of cars is allowed.
2. Smoking in public places is discouraged.	2. Driving cars is an important part of modern life.
3. Smokers suffer from diseases such as bronchitis (支气管炎) or even lung cancer.	3. Drivers seldom fall ill from diseases resulting directly from driving.
4. Smokers blow poisonous gases into the air.	4. Drivers are not accused of being the wrong doers.

教学设计说明

通过头脑风暴和展开讨论,帮助学生明确围绕写作主题的要点,并借助表格帮助学生理清思路、梳理要点。

2. Write the outline and complete your first draft.

Outline

Beginning paragraph	Topic sentence: Smoking and driving cars are two types of air pollution, but they vary in many aspects.
Point 1	Public advertising of smoking is banned, while public advertising of cars is allowed.
Point 2	Unlike smoking, driving cars brings us a lot of convenience.
Point 3	In contrast to smokers who are always accused of polluting the air, drivers are seldom considered wrong-doers.
Ending paragraph	It's important for people to pay more attention to air pollution and take actions to make our life better.

3. Self-check and peer check.

Revise your first draft according to the checklist.

(　　)Does my topic sentence convey sufficient and necessary information concerning the designed contrast?

(　　)Does my draft state out the differences in sequence?

(　　)Do I use sufficient and balanced information on each of the contrasting point?

(　　)Does my draft include redundant information?

(　　)Do I use necessary and appropriate conjunctions or comparative terms?

The final version

Two Types of Air Pollution

Although modernization brings along convenience to our daily life, meanwhile it also causes some negative effects, one of which is air pollution. Smoking and driving cars are two types of air pollution, but they vary in many aspects.

Public advertising of smoking is banned, while public advertising of cars is allowed. That's why you can see car ads everywhere but cigarette ads nowhere. In addition, unlike smoking, driving cars brings us a lot of convenience. For instance, without cars, it will be difficult for people to travel so it is considered an important part of modern life. However, smoking in public places is discouraged and you can find "NO SMOKING" signs almost everywhere. Finally, in contrast to smokers who are always accused of polluting the air, drivers are seldom considered wrong-doers. The poisonous gases released by smokers make people around rather uncomfortable. As a result, smokers are often held responsible for this. By contrast, people tend to think the car companies are to blame for the air pollution since the poisonous gases are not made directly by drivers but by cars.

Anyway, both smoking and driving cars can pollute the air, and the consequences of pollution shouldn't be ignored. It's important for people to pay more attention to air pollution and take actions to make our life better.

教学设计说明

通过列提纲的方式，帮助学生搭建写作的框架；完成初稿后，通过自评和学生互评，修改初稿。

第五章

『复兴』英语特色校本课程『博雅课堂』的创建

第一节 创建以核心素养为导向的英语“博雅课堂”

一、什么是英语“博雅课堂”

英语作为一门人文学科，兼具工具性和人文性双重特点。教学的最终目标不仅仅是让学生掌握语言知识和技能。中国教育学会外语专业委员会理事长龚亚夫就曾指出：英语教学以往以语言运用能力为核心目标，其实这远远不够。英语教育是要改变学生的心智和生活，从培养“全人”的方面来考虑。教育部新颁布的英语学科核心素养就包括语言能力、文化意识、思维品质和学习能力四个方面。英语教学，作为中学基础教育的一个重要组成部分，义不容辞地担负着培育学生核心素养的重任。那么，我们的英语教学该如何关注工具性与人文性的统一，在发展学生综合语言运用能力的同时，培育学生的核心素养呢？

笔者的尝试是打造以核心素养为导向的英语博雅课堂。“博雅课堂”的灵感来源于博雅教育。它被认为是一种基于社会中的人的通才素质教育，更加注重学生人格的养成和人文素质的培养。根据博雅教育的精神，笔者带领上海市复兴高级中学英语组的团队开始了创设“有效、博学、典雅”的英语课堂的研究与实践。“博”即广度，是知识的广博；“雅”即深度，是知识的钻研。“博”“雅”结合，旨在促进学生在学习英语过程中心智、情感态度和文化意识的发展，提升文化品位，发展审美情趣，整体提高核心素养。

二、如何创建英语“博雅课堂”

课程一直都是教育变革的核心，是培养学生的主要载体。对于今天的高中，滋养学生发展的、改变学校形态的、提升教师专业水平的都是课程。目前“复兴”（指上海市复兴高级中学）的课程体系包括三块：必修课、选修Ⅰ和选修Ⅱ。英语“博雅”校本课程主要针对的是选修Ⅰ和选修Ⅱ。选修Ⅰ的课程是对必修课的拓展和延伸，与必修课构成了互为促进的有机的整体。例如，在“博雅”听说和泛读课程中，我们围绕着必修课的主题，选取一些原汁原味的优秀语篇和视听资料。选材时不仅注重话题的时代性、体裁的多样性以及知识与技能的循序渐进，而且把学生核心素养的培育纳入校本教材编撰的体系中。以“博雅”泛读课程的一个单元为例，围绕着必修课单元主题“科学技术”选修Ⅰ这个单元设定的纲要为：

主题	语篇	阅读技能	写作技能	核心素养
科学技术	可穿戴的技术杂志文章	利用副标题预测文章内容	说明文写作	创新思维表达能力

在实施“科学技术”单元的过程中，教师在学生充分理解语篇内容的基础上，让其展开合理的想象，自行设计一种可为人们生活带来便捷的可穿戴技术。学生在设计中需要用英语说明此技术的原理、功能和在现实中运用的价值并配以插图。这项任务充分激发了学生的创作热情，他们展开了想象的翅膀，呈现的作品精彩纷呈：如可以充当公交卡和校园卡的戒指，利用太阳能发热的外套和可以监控身体生理指标的手表，等等。同时，在用英语描述和说明技术的过程中，学生也提升了语言素养中的表达能力。

除了选修Ⅰ的课程，我们根据学生的心理特点和成长规律开设了选修Ⅱ的课程，为不同发展倾向的学生提供不同的发展机会，并在实施过程中提升学生的核心素养。如为高二学生开设的选修课程《探索英语语言与文化Ⅱ》，设计了十个章节的课程大纲：前六章是文化概览，引领学生探索英国的历史、地理、希腊神话、圣经故事和莎翁名著对英语演变发展的影响；后四章在此基础上引导学生如何学习英语的习语、谚语、俚语和目前流行的网络语言。

Exploring English Idioms：Language and Culture

探索英语习语：语言与文化

课程简介	本课程通过补充相关阅读、视听材料，揭秘英语习语背后的文化典故，以拓宽学生的知识面，扩大学生的词汇量，培养学生的文化意识和跨文化交际能力。课程中提供大量话题讨论和演讲展示环节，使学生通过课堂和课后活动，了解西方文化，掌握常用习语，感受英语之魅力，并将英美文化的学习融入听、说、读、写的技能训练中，以提高学生英语理解、表达和解决问题的能力，加强团队合作，兼具实用性与知识性。	
课程目标	1. 提升学生对英语学科的兴趣，扩大词汇量，拓宽知识面，培养学生的文化意识和跨文化交际能力； 2. 设置具有挑战性的课堂和课后活动，提高学生英语理解、表达和解决问题的能力； 3. 加强学生展示环节，突出学生自主互助学习，培养团队合作能力。	
No.	**Chapter 章节**	**Period 课时**
1	Introduction：the relationship between language and culture	1 lesson
2	Culture Glimpse 1：history of the English language	1 lesson
3	Culture Glimpse 2：geography of England	1 lesson
4	Culture Glimpse 3：Greek and Roman Mythology	2 lessons
5	Culture Glimpse 4：Biblical stories	2 lessons
6	Culture Glimpse 5：Shakespeare and his works	2 lessons
7	Language and Culture Study：idiom	2 lessons
8	Language and Culture Study：slang	1 lesson
9	Language and Culture Study：proverb	2 lessons
10	Language and Culture Study：chatspeak	1 lesson

总之，我校在高中英语教学中创设“有效、博学、典雅”的“博雅”课堂，形成具有特色的英语校本课程，培养学生的个性化思维、批判性思维和想象力等核心素养，使学生在掌握

其基本英语知识的同时，能够进行思维的发散和联想，从不同的层面和角度来审视英语文化，品评英语文学作品。这样不仅能激发学生学习英语的动机和兴趣，而且能使学生在学习英语的过程中促进心智、情感态度、文化意识的发展，形成正确的人生观、世界观和价值观，整体提高人文素养。

第二节 复兴“博雅”拓展课程

一、“博雅”听说课程

如今的高考改革对学生的听力和口语表达提出了更高的要求。为了应对高考新政，高一和高二年级将围绕着基础课程的主题开设听说课。听说课除了选取恰当的听力教材进行听力训练外，配合着基础课学习的内容还辅以精彩生动的视听影音资料，在提高学生听力的同时，激发他们的学习热情，拓宽他们的知识面，提升他们的品位。听力是一种语言输入的手段。在大量视听输入的基础上，要求学生进行语言输出，即口语的训练。通过设计各种有趣的会话任务逐步提高学生的英语口头表达能力。

课程大纲

Subject 主题	Listening Skills 听力技巧	Listening Task 听力任务	Speaking Task 口语任务
Sports	Finding the main ideas	Lectures on common and uncommon sports	Talks about favorite sports
Education	Drawing conclusions	Lectures on the pros and cons of large classes	Class reports on studying English at home and abroad
Fashion	Identifying the topic of a speech	Speeches about clothing, trend and fashion	Debate on the pros and cons of school uniform
Plants	Finding and categorizing details	Lectures on uncommon plants	Description of a common plant
Animals	Finding word meanings	Lectures on uncommon animals	Introductions of endangered animals
Literature	Identifying the speaker's methods	Class reports on reading books	Presentations on favorite novels
Environment	Understanding indirect information	Lectures and dialogues on environmental research	Speeches on how to protect the environment

（续表）

Subject 主题	Listening Skills 听力技巧	Listening Task 听力任务	Speaking Task 口语任务
Space Exploration	Predicting details	Interviews about asteroids and comets	Making up interviews on moon exploration
Transport	Distinguishing facts from opinions	Class reports on public transportation	Solutions to traffic jams in Shanghai
Cuisine	Noticing and understanding clarifications	Dialogues about different ways to cook	Presentations on how to make one's favorite dish
Travel	Ignoring distractions	Announcements about guided museum tours	Making a visitor's guide to the Shanghai Museum
Health	Listening critically	Class reports on preventing stress	Making suggestions on how to keep fit

典型案例一

Unit 5　Animals

基础课内容分析：

本单元的主题是“有益动物”，阅读内容是一篇对话，记述了主人公 Betty 和 Winston 对蜘蛛的不同看法。文章描述了 Betty 最初对于蜘蛛的厌恶以及在 Winston 的解释后对蜘蛛的看法有所改变的过程。通过这篇介绍蜘蛛以及其他动物听力材料，让学生了解关于这些看似令人恐惧的动物对于人类的不同作用。

学情分析：

动物是学生比较熟悉且感兴趣的话题。学生在学习完基础课内容后对蜘蛛及其相关词汇有一定的了解，在此基础上可以补充更多关于动物的词汇和听力材料。

单元教学内容：

本单元课文对蜘蛛的描述使用了 nasty，dangerous，useful 等带有说话人主观色彩的词汇，表现了我们对于不了解的事物往往带着不理解或偏见。教学内容设计的重点为对于对方观点的纠正语句的听力辨识及口语产出。

单元教学目标：

1. **语言知识目标。**

（1）了解蜘蛛及其他动物的基本情况，以及人们对于其看法的表达。

（2）掌握并运用“纠正”相关的词汇和句型。

2. **语言技能目标。**

（1）听力技能：辨识表纠正语块。

（2）口语技能：能运用本模块所学的词汇和句型对某观点进行纠正，并注意在不同场合下根据不同身份使用不同语言。

3．核心素养目标。

（1）通过本单元的学习产生对于如何纠正他人偏见的思考。

（2）积极参与小组活动，愿意与他人合作、交流并分享自己的观点。

单元教学素材和过程：

1．Lead-in.

Ask the students to read the cards and tell whether the following information is right or not.

________ Spiders are insects.

________ Spider webs are useless.

________ Spider poison is useful.

________ Spiders are harmful to farmers.

2．While-task.

（1）Ask the students to watch the first part of a video about spiders and tell whether the statements are correct or not.

________ There are only about 100 species.

________ Spiders cannot survive in water even if there is food.

________ Spiders cannot survive in Antarctica.

________ Spiders are different from insects only because of the number of legs.

________ Spiders only use silk to catch food.

（2）Ask the students to watch the second part of the video and fill in the blanks.

All spiders kill their prey by dispatching ________ poison through their fangs. ________ very few spider bites are ________ dangerous to humans. Perhaps one reason we fear spiders has something to do with their looks. Thanks to its hairy legs and big body, this tarantula has a bad reputation, but to most people its bite is ________ harmful ________ a bee sting. Spiders are amazing predators that have survived 300 million years. They play ________ in ecosystems. Without them, insect population would ________, killing crops and spreading disease. They also make a fine meal for other creatures. So the next time you want to get rid of a spider, think again. They might make our skin crawl, but they are more useful ________.

（3）Ask the students to find out what mistaken opinions people may hold against spiders that are mentioned in the video.

____

(4) Ask the students to find out the words used to correct the mistaken opinions in the video, and fill them in the word bank.

____

(5) Ask the students to correct the errors about spiders in a dialog by using the phrases in the handout, and practice in conversations.

The mistakes are given as follows:

- There are only about 100 species.
- Spiders cannot survive in deserts.
- Spiders are different from insects only because of the number of legs.
- Spiders only use silk to catch food.
- Spider bites are harmful.
- Spiders are insects.

The patterns are as follows:

A: Some people think spiders are insects.

B: ____.

A: It is also believed to be harmful by some guys.

B: ____.

(6) Ask the students to fill in the blanks of the following conversation, and act it out.

W: We talked about the spiders in the office, Mr. Stevens. It seems we need to get rid of them ASAP.

M: Don't be in such a hurry, Mrs. Jones. Didn't we just watch a video about spiders just two days ago?

W: Yes, we did. They are not dangerous, but I just have this fear for spiders.

M: Right, but that doesn't mean we have to kill them.

W: I know. And how are we going to do with the cockroaches in the lounge? It's where people relax and have coffee, and cockroaches make it disgusting.

M: Oh, ________ another video tells us cockroaches may not be that disgusting.

W: Oh no. I'm sorry, but I should ________ that those videos are not always right, and cockroaches are indeed harmful.

M: ________, Mrs. Jones. Cockroaches can also be helpful.

W: If ________, that is really ________. Cockroaches carry diseases.

M: Yeah, in very nasty places. ________, scientists found out that at home they help you get rid of waste food and little garbage.

W: So isn't there anything bad about them?

M: I didn't say that. But we know even the freaky little animals exist in this world for a reason.

(7) Ask the students to listen to the conversation and pay attention to the difference between the words you use and the words actually used.

3. Post-task.

(1) Give the students two different passages introducing a topic, and ask them to work inpairs to work out the information gap through questions and answers.

(A)

Sandy is a ________________ who has just bought a pet ________________ and thinks he is ________________. Mr. Stevens is Sandy's boss who hates lizards and thinks he is ugly and disgusting. Sandy hopes her lizard will be liked by everybody because ________________, but Mr. Stevens is going to hate the idea because in his mind lizards can bite and be poisonous. Sandy thinks the point ________________ is wrong and lizards are ________________ than most pets. Mr. Stevens suggests that if there should be a pet in the office, they should have a pet rat instead of a lizard, and a rat is much cuter and eats less, but Sandy hates rats and thinks ________________.

(B)

Sandy is a young office worker who has just bought a pet lizard and think he is cute and terrific. Mr. Stevens is ________________ who hates ________________ and thinks he is ________________. Sandy hopes her lizard will be liked by everybody because she is going to bring it to the office, but Mr. Stevens is going to hate the idea because ________________. Sandy thinks the point that lizards are poisonous is wrong and lizards are much cleaner and quieter than most pets. Mr. Stevens suggests that if there should be a pet in the office, they should have a pet ________________ instead of a lizard, and a rat is ________________, but Sandy hates rats and thinks they are dirty and harmful.

(2) Ask the students to make up a dialog of Mr. Stevens and Sandy discussing the problem in the passage and trying to find a solution.

4. Assignment.

Make up a conversation with your desk mate talking about snakes. Possible roles include:

Child and parent

Student and biology teacher

Customer and pet shop owner

Students' Handout

- **Are spiders dangerous?**

All spiders kill their prey by dispatching powerful poison through their fangs. ________ very few spider bites are ________ dangerous to humans. Perhaps one reason we fear spiders has something to do with their looks. Thanks to its hairy legs and big body, this tarantula has a bad reputation, but to most people its bite is ________ harmful ________ a bee sting. Spiders are amazing predators that have survived 300 million years. They play ________ in ecosystems. Without them, insect population would ________, killing crops and spreading disease. They also make a fine meal for other creatures. So the next time you want to get rid of a spider, think again. They might make our skin crawl, but they are more useful ________.

- **What are the words used to correct others?**
- **Make up a conversation to correct errors.**

A: Some people think spiders are insects.

B: ____.

A: It is also believed to be harmful by some guys.

B: ____.

- **Mr. Stevens and Mrs. Jones**

W: We talked about the spiders in the office, Mr. Stevens. It seems we need to get rid of them ASAP.

M: Don't be in such a hurry, Mrs. Jones. Didn't we just watch a video about spiders two days ago?

W: Yes, we did. They are not dangerous, but I just have this fear for spiders.

M: Right, but that doesn't mean we have to kill them.

W: I know. And how are we going to do with the cockroaches in the lounge? It's where people relax and have coffee, and cockroaches make it disgusting.

M: Oh, ________ another video tells us cockroaches may not be that disgusting.

W: Oh no. I'm sorry, but I should ________ that those videos are not always right, and cockroaches are indeed harmful.

M: ________, Mrs. Jones. Cockroaches can also be helpful.

W: If ________, that is really ________. Cockroaches carry diseases.

M: Yeah, in very nasty places. ________, scientists found out that at home they help you get rid of waste food and little garbage.

W: So isn't there anything bad about them?

M：I didn't say that. But we know even the freaky little animals exist in this world for a reason.

- **Correction words used by different people**

Mr. Stevens	Mrs. Jones

- **Sandy and Mr. Stevens' problem**

(A)

Sandy is a ________________ who has just bought a pet ________________ and thinks they are ________________. Mr. Stevens is Sandy's boss who hates lizards and thinks they are ugly and disgusting. Sandy hopes his lizard can be liked by everybody because ________________, but Mr. Stevens is going to hate the idea because in Sam's mind lizards can bite and be poisonous. Sandy thinks the point ________________ is wrong and lizards are ________________ than most pets. Mr. Stevens suggests if there should be a pet in the office they should have a pet rat instead of a lizard, and a rat is much cuter and eats less, but Sandy hates rats and thinks ________________.

(B)

Sandy is a young office worker who has just bought a pet lizard and thinks they are cute and terrific. Mr. Stevens is ________________ who hates ________________ and thinks they are ________________. Sandy hopes his lizard can be liked by everybody because he is going to bring it to the office, but Mr. Stevens is going to hate the idea because ________________. Sandy thinks the point that lizards are poisonous is wrong and lizards are much cleaner and quieter than most pets. Mr. Stevens suggests if there should be a pet in the office they should have a pet ________________ instead of a lizard, and a rat is ________________, but Sandy hates rats and thinks they are dirty and harmful.

Make up a dialog of Mr. Stevens and Sandy discussing the problem, and find a solution.

Here is a beginning you can use:

Sandy: Hi sir. Can I talk to you about something?

Mr. Stevens: Yes Sandy. What is it?

Sandy: I am thinking...

附：答案及听力材料

1. FFTF

2. (1) FFTFF

(2) All spiders kill their prey by dispatching powerful poison through their fangs. But very few spider bites are actually dangerous to humans. Perhaps one reason we fear spiders has something to do with their looks. Thanks to its hairy legs and big body this tarantula has a bad reputation, but to most people its bite is no more harmful than a bee sting. Spiders are amazing predators that have survived 300 million years. They play an important role in ecosystems. Without them, insect population would spread out of control, killing crops and spreading disease. They also make a fine meal for other creatures. So the next time you want to get rid of a spider, think again. They might make our skin crawl, but they are more useful than we realize.

(3) People think spider bites are dangerous to humans.

People think spider bites are very harmful.

People think spiders are not useful.

(4) But... actually; no more... than...; more useful than we realize

(5) **For instance**:

A: Some people think spiders are insects.

B: But actually they are not insects since they have eight legs.

A: It is also believed to be harmful by some guys.

B: It is no more harmful than a bee sting.

(6) **M**: Oh, but actually another video tells us cockroaches may not be that disgusting.

W: Oh no. I'm sorry, but I should point out that those videos are not always right, and cockroaches are indeed harmful.

M: You are all wet, Mrs. Jones. Cockroaches can also be helpful.

W: If I may, that is really not the case. Cockroaches carry diseases.

M: Yeah, in very nasty places. But in fact, scientists found out that at home they help you get rid of waste food and little garbage.

W: So isn't there anything bad about them?

M: I didn't say that. But we know even the freaky little animals exist in this world for a reason.

3. Sandy is a young office worker who has just bought two lizards and thinks they are cute and terrific. Mr. Stevens is Sandy's boss who hates lizards and thinks they are ugly and disgusting. Sandy hopes that his lizards can be liked by everybody because he is

going to bring them to the office, but Mr. Stevens is going to hate the idea because in Sam's mind lizards can bite and be poisonous. Sandy thinks the point that lizards are poisonous is wrong, and lizards are much cleaner and quieter than most pets. Mr. Stevens suggests that if there should be a pet in the office, they should have a pet rat instead of a lizard, and a rat is much cuter and eats less, but Sandy hates rats and thinks they are dirty and harmful.

二、"博雅"泛读课程

阅读是英语教学中最重要的内容。学生需要阅读大量的语言材料,增加接触,才能学好英语。仅仅靠教材上的精读语篇是远远不够的。因此,我们可以结合基础课的主题,选取一些优秀的文章作为泛读材料。选材时注重题材的时代性、内容的真实性与趣味性以及语言的欣赏价值与美学功能。泛读课的语言输出就是写作,以读促写。读写的能力十分重要。几十年前"哑巴英语"的现象造成了"恐慌",使得读写遭到轻视。社会培训机构的推波助澜让年轻学子把说一口流利的英语当成一大目标。这样的做法剥夺了学习者通过大量读写积累语言素材的机会,使其只能流利说几句话,超过了就卡壳了,这事实上是一种新型的"哑巴英语"。虽然写作能力很重要,但学生对写作的兴趣不大,归根结底学生不是真正地有感而发,做不到"我手写我口"。以读促写就可以通过让学生阅读一些有意义的、优秀的语篇触动其思维,引发其思考,然后鼓励他们抒发自己的真情实感,表达真实的观点。

"博雅"泛读课程大纲如下:

主题	语篇	阅读技能	写作技能	核心素养
Sports	Reading A: Stars from the South Reading B: Sports in America	略读、找读、推测能力	能运用本模块所学的词汇和句型进行说明文写作	批判性思维(analyze, interpret and compare) 合作学习(积极参与小组活动,愿意与他人分享自己的观点)
Colors	Reading A: Emotional Reactions to Color Reading B: The Color Story	略读、推测和归纳能力	能运用本模块所学的词汇和句型进行记叙文写作	批判性思维(analyze and imagine) 跨文化交际能力
Technology	Reading A: A New Technology Reading B: Program Fools Humans	略读、找读和预测能力	能运用本模块所学的词汇和句型进行说明文写作	批判性思维(predict and imagine) 合作学习(积极参与小组活动,愿意与他人分享自己的观点)

(续表)

主题	语篇	阅读技能	写作技能	核心素养
Beauty	Reading A: 7 Pains of Being Pretty Reading B: Cosmetic Surgery—Vanity or Healthy Choice?	根据语境推测词义,推测作者的态度和归纳段落的能力	能运用本模块所学的词汇和句型以书信形式进行议论文写作	批判性思维(analyze and compare) 包容各种文化对“美”的不同观念
Space Exploration	Reading A: NASA's MAVEN Arrives on Mars Reading B: In Star's “Habitable Zone”, an Earth-like Planet	略读、找读、推测和归纳能力	能运用本模块所学的词汇和句型进行说明文写作	批判性思维(speculate and compare) 创新思维
Education	Reading A: Another Look at MOOCs Reading B: Homeschooling—A Better Way to Learn?	区别主旨和细节、归纳能力	能运用本模块所学的词汇和句型进行议论文写作	批判性思维(analyze, draw conclusions) 自主学习
Man & Nature	Reading A: Why Did I Quit Hunting? Reading B: China's anti-smog drive	识别出比喻和因果关系	能运用本模块所学的词汇和句型进行记叙文写作	批判性思维(imagine, speculate, evaluate) 自主学习
Big Business	Reading A: Coffee Around the World Reading B: Henry Ford: the Eight-cylinder(汽缸) Engine	略读、找读、推测和归纳能力	用英语有序表达成功企业的内在共同属性	批判性思维(analyze, compare, evaluate) 合作学习(积极参与小组活动,愿意与他人分享自己的观点)
Travelling	Reading A: Into the Heart of a Family in Casablanca Reading B: Exploring Haleakala	快速准确获得有效信息的能力和读图能力	运用本模块所学习的方法清晰地表述事情的先后发展过程	批判性思维(analyze, chronological identifying) 跨文化交际能力
Culture	Reading A: Wedding Customs Reading B: Avoiding Cultural Taboos	略读、找读、推理和分析能力	能用本模块所学词汇和句型进行议论文写作	批判性思维(analyze, interpret) 多元思维 对各国文化的包容度
Holiday	Reading A: Paul's Songkran Festival Journal Reading B: That Unique Japanese Holiday Called... Christmas!	略读、找读、预测和分析能力	能用本模块所学词汇和句型进行日记和说明文写作	批判性思维(imagine, interpret) 多元思维 自主学习
Fashion	Reading A: LOHAS Reading B: The Unveiled Apple	略读、找读、推测和归纳能力	能运用本模块所学的词汇和句型来进行议论文写作	多元思维 创新思维 合作学习(积极参与小组活动,愿意与他人分享自己的观点)

典型案例一

Unit 1 Sports

单元教学内容：

本单元泛读教学是两篇介绍美国和澳大利亚两个国家体育方面的文章。这两个国家虽然在体育方面都比较出色，但是在擅长的体育项目、文化背景、成因方面都有所不同，可让学生在掌握主要内容的基础上进行比较和对比阅读。

单元教学目标：

1. 语言知识目标：

(1) 了解美国和澳大利亚两个国家体育方面的基本情况，分析其背后的成因并比较它们的异同。

(2) 掌握并运用与单元主题“体育”相关的词汇和句型。

2. 语言技能目标：

(1) 阅读技能：略读、找读、推测和归纳能力。

(2) 写作技能：能运用本模块所学的词汇和句型进行说明文写作。

3. 核心素养目标：

(1) 思维素养：批判性思维(analyze, interpret and compare)

(2) 学习素养：合作学习(积极参与小组活动，愿意与他人分享自己的观点)

单元教学素材和过程：

Reading A

Preparing to read

Cultural notes:

Tour de France is an annual bicycle race primarily held in France. The race has been held annually since its first edition in 1903. As the Tour gained prominence and popularity, participation expanded from a primarily French field to riders from all over the world.

Stars from the South

The summer of 2001 saw Australians win the cycling Tour de France, beat the world at cricket(板球) and rugby, and have a player in the final of the Wimbledon Tennis Tournament for the eighteenth time.

Many countries would be amazed at that kind of success. For Australia, it was just a typical sporting summer. At the 2000 Olympics, Australia came fourth in the medals table. That does not sound so great, yet Australia has a population of only 19 million. There are more Olympic medal winners per head of population in Australia than in any other country.

What is it that makes Australians a sporting people? This is a question that many people involved in sports have asked themselves over the years.

Some of the answers are simple. Sport needs space. Australians have 7.4 million square kilometers of space to play sports in. Many other countries are either too crowded or too small to encourage everybody to take part. Besides that, Australia is a warm, dry country. This encourages people to go outdoors to enjoy themselves. Furthermore, since 85 percent of Australians live near the sea, they learn water sports early; and since sharks swim off the coasts of Australia, they also learn to swim very fast.

However, it is not just the environment. The Australian government invests heavily in sports. Instead of just looking for the gifted people and training them, the emphasis is on trying to get everyone to join in. So, Australia has a small population, but a large number of sports-loving people to choose from.

Other reasons go deep into the history and culture of the country. When the British first found Australia, they decided that it would be a great place to send criminals to. Life for the first Australians was very tough, so they had to be independent and develop a will to win just to survive. Yet they also had to be able to trust each other and be willing to help each other out. In other countries, coaches train people in mental toughness and team building. In Australia, these qualities are part of the general social environment.

Being far away from Europe also meant that Australians were far away from the centers of Western art and culture. As a result, sport itself has become a way of cultural expression and part of the Australian nationality. An English football fan wants to see the national team do well, but really cares more about his local club. For an Australian, representing the nation is the most important thing of all. Everything else is just good practice. Being good at sports is part of what it means to be an Australian.

1. Reading.

(1) Ask the students to read the passage carefully and see if they can draw the following conclusions. Write “Y” for Yes, and “N” for No.

(　　)1. It is the eighteenth time that Australian players have played in the Wimbledon Tennis Tournament.
(　　)2. Australia often achieves great success in sports.
(　　)3. Australia has the most Olympic medal winners.
(　　)4. Many people still wonder what makes the Australians a sporting people.
(　　)5. The Australians swim fast so that they can catch sharks.

( )6.	Some British criminals settled down in Australia and survived.
( )7.	Australians don't need professionals to train them in mental toughness and team building.
( )8.	It is characteristic of Australians to be good at sports.

(2) Ask the students to answer the question.

What is it that makes Australians a sporting people?

____

2. Vocabulary.

Ask the students to review the key vocabulary and fill in the blanks with their proper forms.

typical	amaze	involve	invest
emphasis	mental toughness	quality	represent

As a ________ world sports power, what Australia has achieved in sports is ________. Several factors contribute to its success. Besides the natural environment, the government ________ a lot of money, trying to ________ more people in sports instead of just putting ________ on looking for talented people. Due to its history, those ________ like ________ are in the blood of Australians, to whom nothing is more important than ________ their own nation.

3. Oral or writing application.

On its way to becoming a world sports power, China has achieved a lot in sports. What do you think contributes to its success? Follow the example above and write a short paragraph to introduce it, using as many key words above as possible.

Reading B

Preparing to read

Learn Key Words

Key words	Examples
flock *v.* move as a crowd or in a group religion *n.* a strong belief in a supernatural power heritage *n.* practices that are handed down from the past by tradition	Tourists flock to the hall where the statue was said to have shed tears. Do avoid such subjects as religion, sex and politics. The ancient buildings are part of the national heritage.

Sports in America

In many parts of the world, there are four seasons: spring, summer, fall and winter. In the US, there are only three: football, basketball and baseball. That's not completely true, but almost. In every season, Americans have a ball. If you want to know what season it is, just look at what people are playing. For many Americans, sports do not just occupy the sidelines(边线). They take center court.

Besides "the big three" sports, Americans play a variety of other sports. In warm weather, people enjoy water sports. Lovers of surfing, sailing and scuba diving flock to the ocean. Fishermen try their luck in ponds, lakes and rivers. In winter sportsmen delight in freezing fun. From the first snowfall, skiers hit the slopes. Frozen ponds and ice rinks become playgrounds for skating and hockey. People play indoor sports whatever the weather. Racquetball(壁球), weightlifting and bowling are year-round activities.

For many people in the US, sports are not just for fun. They're almost a religion. Thousands of sports fans buy expensive tickets to watch their favorite teams and athletes play in person. Other fans watch the games at home, glued to their TV sets. Many a wife becomes a "sports widow" during her husband's favorite season.

Not all Americans worship sports, but athletics are an important part of their culture. Throughout their school life, Americans learn to play many sports. All students take physical education classes in school. Athletic events at universities attract scores of fans and benefit the whole community. Many people also enjoy non-competitive activities like hiking, biking, horseback riding, camping or hunting. To communicate with American sports nuts, it helps if you can talk sports.

Sports in America represent the international heritage of the people who play. Many sports were imported from other countries. European immigrants brought tennis, golf, bowling and boxing to America. Football and baseball came from other Old World games. Only basketball has a truly American origin. Even today some formerly "foreign" sports like soccer are gaining American fans. In 1994, the US hosted the World Cup for the first time ever.

Not only do Americans import sports, but they exports fever, as well. Satellites broadcast games to sports fans around the globe. The World Series, the US professional baseball championship, has begun to live up to its name. The names of American superstars like basketball great Michael Jordan have become household words the world over. Who knows? Sports seasons may even change world weather patterns.

1. Reading.

(1) Ask students to match the headings with the right paragraph of the passage.

Para ________ athletics culture

Para ________ sports in different weathers

Para ________ sports origin

Para ________ sports worship

Para ________ export of American sports

Para ________ "the big three" sports

(2) Ask students to answer the questions or complete the statements.

① "The big three" sports in America are ________________________________.

② How do many Americans worship sports?

____.

③ What does "nuts" mean in the sentence "To communicate with American sports nuts, it helps if you can talk sports"?

____.

④ What sports originate in America?

____.

⑤ ________________________ help America export its sports.

2. Reflect and assess.

Critical thinking

Analyze

According to the two passages, what factors contribute to a world sports power?

Interpret

In the second passage, what does the sentence "For many Americans, sports do not just occupy the sidelines(边线). They take center court." mean?

Compare

Draw a graph to compare America and Australia, listing their similarities and differences.

3. Writing on demand.

Write a short essay

Writing prompt

After reading the two passages, what do you think makes a world sports power? List three factors that you think are the most important and use the examples of

Australia and America to support your opinion.

(1) Unpack the prompt(审题,破题。如画出题目中的 key words)

After reading the two passages, what do you think makes a world sports power? List three factors that you think are the most important and use the examples of Australia or America to support your opinion.

(2) Plan your writing(用 outline 或图表的方式来列提纲)

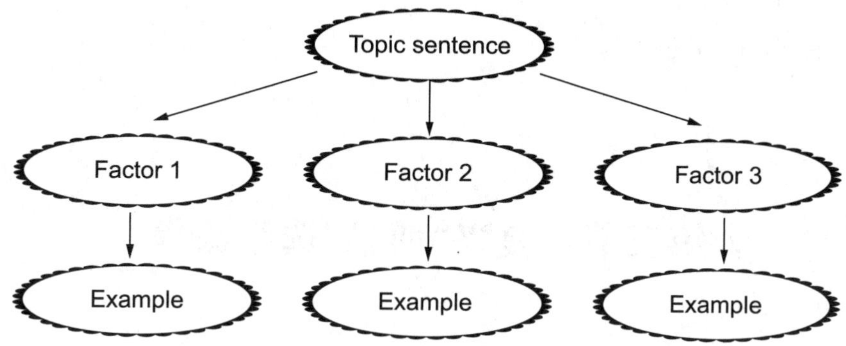

4. Checklist(自查表,通过一系列问题让学生自查有没有达到写作要求)

Do I have a clear topic sentence that includes three different factors?

Do my examples well support the three arguments?

Do I properly use the words and expressions learned in this unit?

参考答案

Reading A

Reading:

(1) No; Yes; No; Yes; No; Yes; Yes; Yes

(2) good environment, investments from the government, historical and cultural factors

Vocabulary:

typical; amazing; invest; involve; emphasis; qualities; mental toughness; representing

Oral or Writing application:

Answers may vary

Reading B

(1) Para __4__ athletics culture

Para __2__ sports in different weathers

Para __5__ sports origin

Para __3__ sports worship

Para ___6___ export of American sports

Para ___1___ "the big three" sports

(2) ① football, basketball and baseball

② buying expensive tickets to watch their favorite teams and athletes play in person or watching the games at home, glued to their TV sets

③ crazy people

④ basketball

⑤ Satellites broadcasting

第三节 复兴"博雅"选修课程

一、"博雅"微课程

微课程是微型课程的意思，就是按照一定主题或模块组织形成相对独立并完整的小规模课程，每个微课程四到八课时；突出英语教学的一个中心内容或专门主题，在教师的指导下，学生在相对来说较短的时间内借助阅读材料、视听教材等手段，按照规定进度学完指定的内容。微型课程是解决学生需要学习的知识日益增多，而学校教育时间有限这一矛盾的有效手段。开发微型课程旨在满足学生多样化学习的需要，在充分尊重学生选择的同时，引导学生挖掘自身兴趣与潜力，为学生未来的专业发展提供借鉴。微课程的主要优势在于：

第一，目标明确，容易落实。

微型课程容量小，持续时间比较短，一般只有四到八课时。由于学习目标小而清晰，因而容易落实，更易促进学生高级思维能力的发展。

第二，范围广泛，容易聚焦。

微课程的内容选择范围广泛，可以涉及英语教学许多领域，但由于课程容量小，因此学习的内容往往聚焦到一个具体的点，而不是一个泛面，具有一定的独立性和针对性。

微课程编写的基本要求：

1. 课程结构应包括课程说明、课程目标、课程内容、课时数、学习要求、课程评价和正文。

2. 课程内容要求符合科学性、拓展性、探究性和适切性原则。目前，我校开设的"博雅"微课程一共四个，大纲如下：

课程一 英汉互译中的“正与反”	第一课 有趣的标识语 第二课 否定的艺术 第三课 英语中的正话反说 第四课 翻译中的正反转换
课程二 美剧中的英语	第一课 Family 第二课 Getting a job 第三课 Travelling 第四课 Thanksgiving
课程三 英语文化现象掠影	第一课 Getting to know you 第二课 Non-verbal communication 第三课 Culture shock 第四课 A family in China and the west
课程四 探索英语习语	第一课 What is an idiom? 第二课 Idioms about animals 第三课 Idioms about people 第四课 Shakespeare's idioms

典型案例一

英语互译中的“正与反”

课程说明：

无论是身边无处不在的标志语，还是口语交际中的赞扬和批评，为了更好地达到目的，无论汉语，抑或英语，都经常会使用到“正话反说”的委婉技巧。然而由于英汉两种语言的差异和思维方式的不同，有时英语用否定形式表达的意义，汉语只能用肯定的形式来表达，否则会使人感到别扭，不地道；英语用肯定形式表达的意义，汉语只能用否定的形式来表达，听起来才顺耳，自然得体。因而在进行英汉互译时，最常用的即是“正反转换”的翻译技巧。因此，对于高中生而言，初步了解“正话反说”的语言现象和“正反转换”的翻译技能，可加深对两种语言背后的文化的理解，进一步提高英汉互译的技能。

课程目标：

1. 通过对比、翻译中英标识语，了解语言背后的文化差异，体会英语的语言习惯，初步感受“正话反说”的语言现象。

2. 通过讨论、操练用以委婉批评的表达，探究英语“正话反说”文化现象的本质，训练“正话反说”的交际方法。

3. 通过总结英语中“正话反说”的常见结构，学会运用“正反转换”的翻译技能，使语言表达更为自然、得体，从而提高学生的翻译能力。

4. 了解语言是文化的载体，通过学习“正话反说”的委婉技巧和“正反转换”的翻译技能，进一步加深对英语文化的理解。

课程内容：

本课程从身边无处不在的标志语入手，探讨了委婉进行批评责难的方法，研究了中英两种语言中"正话反说"的语言现象和所折射的中英文化差异，围绕学生的生活创设语言训练情境，提供大量阅读、视听材料，在读写综合训练中掌握"正反转换"的翻译技能。

课程纲要：

第一课　有趣的标识语

第二课　否定的艺术

第三课　英语中的正话反说

第四课　翻译中的正反转换

学习要求：

本课程采取小组合作教学模式，要求学生踊跃参与小组讨论和活动，利用工具书和网络资源发现语言现象，探究文化差异。

课程评价：

本课程最终采用开卷形式进行考察。

第一课　有趣的标识语

在日常的生活中，我们经常看到各种各样的标识和标识语。它们表示什么含义？其实，在我们身边，标识无处不在，认识这些标志，会给我们的生活带来很多方便。标识语不仅是一种语言现象，同时也是一种文化形象，因而在理解或翻译中英文标识语时就要从文化角度去考虑中英思维差异，尤其体现在标识语中"正话反说"的现象。

Ⅰ. **Warm-up(5 mins)**

1. Students read the following public signs and discuss in pairs about their meanings.

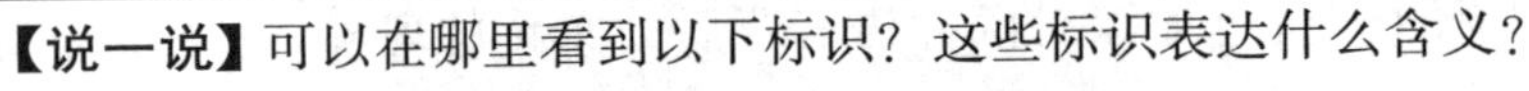
【说一说】可以在哪里看到以下标识？这些标识表达什么含义？

2. Students discuss the functions and characteristics of public signs.

3. Teachers comment on students' answers and summarize the functions and characteristics of public signs.

标识语是一种特殊的应用文体，语言具有独特性。目的是通过有效的言语手段说服他人的交际活动，具有以言行事、目的鲜明的特点。标识语的种类很多，比如安全标志、交通标志、公用设施标志、机械设备标志、外贸包装标志、宣传口号、说明标识等，在方方面面起着不可替代的作用。同时,其结构也比较特殊,短小精悍,使人一目了然。由于标识语往往出现在显著的位置给人以信息、提示或警示,并且这种语言现象代表着一个国家、一个城市的文化形象,正确认知和翻译标识语就显得格外重要。

Ⅱ. Translation of Signs

Activity One(10 mins)

1. Students work in pairs and translate the following signs, which are common in public transport, into proper English.

【想一想】以下是轨道交通内常见的标识,如何用英语表达?
1. 握紧扶手
2. 恕不找零
3. 小心地滑
4. 禁止吸烟
5. 禁止喧哗
6. 小心台阶
7. 机器故障,停止使用
(1. *Hold the hand rail*; 2. *Tender exact fare*; 3. *Wet Floor*; 4. *No smoking*; 5. *Keep quiet*, *please*; 6. *Mind the steps*; 7. *Out of Order*

2. Teachers provide the answers and invite students to compare their versions with the answers.

3. Teachers explain the differences between Chinese and English in language use, when it comes to the signs.

进行标志语翻译时,尽管标志语往往短小精悍,但也不能逐字翻译。例如,如果把“禁止”翻译成 Don't,口气就比较生硬,不够委婉,如“Don't pick the flowers.”(禁止摘花);“Don't throw something out of the train.”(禁止往车窗外扔东西);“Don't tread on the lawn.”(禁止践踏草坪);“Don't make noise.”(禁止喧哗)等。虽然这些句子无论是在语法上还是语义上都是正确的,但是语气生硬,给人一种距离感。事实上,英语是一种强调委婉的语言,公共场所的提示语有固定的表达法,如“No spitting”(禁止吐痰),“No smoking”(禁止吸烟)等,因为 No 与 Don't 不一样,它更多地用在中性语境中。我们见到“不许动”,脑海中立即闪现“Don't move.”,而事实上外国警察所说的却是“Freeze.”,或者“Hold it.”。见到“动我就打死你”自然想到“If you move, I'll shoot you.”,而真正的说法却是“Move and you are dead.”。因此，在理解和翻译标识语时，要考虑到英语的语言习惯。

Activity Two(20 mins)

1. Students translate the following signs into English.

【练一练】将以下中文标识翻译成英语。
1. 禁止抽烟
2. 禁止入内
3. 禁止小便
4. 闲人免进
5. 请勿触摸
6. 爱护草地，请勿入内
(1. *Smoking prohibited*; 2. *Off limits/No trespassing*; 3. *Commit no nuisance*; 4. *Staff only*; 5. *Hands off*; 6. *Keep off the grass*!)

2. Teachers provide the answers and prompts students to think about how to deal with the negatives in the signs.

3. Teachers provide background information about cultural differences.

在汉语标牌类标识语中，直接明晰的禁止类标识一般情况都是可以接受的，例如“闲人莫入”“禁止抽烟”等在人们看来并不十分刺耳或刺眼。英美等国家推荐使用“小心”“警告”和“危险”“不要”等语气含蓄委婉的字样作为警示。中国人在心理上多能接受这样强硬语气的字眼，英美人则很难认同和接受此类标识语。这是因为中国历来是一个恪守礼训、严以律己的国家；人们在群体行动中容易服从某些特定权威，不喜欢坚持个人的权利。这种“农业文明性格”造就了东方人注重伦理道德，求同求稳，和为贵，忍为高的特质。大众行为模式往往是息事宁人的柔顺。即使是善意的规劝也使用了不容反驳的权威语气词。而西方文化把极端的语气被看作对人权的侵犯，因而公共标识语不会出现语气强硬的词语。即使是警示语，也不直接针对被强制限制的受众，而是面向另一方。比如“闲人免进”，汉语中针对“闲人”，而英语是面向“员工”，标识语为“Staff Only”(员工请进)，客气得多。又如在翻译“禁止小便”时要考虑英语国家的语用原则和得体性。过于直露的、强加性的禁止用语不是很受欢迎。根据英美文化习俗，直说大、小便之类的话被认为是十分鄙俗的行为，即使是标识语，也要采用较雅的委婉说法，如 Commit no nuisance 等。但是译成汉语时却不能保留原来的表达方式，只好转雅为俗，直说“禁止小便”即可，否则起不到标识语的劝诫作用。

由此，针对标识语的双语转换，要考虑两种文化间的差异，特别要关注语言中“正”与“反”。并不是汉语中出现否定词的标志语都要相应地在英文中出现 not，no，don't 等。

此外，中国人的思维方式以整体性与和谐性为特点，偏好形象思维和综合思维。傅雷曾有过这样的总结：“东方人与西方人的思维方式有基本分歧：我人重综合，重归纳，重暗示；西人则重分析，细微曲折，挖掘惟恐不尽，描写惟恐不周。”西方人的思维模式具有逻辑、分析、实证性、精确性和系统性等一系列特征，注意抽象思维或逻辑思维及分析思维，重视认识事物的本质和规律，借助逻辑在论证和推演中认识事物的本质和规律。例如，“请节约用水”，国内很多场所都译为“Please save water. Don't waste water.”，这渗透了道德劝解：要做一个节约用水的人，不要浪费水。但这种含有道德态度的思维模式不符合英语思维模式，因此不是规范的英语公示语。地道的英语标识语是“Please turn off the water”，没有暗示任何态度，也不添加任何个人判断，只是客观说用完水后关上龙头就可以了。这也体现出汉语思维的主观性，喜欢将道德意识或个人态度体现在描述中。而英语思维却具备客观理性，不含有任何主观暗示。他们眼中的道德是以不侵犯别人的权益为准则的，更不会有人拿道德来约束他人。关于不要践踏草地，我们经常看到诸如“Don't tread on grass.”一类的译文。在美国密苏里州圣路易斯市的植物园里，草坪上的警告文字是“Please give me a chance to grow.”。试想，看到这一提示的游客哪里还忍心踩下自己的脚？国内公园里，也会看到类似关于爱护花草的标示牌，诗意很浓：“小草青青，足下留情。”可是，英译文却很别扭：“Mind you don't tread on the green meadow.”。其实，可以英译为：“The grass so fair! Needs your care!”这样的译文才是公园里的外国游客喜闻乐见的文字，才会产生强烈的感染力，从而起到较好的规劝效果。

Activity Three（5 mins）

Students do the matching to consolidate what they have learnt.

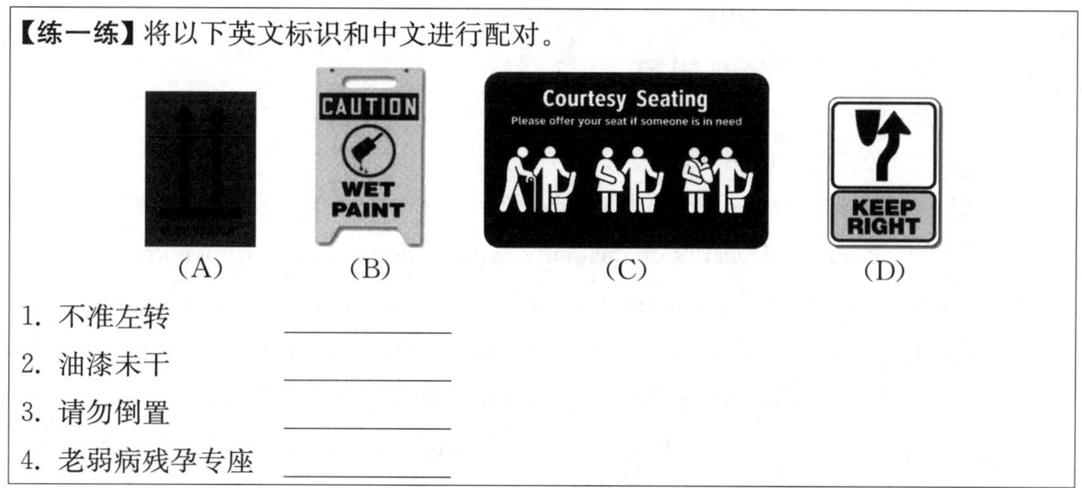

【练一练】将以下英文标识和中文进行配对。

(A) (B) (C) (D)

1. 不准左转 ________
2. 油漆未干 ________
3. 请勿倒置 ________
4. 老弱病残孕专座 ________

Ⅲ. Assignment

1. Students read and correct the following wrong translation of signs.

2. Students do some online research to find out why some wordings like "the old/old people" are avoided in English signs.

3. Students list other situations when "affirmative" or "negative" is used in English.

【想一想】除了在标识语中,还有哪些场合我们会经常需要"正话反说"或"反话正说"?

第二课 否定的艺术

在批评心理学中,人们把原本要批评的过错不给予直接批评,而是充分肯定或表扬其长处,使犯错者自我反省,进而认识过错,改正过错的现象,称之为反弹琵琶效应。在英文中同样如此,直接、正面的否定(don't, no, never, shouldn't)往往让人产生防范心理或抵触情绪,为了更好地达到目的,经常会使用"正话反说"的委婉技巧。

Ⅰ. Warm-up(8 mins)

1. Students work in pairs to match the terms with their meanings.

________ (1) Butterfly effect

________ (2) Domino effect

________ (3) Greenhouse effect

________ (4) Halo effect

________ (5) Pygmalion effect

A. The more that is expected of people, the better they will perform.

B. Each in a series of events or incidents causes the subsequent phenomena.

C. A seemingly inconsequential event or incident can have great consequences.

D. The more attractive or appealing a person or other entity is, the more favorably they will be evaluated or the more sympathetically they will be treated.

E. Heat emanating from a planetary surface will be absorbed and redistributed by atmospheric gases back to the surface or into the atmosphere, resulting in an increase in temperature.

2. Teacher introduces the concept of"反弹琵琶效应"and leads students to ponder on its cause and application.

【想一想】为什么会产生反弹琵琶效应呢？其产生的原因是什么？什么时候我们会用到该效应？

在批评心理学中，人们对于过错不给予直接批评，而是充分肯定或表扬其长处，使犯错者自我反省，进而认识过错，改正过错，这种现象称为反弹琵琶效应。这一术语来之于敦煌壁画上的艺术形象，操琴者一反常态，不是正弹琵琶而是反弹琵琶，这一形象令人叹为观止，其效果远胜于正弹琵琶。这种反弹琵琶效果的艺术被人们巧妙地引用到了批评领域，其效应也如反弹琵琶，因此，人们就把它形象地比喻为反弹琵琶效应。需要注意的是，在使用反弹琵琶批评时，要学会反话正说的技巧。

Ⅱ. Soft Criticism

Activity One(10 mins)

1. Students read Passage One and find out the goal of criticism and the reason why negative words should be avoided.

How to give criticism without offending anyone

Avoid direct accusations

Phrases like "You're wrong!" and "Your presentation was terrible!" have no place in effective criticism. In fact, it's best to leave the word "you" out, if at all possible. Personal attacks make people feel defensive, and then they won't really listen to anything you have to say.

Soften with compliments

Before starting with the criticism, warm the person up with compliments. If you are discussing their work, find several things you truly like about what they have done. For example, "I enjoyed your presentation today. You presented a lot of good and helpful information in it, and I can tell you put a lot of effort into it. I appreciate your hard work." This will lower their defenses and make them feel appreciated.

Advise with advice

Remember that the goal of constructive criticism isn't to make the person feel terrible; it's to help them grow. Instead of directly accusing the person, try to get the message through to them in the form of light-hearted advice. Phrases like, "Next time you might want to..." or "I find it helpful to..." can take away the blame while still leaving an impact: "Next time you might want to give a little more attention to the audience. I find it helpful to look people in the eyes while I am speaking."

Stay specific

People can't change overnight, especially if they don't get detailed direction. Simply saying "you need to work on your presentation skills" won't help a soul! Be detailed in your advice, and don't overload anyone with criticism. Remember, you want them to keep trying and improving. Don't leave them feeling defeated!

【想一想】阅读以上短文,思考如下问题。

1. What is the goal of criticism?
2. Why negative words should be avoided?
3. What other sentences or structures can be used in criticism without offending anyone?

2. Students discuss and classify the sentences or structures that can be used in criticism without offending anyone.

Activity Two(10 mins)

1. Teachers introduce the concept of "Soft Criticism".
2. Students read Passage Two and expand their sentence banks.
3. Students discuss and categorize different ways to make indirect criticism.

Soft Criticism

The art of gentle correction—it's not about offering praise.

The instinctive reaction to criticism is to defend: "Well, it's not my fault... I didn't know... She did it, too... You did something worse!"

The usual advice is to sandwich criticism between praise, but that doesn't really soften the blow. So, if we want our child, co-worker, or significant other to respond constructively to our criticism, we need to be able to give it in a way that decreases their defensiveness.

Here's a formula for a soft criticism:

Step 1 Offer an excuse.

If you provide an excuse, the other person doesn't have to scramble for one. Offering an excuse shows you know he or she is a good person, with good intentions, despite the mistake. For example, you could say, "I know you had meant well to..." or "You probably failed to realize..." or "I understand that you were trying to..." or "I know you're busy with..."

Step 2 Explain the problem.

This is the part you've been waiting for! After you offer the excuse, add a "but" explaining the impact of the person's action. Stay focused on specific behavior and how it affects you. “BUT, when you [behavior], [negative outcome].”

Step 3 Move forward.

There's no point in dwelling on what's past. Instead, talk about what you'd like to happen next. You could say, “From now on, could you please...?” Or, you could get the other person's help in figuring out how to solve the problem. “What do you think we can do to make sure this doesn't happen again?” “Let's work out the problem together, shall we?”

Be sure to pick a calm moment for your soft criticism. Use a calm and friendly tone, so the other person knows you're genuinely trying to work things out. If you say these words in a sarcastic or condescending way, they will backfire. A soft criticism doesn't a guarantee that the other person will hear you, but it's a caring way to raise concerns.

Activity Three(12 mins)

1. Students discuss in groups(4 students a group) about how to make an indirect criticism and respond accordingly according to the given situations.
2. Each group role-plays the 5 situations and other groups assess their performance.

【练一练】在以下情景中如何委婉地表达不满或批评？

Situation One

You were scolded by your teacher for you failed to finish homework on time, because your desk-mate had brought your homework book home by mistake.

Situation Two

You found your mother had read your diary without asking for your permission.

Situation Three

Your friend was late for your get-together.

Situation Four

Wandering in the Shanghai Museum, you found a visitor spit in the exhibition hall.

Situation Five

Suppose you are the chairman of the Student Union. One of your inferiors made some spelling mistakes in the student report delivered to the principal.

Ⅲ. Assignment

Watch the video“How to give criticism and compliments” and write down useful words and expressions.

第三课 英语中的正话反说

在英语中，很多时候直接的否定显得粗鲁，为了使语气温和而不武断，使人便于接受而又不感到那么难堪和窘迫，常使用一些隐性否定的表达方式。而有时候，当我们表达某种含义时，并不从正面着手，而从反面或侧面进行阐述，起到强调突出的语用功效，这种用法就是正话反说。

Ⅰ. Warm-up(8 mins)

1. Students watch a video clip adapted from *Friends Season 1 Episode 6* and note down comments friends made on Joey's performance in a play.

【想一想】Joey 的朋友们为了鼓励他，是如何评价他的演出的？

2. Students discuss in groups, what the implications of the comments really are.

Character	Comment	For or Against
Rachel	I feel violated. You were in a play!	Against
Monica	Did anybody else feel like peeling their skin off their body to have something else to do?	Against
Ross	I didn't know you could dance!	Against
Chandler	Awful play, man!	Against
Phoebe	Based on this play?	Against

[*Before the play*]

Rachel Oh, look! There's Joey's picture! This is so exciting!

Chandler You can spot someone who's never seen his plays. Notice, no fear. No sense of impending doom.

Ross "The role of man number three will not be played by Vic Shapiro." We came on the wrong night.

Monica I can't believe I forgot a magazine.

Rachel Come on, this might be good.

Phoebe I don't know. The exclamation point scares me. It's not just Freud, it's Freud!

Ross Magic is about to happen!

[*In the play*]

Joey Well, Eva... we've done some excellent work here. And I would have to say... your problem is quite clear. All you want is a dinkle. What you envy's a schwang. A thing through which you can tinkle. To play with or simply let hang.

[*After the play*]

Rachel I feel violated.

Monica Did anybody else feel like peeling their skin off their body to have something else to do?

Ross I didn't know you could dance!

Rachel You were in a play!

Joey What'd you think?

Ross I didn't know you could dance!

Rachel You were in a play!

Joey Come on, you guys. It wasn't that bad. I was the lead. It was better than the thing that I do with the troll. At least you got to see my head.

All You're right.

Ross We saw your head.

Joey How about that accent?

Rachel Yeah. All of your W's were V's.

Chandler She said yes! Awful play, man! Wow! Her name's Aurora. She's Italian and she pronounces my name "Chandler". I like that better. The usher gave me this.

Rachel What is it?

Joey The Estelle Leonard Talent Agency. Wow, an agency left its card. They wanna sign me!

Phoebe Based on this play? Based on this play!

Joey Look! There's a note on the back. "Loved your work. Call me a sap." She was obviously very moved!

Ross You should call her fairly quickly.

Joey Yeah! As soon as possible!

Ⅱ. Negatives in the English Language(12 mins)

在英语中,很多时候直接的否定显得粗鲁,为了使语气温和而不武断,谦逊而留有余地,或把话说得拐弯抹角、生动活泼、幽默一些。使人便于接受而又不感到那么难堪和窘迫,因此在英语中有一些隐性的否定表达方式,形式虽是肯定的,但通过一定的语气变化或特定句型,可以将句中暗指或含蓄的否定意义烘托出来,如短片中的语句:"I feel violated! Did anybody else feel like peeling their skin off their body to have something else to do? Awful play, man! Based on this play?"。

1. Students discuss in groups about how to express negation indirectly, such as "I didn't like your being late again!"(Did I tell you to come early, didn't I? /If you had come early, you would not have missed the lecture! /You were late again! /Did your alarm clock fail to wake you up again?...)

【想一想】如何委婉地表达"I didn't like your being late again!"?

2. Teachers consolidate students' answers, provide samples and summarize the common ways of negatives in the English language.

(1) subjective mood.

I wish I could help you at that time.

Only if you were there to lend me a hand.

The student could have passed the exam if he'd been more careful.

(2) rising intonation.

Is he a doctor?

Has ever such a thing happened in the world?

What's the use? Who knows?

(3) tag questions.

Give me a hand, won't you?

(4) special structures like "too... to..." "far/free from..." "the last + relative clause/to do".

Their thoughts are too profound to be understood by us.

What the president explained was far from being satisfactory.

Nowadays' the danger of superpower unleashing a new world war is far from over.

It is a city that is free from noise, flies, mosquitoes and mice as well.

The officer is the last man to accept a bribe.

He is the last man I want to see.

3. Students practice the above-mentioned usages by paraphrasing "I don't want to see him." "No one know!" "He is such a poor man." "The task is not easy to fulfill."

【练一练】请用以上四种方式来委婉呈现以下句子内容?

1. I don't want to see him.
2. No one know!
3. He is such a poor man.
4. The task is not easy to fulfill.

Ⅲ. Affirmatives in the English Language(20 mins)

我们在英语学习的过程中，经常会发现一种特殊现象：当我们表达某种含义时，有时不从正面着手，而是从反面或侧面进行阐述。比如说你要鼓励某人去找别人帮忙，通常说：“Why don't you ask your teacher for help?”你为什么不去找你老师帮忙呢？看似“不去”，是否定，实则是赞成某人“去”。

1. Students read and paraphrase the following sentences.

Isn't it a fantastic experience? (=*It is really a fantastic experience.*)

Won't you have some coffee? (=*Have some coffee, will you?*)

Who doesn't know? (=*Everybody knows.*)

I couldn't agree more. (=*I totally agree.*)

She didn't tell me the shocking news until three days later. (=*She told me the shocking news three days later.*)

You cannot be too careful while driving. (=*You must be very careful while driving.*)

She seldom appears other than happy. (=*She always appears happy.*)

Hardly had you left when he arrived. (=*He arrived the moment you had left.*)

It is a long lane that has no turning. (=*However long a lane may be, it will have a turning.*)

There is no smoke without fire. (=*Fire causes smoke.*)

2. Teachers summarize the common ways of affirmatives in the English language.

(1) 用表示赞叹的否定疑问句来表达肯定意义。

Wasn't that a brilliant idea? =That is really a brilliant idea.

(2) 以 can't/couldn't/won't/don't 或者 why don't/why not 开头的否定疑问句来表示肯定意义的、强烈的或者试探性的建议，或有礼貌的请求。

Don't you think we should give him a chance? =I think we should give him a chance.

(3) 否定的修辞疑问句表示强烈的肯定意义，一般用降调。

—I want to have a good job and marry an ideal man. —Who doesn't? =So does every girl. /Every girl wants to have a good job and marry an ideal man.

(4) “否定词+比较级”的形式表达肯定的意思，相当于最高级。

Nothing is more valuable than health. =Health is the most valuable thing.

(5) “not+表示短暂动作的动词+till/until”短语或从句。

The baby didn't stop crying until his mum came. =They baby kept crying before his mum came.

(6) “cannot/couldn't+but/too/help/... enough 或 can/could+never”的否定句，常

用来表达语气很强的肯定的意思。

I cannot but accept his invitation. =I have to accept his invitation.

(7) 否定词 no/not/little/scarcely/seldom 或否定的不定代词 nothing/nobody/none 与 but/beyond/except/other than/short of 连用的否定句表达肯定的意思。

He thinks of nothing but short cut to his success. =He only thinks of short cut to his success.

(8) no sooner... than, hardly... when, scarcely... when 的句型中,虽然 no, hardly, scarcely 是否定,但这类句子结构表示的是肯定的含义。

No sooner had they set out than a thunderstorm broke. =As soon as they set out, a thunderstorm broke.

(9) "It is a/an+形容词+名词+that..."后面跟 never/no 这样的否定词,意思是"(即使)再……的……也"。句子真正的意思与字面意思相反。

It is a skillful workman that never blunders. =However skillful a workman may be, he will sometimes blunder.

(10) 否定词 no/not/never 等+without/否定意义的形容词/否定内涵的动词。

True friendship cannot be without equality. =True friendship must be equal.

He has no small reputation as a poet. =He is very famous as a poet.

You shouldn't be careless about the consequences. =You should be careful of the consequences.

You can't miss it. =You will find it easily.

I do not doubt he will agree. =I believe he will agree.

Ⅳ. Assignment

【练一练】试用今天所学"正反转换"的方法翻译以下句子。

1. No other animal is larger than a whale.
2. Nowhere is more beautiful than his hometown.
3. I cannot read the book without shedding tears.
4. 这次会议的重要性无论怎么强调也不过分。
5. 不管我怎么感谢你,都不足以报恩于万一。
6. 好马也有失蹄时。

第四课　翻译中的正反转换

人们在叙述同一事物或表达同一思想时,可以正说,也可以反说。在英汉两种语言中,这一现象均存在。并且,由于英汉两种语言的差异和思维方式的不同,有时英语用否定形式表达的意义，汉语只能用肯定的形式来表达，否则会使人感到别扭，不地道；英语用肯定形式表达的意义，汉语只能用否定的形式来表达，听起来才顺耳，自然得体。因而在进行英汉互译时，最常用的即是正反转换。改变表达方式可从三方面考虑：语言习惯，语言形式，词汇意义。

Ⅰ. Lead-in(10 mins)

1. Students read the following passage and taste the art of irony in English.

I had no money, but someone told me I was not poor. I was needy. Then they told me it was self-defeating to think of myself as needy. I was deprived, then they told me deprived was a bad phrase, bad image. I was underprivileged. Then they told me underprivileged was overused. I was disadvantaged. The social worker told me I belonged to the low-income bracket. I still don't have a dime but I have a great vocabulary.

【想一想】文中，no money/not rich 有哪些同义表达？

2. Students review what they have learnt in the previous section about negatives and affirmatives in the English language.

3. Students summarize "full negatives" and "partial negatives" in English.

(1) "Full negatives": no, not, none, never, nothing, nobody, nowhere, neither, nor, etc.

(2) "Semi negatives": hardly, scarcely, seldom, barely, few, little, etc.

(3) "Partial negatives": not every, not all, not both, not much, not many, not always, etc.

Ⅱ. Negative implications(15 mins)

1. Students read the passage and translate the underlined sentences into Chinese.

Boys' schools are the perfect place to teach young men to express their emotions and involve them in activities such as art, dance and music. (1) <u>Far from the traditional image of a culture of aggressive masculinity(阳刚), the absence of girls gives boys the chance to develop without pressure to conform to a stereotype, a US study says.</u>

(2) <u>Boys at single-sex schools were said to be more likely to get involved in cultural and artistic activities that helped develop their emotional expressiveness, rather than feeling they had to conform to the "boy code" of hiding their emotions to be a "real man".</u>

(3) <u>The findings of the study go against received wisdom that boys do better when taught alongside girls.</u>

Tony Little, headmaster of Eton, warned that boys were being faded by the British education system because it had become too focused on girls. (4) He criticized teachers for failing to recognize that boys are actually more emotional than girls.

(5) The research argued that boys often perform inadequately in mixed schools because they become discouraged when their female peers do better earlier in speaking and reading skills.

【练一练】将文中的下画线句子翻译成合适的中文。

1. ______
2. ______
3. ______
4. ______
5. ______

2. Teachers wrap up common words with negative implications.

(1) verbs with negative implications: fail, miss, lack, ignore, refuse, withhold, refrain, refuse, neglect, deny, overlook, exclude, etc.

e. g. I had slightly *missed* the point.

(2) nouns with negative implications: absence, failure, refusal, ignorance, exclusion, etc.

e. g. His *absence* of mind during the driving nearly caused an accident.

(3) adjectives with negative implications: few, little, free from, far from, short of, etc.

e. g. The troops are *short of* supplies.

(4) adverbs with negative implications: otherwise, little, too... to, seldom, hardly, barely, rarely, scarcely, etc.

e. g. His attempts proved *predictably* futile.

(5) prepositions with negative implications: without, above, except, beyond, instead of, other than, rather than, out of, etc.

e. g. This problem is *above* me.

(6) conjunctions with negative implication: unless, before, lest, until, or, etc.

e. g. He will die of hunger *before* he steals.

3. Students practice by translating the following sentences into English.

(1) 我们决不辜负父母对我们的期望。(live up to)

(2) 我们完全不知道他的计划。(ignorance)

(3) 这个解释是相当不充分的。(thin)

(4) 他显然有不同的想法。(otherwise)

(5) 他无权呆在这儿。(power)

(6) 你不告诉我,我就不走。(unless)

Ⅲ. Faithfulness and Accuracy(15 mins)

1. Students read and translate the passage, and then compare their versions with the sample.

I began my life as the son of immigrants and I worked myway up to the president of the Ford Motor Company. When I finally got there, I was on top of the world. But then fate said to me: "***Wait***. We're not finished with you. Now, you are going to find out what you feel like to get kicked off Mt. Everest!"

我是移民的儿子,凭苦干一直升到福特汽车公司总裁。爬到这个位置,可以说是上了天。可是命运却跟我过不去:“**别忙**,跟你还没有了结呢,你现在该尝尝被人从珠穆朗玛峰一脚踢下去的滋味!”

【想一想】文中,为何 wait 用了否定词“别忙”进行处理?

2. Teachers explain the difference and introduce the translation strategy.

第三句没有翻成“命运跟我说”,而是译出句子深层的意义。wait 没有直译成“等一等”,而是用了否定形式和汉语习惯的“别忙”。类似的,如 Leave my papers alone. ”译作“别动我的文稿”而不是“把我的论文单独放”;“For business only. ”不是“只为工作。”而是“闲人免进。”;“I hear everything. ”若译作“我听见每件事。”似乎是老外在讲汉语,而地道的汉语应反译为“什么都瞒不过我。”。

从以上例子可以看出正反转换是一个非常有用的翻译技巧。

特别是由于英语和汉语在思维和表达方式上存在差异,两种语言用于表示肯定概念和否定概念的词汇、语法以及语言逻辑都有很大差别,两种语言肯定和否定的表达形式往往不能吻合。一味按原语的形式进行翻译有时会不符合目标语的表达习惯,有时不足以传达原文的语义和修辞色彩,甚至还会误解原文的意思,造成译文的信息缺失和信息错误等现象。而正反译法涉及词、短语甚至整个句子的处理问题,用得恰到好处,常会“绝处逢生”,有助于获得自然理想的、符合逻辑的译文。

3. Students practice by translating the following sentences.

(1) It never rains but it pours.

(2) The thermometer must be lying.

(3) Your temper is more than I can bear.

(4) He is the last person to accept a bribe.

(5) In the grave, the rich and the poor lie equal.

(6) The thick carpet killed the sound of my footsteps.

(7) No man can have too much knowledge and practice.

(8) All my cares were over, my happiness overflowed.

(9) 任何规则都有例外。

(10) 如果他没发脾气,谈判就可能会成功。

(11) 他还没来得及赶到宾馆,陌生人就已经走了。

(12) 我们应当抓紧时间把研讨会的准备工作做好。

Ⅳ. **Assignment**

Translate the passage into Chinese.

Judging from the scientists I know, including Eva and Ruth, and those whom I've read about, you can't pursue the laws of nature very long without bumping into beauty. "I don't know if it's the same beauty you see in the sunset," a friend tells me, "but it feels the same." This friend is a physicist, who has spent a long career deciphering what must be happening in the interior of stars. He recalls for me this thrill on grasping for the first time Dirac's equations describing quantum mechanics, or those of Einstein describing relativity. "They're so beautiful," he says, "you can see immediately they have to be true. Or at least on the way toward truth." I ask him what makes a theory beautiful, and he replies, "Simplicity, symmetry, elegance, and power."

Why nature should conform to theories we find beautiful is far from obvious. The most incomprehensible thing about the universe, as Einstein said, is that it's comprehensible. How unlikely, that a short-lived biped on a two-bit planet should be able to gauge the speed of light, lay bare the structure of an atom, or calculate the gravitational tug of a black hole. We're a long way from understanding everything, but we do understand a great deal about how nature behaves. Generation after generation, we puzzle out formulas, test them, and find, to an astonishing degree, that nature agrees. An architect draws designs on flimsy paper, and her buildings stand up through earthquakes.

二、探索英语语言与文化

英语课堂教学中,除了加强学生听、说、读、写、译等基本技能的培养外,英语教师还应培养学生的个性化思维、批判性思维和想象力等创新性思维,使学生在掌握其基本英语知识的同时,能够进行思维的发散和联想,从不同的层面和角度来审视英语文化,品评英语文学作品。为了能拓宽学生的国际视野,培养他们跨文化交流的能力以及对英语文学作品的兴趣和鉴赏能力,我校开设了《探索英语语言与文化》系列选修课。

《探索英语语言与文化Ⅰ》课程大纲如下：

<table>
<tr><td>课程名称</td><td colspan="3">《探索英语语言与文化Ⅰ》</td></tr>
<tr><td>课程简介</td><td colspan="3">本课程意义：
本课程在培养学生听说读写基本技能的同时，注重培养学生的批判性思维和想象力，引导学生从不同的层面和角度来审视英语文化，品评英语文学作品。
课程简介：
围绕着基础课的主题在本课程中增加文化和文学的内容，与基础课构成了有机的整体，互为促进。</td></tr>
<tr><td>课程目标</td><td colspan="3">提升学生跨文化交流的能力以及对英语文学作品的兴趣和鉴赏能力</td></tr>
<tr><td>No.</td><td colspan="2">Chapter 章节</td><td>Period 课时</td></tr>
<tr><td>1</td><td colspan="2">Getting to know each other</td><td>1 lesson</td></tr>
<tr><td>2</td><td colspan="2">Non-verbal communication Ⅰ</td><td>1 lesson</td></tr>
<tr><td>3</td><td colspan="2">Non-verbal communication Ⅱ</td><td>1 lesson</td></tr>
<tr><td>4</td><td colspan="2">A taste of classics Ⅰ</td><td>1 lesson</td></tr>
<tr><td>5</td><td colspan="2">A taste of classics Ⅱ</td><td>1 lesson</td></tr>
<tr><td>6</td><td colspan="2">Take it or leave it</td><td>1 lesson</td></tr>
<tr><td>7</td><td colspan="2">Reflecting on history Ⅰ</td><td>1 lesson</td></tr>
<tr><td>8</td><td colspan="2">Reflecting on history Ⅱ</td><td>1 lesson</td></tr>
<tr><td>9</td><td colspan="2">Interesting plants</td><td>1 lesson</td></tr>
<tr><td>10</td><td colspan="2">Appreciation of poems</td><td>1 lesson</td></tr>
<tr><td>11</td><td colspan="2">Culture shock Ⅰ</td><td>1 lesson</td></tr>
<tr><td>12</td><td colspan="2">Culture Shock Ⅱ</td><td>1 lesson</td></tr>
<tr><td>13</td><td colspan="2">The family in China and in the West</td><td>1 lesson</td></tr>
<tr><td>14</td><td colspan="2">Film and song reviews Ⅰ</td><td>1 lesson</td></tr>
<tr><td>15</td><td colspan="2">Film and song reviews Ⅱ</td><td>1 lesson</td></tr>
</table>

典型案例一

Getting to know each other

教学目标：

1. 通过打破隔阂的“破冰活动”，活跃课堂气氛，增进师生和生生之间的了解和互动。用游戏的方式消除学生初上高中课堂的紧张和焦虑，使他们积极投入课堂活动中去。

2. 让学生了解英语中的一些常用人名，它们的起源以及中英文姓名和称呼在使用上的差异，使学生在以后的跨文化交际中避免犯这一类错误。

3. 在一系列课堂活动中锻炼学生的听力，提高其书写正确的句子、阅读以及口头表达的能力。

教学步骤：

Ⅰ. **Ice-breaker—Game：Who is the biggest liar?**

本课的第一环节“破冰活动”——游戏：“谁是大话王？”

教学设计说明

学生从小到大被灌输的思想是不能说谎，而“谁是大话王？”的这个游戏比较符合这个年龄段的学生求新求变，有点逆反的心理特点，因此一下就能激发学生的浓厚兴趣。课堂上学生的参与度高，发言踊跃。由于游戏要求每个人写关于自己的五句话，因此师生和生生之间增进了了解。同时，在游戏的过程中，学生也锻炼了写好正确完整的句子，专注地聆听别人用英语自我介绍和口头表达能力。

Rules of the game：

1. Please take out a piece of paper and write down five statements about yourselves. Four of them are true and one is a lie. You should keep it a secret which one is a lie.

2. Some students will be invited to read their statements to the whole class and let the others guess which one is a lie. Then，the one who cheats the most people is the biggest liar in the class.

Requirements：

You should write complete sentences instead of sentence fragments.

Make sure that you write correct sentences without any grammar mistakes.

The teacher's sample：

I have a daughter who is going to primary school next year.

I once went to Tibet for travelling and I loved the local food.

I raised a pet dog called Bobby.

Though chocolate is many people's favorite food，I don't like it at all.

In my spare time，I often go window-shopping.

(***The students voted for the statements one by one.***)

(***S1 volunteered to be the second one and came to the front to read his statements to the whole class.***)

S1：Here are the five statements about me：

My favorite color is the color of the sky.

I went to Australia with my parents in the summer vacation.

I hate eating vegetables.

The singer I like best is Jay Zhou.

I'm good at swimming so I'm very happy that there's a swimming pool in our school.

(***The students voted for the statements one by one.***)

(***Another four students volunteered to be the contestants and played the game.***)

(***The students began to play the game in their own group.***)

Ⅱ. Meeting People(Ⅰ): Names in English

本课的第二环节：中英文姓名趣谈

教学设计说明

一个人的姓名和称谓，作为和别人初见时必不可少要介绍和使用的内容，对于人际交往的意义重大。中英文姓名和称谓在使用习惯上的巨大差异经常在跨文化交际时导致一些令人尴尬的错误。刚升入高一的学生对这种文化的差异有一定了解，但并不全面。本环节旨在让学生通过各种活动来系统地了解这一现象，为今后他们的跨文化交际打好基础。同时，也在进行各项活动的过程中培养跳读、略读的阅读技巧，运用所学的知识解决实际问题和英语口头表达的能力。

Exercise 1: Warm-up—Common English names for men and women

Helen　　Smith　　Victor

Green　　Eric　　Richard

Edward　　Jackson　　Julie

Taylor　　Margaret　　Edwards

Richards　　Williams　　Brenda

Anne　　William　　Angela

Family Names	Given names(male)	Given names(female)
Richards, Taylor, Williams, Smith, Jackson, Edwards, Green	Eric, William, Victor, Richard, Edward	Helen, Julie, Margaret, Brenda, Anne, Angela

Exercise 2: Reading—Family names and their meanings

What's in a family name?

Have you ever wondered what people's last name mean? A long time ago, many people's last names said something about who the person was.

Someone's last name may once have indicated the person's job. If someone's name was weaver, the person's job was producing cloth. A person named Smith might have been a blacksmith, a goldsmith, or a tinsmith, at any rate someone who worked with metal. A man called Taylor usually did a tailor's work, making clothes, while a man called Gardner would have worked as a gardener.

A last name could show who a person's father was. For example, Peterson meant Peter's son. The word parts *Fitz-*, *Mac-*, *and O'-* also meant child of: Fitz Harris was the child of Harris, MacDonald was the child of Donald, and O'Neil was Neil's child.

Sometimes a last name is just a first name with an s, such as Adams, Williams, or Andrews. This s is in fact a lazy way of writing's, so Adams means the same as Adam's which again means Adam's child or Adam's family.

In some cases, a person's last name tells us where he lived or where he came from. Every village had its hall, its woods, and its village green. Hence three common place names are Hall, Wood, and Green.

You must not think, however, that every English person can explain where his or her family name comes from. The meanings of many English family names have been lost in the course of time.

1. Skim the passage and answer the following two questions:

(1) What is the main idea of the whole passage?

(2) The text gives explanations for four types of family names. Underline the four types.

(**Key**: (1) It tells us what a person's last name means.

(2) Type 1: the last name that may once have indicated the person's job

Type 2: a last name that could show who a person's father was

Type 3: a last name that is just a first name with an s

Type 4: a last name that tells us where he lived or where he came from)

2. Scan the passage and match the following two columns.

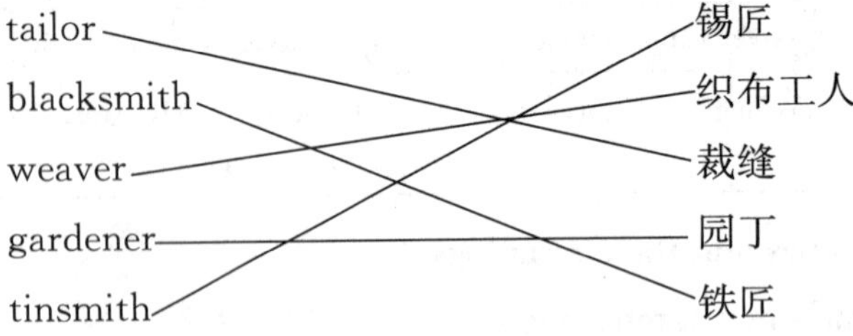

3. Fill in each blank with a family name from the list and point out which type of family name it belongs to.

Morrison	Fisher	Hunter	Hill
Baker	Fitzgerald	MacArthur	Forester
Barber	Goldsmith	Miller	Edwards
Potter	Cook	Thompson	O' Connor

(1) This person went out in a boat to catch fish. 1 Fisher

(2) This family's work was making bread and cakes. 1 Baker

(3) This person was a member of Edward's family. 3 Edwards

(4) This would be Gerald's child. 2 Fitzgerald

(5) A person with this name worked in the kitchen. 1 Cook

(6) People visited this person to gettheir hair cut. 1 Barber

(7) Someone from this family made bowls and pots out of clay. 1 Potter

(8) This person's forefather was called Connor. 2 O' Connor

(9) This family lived on a hill. 4 Hill

(10) This man looked after a forest. 1 Forester

(11) Morris was this person's father. 2 Morrison

(12) This person was Arthur's child. 2 MacArthur

(13) This family owned the mill that ground corn and wheat into flour. 4 Miller

(14) This family made things with gold. 1 Goldsmith

(15) A person with this name was the son of Thomas. 2 Thompson

(16) This person went out to hunt animals for food. 1 Hunter

Exercise 3: Filling gaps—The naming systems in English and Chinese

Use the following words to complete this passage about the naming systems in English and Chinese.

English	Chinese	English	surname	given
Chinese	surname	given name	surnames	first

Names are used very differently in English and Chinese. In Chinese(1) the family name or surname comes first, followed by the given names, but in English(2) the given names come first, followed by the surname. For example, "Xu" in Xu Xiaoping is the surname(3), but in the case of Margaret Johnson, Margaret is the given(4) or first(5) name and Johnson is the surname. It would be terrible if a foreign visitor was introduced to Xu Xiaoping and said, "How do you do, Mr. Ping?" Similarly, if a Chinese person was introduced to Margaret Johnson and called her Mrs. Margaret, that would be awful too! Titles are attached to surnames in both Chinese and English.

Of course there are different kinds of titles. In Chinese(7) we use "lao" and "xiao" and "laoshi" but you can't translate those into English(8)! You can't call your English teacher Young Smith or Old Jones or even Teacher Russell! You have to use Mr., Mrs., or Miss if you use the surname(9). But often you can simply use the given name (10) without any title, for example, John or Mary or Richard or Susan.

It is important to understand that foreign visitors often know little about the Chinese naming system. You need to understand the difference in order to be able to explain it to them.

Exercise 4：Problem-solving—Trouble with names

The following is part of a letter sent to a friend by a Chinese girl named Xia Liyun (夏丽云) studying in Britain. Read it and answer the questions.

I want to tell you an experience I had when I first came to Britain and stayedin a hotel. In the hall of the hotel there were 26 boxes for incoming mail, with the 26 letters written on them. We were each given a key to the letter boxes, according to the first letter of our names, so that we could open the letter boxes and get our letters. I was given a key for the X box. After a few weeks, I got a bit anxious, because I never got any letters. Then it occurred to me that I should try another box. I explained the matter to the warden and she gave me another key. I tried another box and to my great joy, I discovered quite a few letters of mine there. Then, later, I discovered by accident one day that some of my letters still went to another box. I explained this to the warden again, and she gave me a third key. From then on, I became the only person living in the hotel with three different keys to three mailboxes. And every time on coming in or going out I had to open three boxes to look for letters. But I never missed any of my mail any more.

1. Why did the Chinese girl never get her letters at first?

2. Letters to her went to different boxes according to the different ways her name was written, Can you give the three different ways of writing her name and tell which would go to which box?

(**Keys** 1. The different naming systems in English and Chinese. Because the English mailman thought that "Xia" was the girl's given name, not the surname. That's why he didn't put letters into the X box.

2. The first way was Xia Liyun and the letters would go to the L box. The second one is Liyun Xia and the letters would go to the X box. The third is Xia Li Yun and the letters would go to the Y box.)

Exercise 5：Speaking—Cases in cross-cultural encounters

A British tourist is travelling by train in China. Sitting opposite him is a Chinese passenger. They introduce themselves to each other.

B：British tourist　　C：Chinese passenger

B：Hello, I'm Eric Jackson. Glad to meet you.

C：Hello，my name is Liu Xin. I'm glad to meet you too. Where do you come from，Mr. Eric?

B：I'm from Britain. Please just call me Eric，Mr. Xin.

C：And you may just call me Liu Xin.

1. What's the problem with their conversation?

2. Why did the British tourist ask Liu Xin to call him by the given name alone while Liu Xin didn't do so?

(**Keys**：1. Both of them mistook each other's given name for the surname.

2. In the west，people are used to being called by their given names，but we Chinese don't often do so. In Chinese culture，we prefer to use full names or surnames with titles to show respect.)

Ⅲ. Further practice

Make a dialogue according to the given situations. When making the dialogue，you may refer to the useful language handouts.

Situation 1

A British tourist is visiting a Chinese family. The Chinese hostess introduces herself and her husband to the guest...

Situation 2

A student at an international student's centre is sent to the airport to pick up a visiting professor from America...

Useful language

1. Approaching a stranger & responding.

When you want to speak to someone you don't know，how do you greet him?

How do you do? or Nice to meet you.

What do you say in response to that?

How do you do? or Nice to meet you，too.

2. Introducing oneself & responding.

How do you introduce yourself to someone you are meeting for the first time?

My name is Tom Green.

What do you say in response to that?

My name is Wu Ning.

3. Not sure how to address & responding.

When you think you know someone's name but are not sure how to address him or her, what do you say?

Shall I call you Mr. Ning?

So you are Mrs. Wu?

What do you say in response to that?

Please do.

(Oh) no. My name is Yuan Qhing.

4. Correcting someone who has addressed you in the wrong way.

(1) when he calls you by the wrong name.

Actually the surname is Wu, not Ning.

(2) When he calls you by a title that you do not wish to be called by.

Just call me Xiao Wu/Tom.

《探索英语语言与文化Ⅱ》课程大纲如下：

课程名称	《探索英语语言与文化Ⅱ》	
课程简介	本课程通过补充相关阅读、视听材料，揭秘英语习语背后的文化典故，以拓宽学生的知识面，扩大学生的词汇量，培养学生的文化意识和跨文化交际能力。课程中提供大量的话题讨论和演讲展示环节，使学生通过课堂和课后活动，了解西方文化，掌握常用习语，感受英语之魅力，并将英美文化的学习融入听、说、读、写的技能训练中，以提高学生英语理解、表达和解决问题的能力，加强团队合作，兼具实用性与知识性。	
课程目标	1. 提升学生对英语学科的兴趣，扩大词汇量，拓宽知识面，培养学生的文化意识和跨文化交际能力； 2. 设置具有挑战性的课堂和课后活动，提高学生英语理解、表达和解决问题的能力； 3. 加强学生展示环节，突出学生自主互助学习，培养团队合作能力。	
No.	**Chapter 章节**	**Period 课时**
1	Introduction: the relationship between language and culture	1 lesson
2	Culture Glimpse 1: history of the English language	1 lesson
3	Culture Glimpse 2: geography of England	1 lesson
4	Culture Glimpse 3: Greek and Roman mythology	2 lessons
5	Culture Glimpse 4: Biblical stories	2 lessons
6	CultureGlimpse 5: Shakespeare and his works	2 lessons
7	Language and Culture Study: idioms about people	2 lessons
8	Language and Culture Study: slang	1 lesson
9	Language and Culture Study: proverb	2 lessons
10	Language and Culture Study: chatspeak	1 lesson

典型案例二

Language and Culture Study：idioms about people

教学内容：

用于描述人物的常用习语及其文化典故。

学情分析：

高二学生已具有一定的英语基础知识和表达能力。由于受制于教材内容的安排，学生尽管对英美习语、文化典故表现出强烈兴趣，但对西方文化了解甚少，在语用上常常出现偏差和失误。

教学目标：

1. 学生通过听力和猜测游戏，认知用于描述人物的常用习语，并运用所学习语进行人物介绍；

2. 学生通过教师补充的文化背景、观看视频，了解习语背后的文化典故，培养文化意识；

3. 学生通过课堂讨论，训练批判性思维，提高英语理解和表达能力；

4. 学生通过回家作业，培养团队合作和使用英语解决问题的能力。

教学步骤：

Ⅰ. Word Origin(8 mins)

1. Guess the meanings of the two idioms.

They are the government ***bigwigs.***

He is the ***kingpin*** of the television industry.

2. Listen to a passage, check your guesses and answer the following questions.

Q1: How did the two idioms come into being?

Q2: Who do you think is an important person?

Q3: Can you use these two idioms to describe a person?

教学设计说明

通过VOA听力片段，引出本课教学主题(用于描述人物的常用习语)，让学生了解文化背景对语言学习的重要性和必要性，并提醒学生注意习语使用时的语用条件。

Ⅱ. Language Study(20 mins)

1. Every four students will form a team and play the word game. The team that makes an accurate definition of the idiom will get one point and the one with the most points wins the game!

Model: Emma Watson is an eye candy.

An eye candy refers to a person who is good-looking.

Round One(Easy)

- He is a lazybones who is never willing to do any work. (*A lazybones refers to a person who is lazy.*)
- She was a dark horse but managed to come out in front. (*A dark horse refers to a person who wins unexpectedly.*)
- Jenny really has to put on some weight. She's a walking skeleton now! (*A walking skeleton refers to a person who is too thin.*)
- I'm a night owl and seldom go to bed until after midnight, while my roommate is an early bird. (*A night owl refers to a person who tends to stay up until late at night, while an early bird is the opposite.*)
- James Bond is such a lady-killer that no girl can resist him. (*A lady-killer refers to a man who is very attractive to women.*)
- He's too afraid to stand up to his bully. What a yellow belly! (*A yellow belly refers to a coward or a person who lacks the courage to do or endure dangerous or unpleasant things.*)

Round Two(Hard)

(First students will have a wild guess and after the teacher provides cultural background orally, they will have a second chance to give the definition.)

- It was only her first day of work but she finished so much; she was a real eager beaver. (*An eager beaver refers to a person who is very excited or enthusiastic to begin a task.*)

  Cultural background:

  Beavers are known as extremely hardworking animals because of the way that they bite through trees to get wood for their dams.

- He won't come out to play because he's a couch potato. (*A couch potato refers to a person who spends a lot of time watching television with little or no physical activity.*)

  Cultural background:

  Instead of going outside or moving around, couch potatoes prefer lying on the couch and watching television. They are called "potatoes", because they don't move AT ALL! Another reason could be that potatoes have eyes, which are needed to watch TV.

- Tina is the black sheep of the family. She's always causing trouble. (*A black sheep refers to a person who is regarded as a disgrace to the family or group.*)
  Cultural background:
  Shepherds did not like rare black sheep since their fleece could not be dyed any color and there weren't enough of them to sell black wool. Some people also thought that the black sheep frightened the rest of the flock and came from the devil.
- I hope Tim won't go to the party with us—he's such a wet blanket. (*A wet blanket refers to a person who spoils other people's fun by failing to join in with or by disapproving of their activities.*)
  Cultural background:
  Native Americans often put out their campfires with blankets they had dipped in the nearest river. If fire represents enthusiasm, excitement, passion, and joy, then the wet blanket that puts out the fire stands for someone who behaves in a way that spoils others' pleasure.
- I can fix this computer myself, but she always tries to be a backseat driver. (*A backseat driver refers to a bossy person who always gives unwanted advice and directions.*)
  Cultural background:
  When automobiles became popular in the United States in the 1920s, many rich people hired others to drive their cars and gave orders in the backseats to the front-seat drivers about where to go, what road to take, how fast to drive, and so on.
- John is such an apple-polisher—he always agrees with whatever the boss says. (*An apple-polisher refers to a person who uses gifts or flattery to get promotion or win favor.*)
  Cultural background:
  The history of this expression dates back to the practice followed by school children. Some school children took apples to school and polished them till they gleamed. Then they presented them to the class teacher! They hoped that by doing this, the teacher would overlook their poor performance in class and instead give them good marks.

2. Introduce one person you are familiar with, using the idiom(s) just learned, in 2 or 3 sentences. You need to give a reason or provide an example to explain your view.

Model:

1. My son is an eye candy. With big shiny eyes, he is so chubby and cute that everyone who sets eyes on him wants to pinch his cheeks. So he is really a delight to the eyes.

2. Sheldon Cooper can sometimes be defined as a wet blanket. He tends to say something to discourage his friends and often looks down upon their ideas. He is really hard to get along with.

教学设计说明

通过由易到难的猜词游戏,激发学生兴趣,让学生在语境中认知和运用常用习语。适时地补充相关的文化背景,帮助学生加深对所学习语的理解,感受英语之魅力。

Ⅲ. Discussion(10 mins)

1. Watch the video “The salt of the earth” and find out what it means.

2. Discuss how to be the salt of the earth as a student.

教学设计说明

通过对习语“the salt of the earth”的典故解析,帮助学生理解有关 salt 习语的含义,加深对西方文化的了解,并激励和指导学生成为有用之人。设置学生讨论环节,训练学生的批判性思维,培养团队合作和用英语表达的能力。

Ⅳ. Homework(2 mins)

1. Find out the meaning and origin of the idiom “sponge” mentioned in Dr Henry Dyke's speech.

2. Look for other idioms used to describe people, track their origin and share them with the class next time.

三、英语话中华

随着中国国际影响力的进一步提升,“讲好中国故事”逐渐成为新一代青年的诉求和期待,培养文化意识的重要性也开始在高中英语教学中受到关注。通过挖掘语言文化意涵、拓展教材文化资源、开设选修课等途径来培养学生的文化意识,逐渐成为高中英语教学方向。但在实际教学中,文化意识目标往往因教材文本局限、传统教学束缚、教师跨文化素养欠缺等因素而被忽视或达成度不佳(江淑玲,2012)。伴随全球化而来的信息、观念和文化在全球的多向流动使文化意识的培养显得越发重要。教师应当在日常教学实践中不断反思，尝试以核心素养为导向进行课堂活动设计，以有趣的学习材料激发学生的文化学习兴趣，以有层次的情境创设推动学生的文化感知，以有深度的任务链设计提升学生的思维品质，实现文化意识的三级发展目标，在显性的教学活动中潜移默化地培养学生运用英语向外界阐述中国思想、中国道路、中国文化的意识和能力。

在此大背景下，我校联合上海外国语大学共同开发了“英语话中华”校本英语选修课程，通过问卷调查选出“神话”“美食”“中医”“戏曲”“诗歌”等学生喜闻乐见的授课专题，聚焦学生用英语介绍中国传统和现代文化的基本能力，激发学生的文化认同感，培养学生的跨文化交际素养，在锻炼学生认知、语言、思维等关键能力的同时，帮助当代高中生了解中外优秀文化，感悟其精神内涵，在文化比较中坚定文化自信，在国际舞台上争做中国文化的“讲述者”和“传播者”。

课程大纲如下：

主题	次/周	学习内容	课堂活动 （共 25 人，分成 5 组）	所需材料
中国神话	3	中国神话较有代表性的人物和故事； 中西方宇宙起源	学习用英文讲述中国神话故事	◇ 关于中国神话的故事、人物文字资料和视频
	4	“龙”的翻译； 中西神话对比与社会文化观念对比	小组讨论 Role play 对比中西神话的异同	◇ 西方神话简介视频
中华美食	5	中国菜系	下发八大菜系的介绍，让每组负责介绍一个	◆《饮食男女》片段 ◆ 八大菜系的英文介绍 ◆ 八大菜系的分布地图 ◇《舌尖上的中国》英文版视频
	6	餐桌礼仪	学习餐桌礼仪 学习菜名的译法	◆ 菜名译法的材料 ◇ 介绍中西餐桌礼仪的视频
	7	如何宴请外国客人	每组模拟一种餐厅，模拟用餐 （外国客人去：火锅店、烤鸭店、本帮菜饭店） （中国客人去：西餐厅；咖啡店）	◇ 中西餐厅的菜谱 ◇ 各种咖啡的表达方式 ◇ 地道的点餐用语
中医	8	电影《刮痧》探讨	看电影《刮痧》， 讨论里面的矛盾	◆ 电影《刮痧》 ◇ 菲尔普斯等外国名人用中医治疗的图文资料

(续表)

主题	次/周	学习内容	课堂活动 (共25人,分成5组)	所需材料
中医	10	中医基本理论	下发介绍材料,完成连线、填空等活动,最后由每组负责介绍一方面	◇ 疗法(针灸、火罐等)的英文表达方式 诊断(望闻问切) 理论(阴阳五行) ◇ 英文介绍中医的视频和图文资料
	11	如何介绍中医疗法	学习阴阳五行的知识以及如何用英语表达	◇ 阴阳五行等基础知识
戏曲	12	认识脸谱	画脸谱 把熟人/明星与脸谱/行当对号入座	◇ 介绍京剧/昆曲及其他地方戏曲的视频 ◇ (买)京剧脸谱、颜料、毛笔
	13	经典戏曲作品	京剧基本知识 脸谱 行当(生旦净末丑)	◆ 关于汤显祖的视频 ◇ 汤显祖与莎士比亚作品的视频及相关资料 ◇ 各类中国戏曲表演视频 ◇ 行当介绍资料
诗歌	14	中国古诗英译	翻译耳熟能详的唐诗,每组翻译一首,写黑板上,让其他组猜原诗是什么。对比翻译大家的版本	◆《静夜思》《春晓》等古诗的各种翻译版本 ◆ 中英诗歌的基本知识介绍 ◆《朗读者》许渊冲的视频 ◆《开学第一课》许渊冲的视频
	15	英语诗歌欣赏	翻译简单的英文诗 对比翻译大家的版本 体会如何提升译文的美感	◆ 简单的英文诗的中文翻译

典型案例一

Chinese Myth—Creation of the Universe

学情分析:

The target students are of medium level in English, but they have showed great interest in the topic—Creation Myth as they read the Greek creation myth. Their learning difficulty in this period mainly lies in the effective use of translation strategies to tell the Chinese myth in English, especially in translating some names or proper nouns with culture connotations and further exploration of the underlying cultural values reflected in the myth.

教学目标:

After completing the lessons in this period, students will be able to:

1. Tell the Chinese creation myth in English.

2. Analyze the underlying cultural values from several aspects by comparing and discussing.

3. Grasp three basic translation strategies on how to translate the names of some Chinese gods and goddesses as well as some proper nouns with culture connotations.

教学步骤:

Warm-up

1. Ask the students to think about how to translate some characters in a popular mobile game to a foreign friend to elicit the topic and stimulate the students' curiosity.

Step Ⅰ

Ask the students to figure out three strategies on how to translate the names of some Chinese gods and goddesses.

Chinese gods and goddesses	Transliteration	Direct translation	Explanation
龙王	Longwang	The Dragon King	Chinese water and weather god
夸父	Kuafu		The sun-chasing giant

Step Ⅱ

Ask the students to apply the three strategies to the translation of more characters.

Chinese gods and goddesses	Transliteration	Direct translation	Explanation
盘古	Pangu		Creator of the universe
嫦娥	Chang'e		Goddess of the moon
仓颉	Cangjie		The inventor of Chinese characters
后羿	Houyi		A Chinese archer who shot down nine suns
钟馗	Zhongkui		Demon catcher

Step Ⅲ

Ask the students to have a quick quiz about the main plots of Greek creation myth they read in the last period.

1. What is the meaning of Gaia in Greek? ( )

A. Earth B. Heaven C. Sea D. Mountain

2. Gaia produced the following children at the very beginning except( ).

A. Uranus B. Pontus C. Ourea D. Zeus

3. Uranus is Gaia's ________. (relationship)

4. How did Cronus and Zeus become the lord of the universe?

附：Greek Creation Mythology

How the Universe Came to Being

The Greeks believe that at the very beginning, Gaia, or Mother Earth, appeared out of the dark, silent and formless chaos of a golden egg. Without sweet union of love, she then gave birth to Ourea, the mountains, Pontus, the boundless seas, and finally Uranus, the heaven, covering her with his starry coat on all sides. Uranus later on became Gaia mate and all living things were the result of their union. The couple created monsters, like Cyclopes, a giant with a single eye, and the twelve Titans(泰坦巨人族), who were parents of the twelve Olympians(奥林匹斯 12 主神).

However, their youngest son, Cronus, overthrew his father, and took over as the lord of the universe. Later he married his sister Rhea. Fearing that his children would overpower him like what he did to his father, Cronus swallowed all of his offspring alive once they were born.

Horrified and painful, Rhea tricked Cronus when her sixth child, Zeus, was born. She wrapped up a rock to look like a baby and had Cronus swallow that instead. Later, grown-up Zeus rescued his previously swallowed siblings, with whose help he overthrew his father Cronus and exiled him to the underworld. Zeus became the master of the universe...

Step Ⅳ

Ask the students to help the teacher to improve the translation of the Chinese creation myth for a foreign friend, using the three strategies of translation.

天地混沌如鸡子，盘古沉睡于其中。十万八千岁，盘古醒，以巨斧开此混沌，天地开辟。轻而清者为阳，上升为青天；重而浊者为阴，下沉为沃土。此后，盘古以手撑天，立于天地之间，青龙、白虎、朱雀、玄武四神兽助其左右。如此又十万八千岁，盘古力竭而倒，身为五岳，目为日月，血为江海，汗为雨水，毛发为星河……《三五历纪》

● 天地混沌如鸡子，盘古沉睡于其中。

The universe was in a formless chaos like a huge black egg. Within it soundly slept a creature named Pangu.

● 十万八千岁，盘古醒，以巨斧开此混沌，天地开辟。(Direct translation)

After 18 thousand years, One day, Pangu woke up from the egg and took his giant axe to break open the egg with all his might.

● 轻而清者为阳，上升为青天；重而浊者为阴，下沉为沃土。(Transliteration, Explanation)

Yang, the light and bright forces of the world, floated upwards to form the blue heaven, while yin, the heavy and dark forces of the universe, sank down to become the fertile earth.

● 此后，盘古以手撑天，立于天地之间，青龙、白虎、朱雀、玄武四神兽助其左右。(Direct translation)

To keep them separated, Pangu stood between the heaven and the sky with the help of four divine beasts, namely the Azure Dragon, the White Tiger, the Vermilion Bird, and the Black Turtle.

● 如此又十万八千岁，盘古力竭而倒，身为五岳，目为日月，血为江海，汗为雨水，毛发为星河……(Explanation)

After another 18 thousand years, Pangu was exhausted and slept forever. His body turned into Five Sacred/Great Mountains, his eyes became the sun and the moon, his blood became the river and sea, his hair changed into stars...

Step Ⅴ

Ask the students to make a comparison and contrast of the two myths and gods in Chinese and Greek mythology to explore their underlying cultural values.

Leader of gods	**The Emperor Jun/Jade Emperor**	**Zeus**
Appearance	Dressed like a typical Chinese emperor	With a thunderbolt, an eagle, a crown of oak leaves
Personality	Strict morality	Lustful, ambitious, aggressive
Power	Ruler of the heaven, human world and hell Supreme power	King of the gods of Mount Olympus The bringer of order, justice and civilization
Leader of Goddesses	**Queen Mother of the West**	**Hera**
Appearance	Beautiful Distinctive headdress (shewas described as a human with a leopard's tail and tiger's teeth. *ShanHai*)	With stunning beauty/charming Dignified With a crown and pomegranate(symbol of fertile offspring)
Personality	Noble, gentle, merciful Pursuing perfect character	Supremely intelligent Exceedingly jealous & vengeful Aggressive
Power	Owner of Peaches of Immortality Dispenser of prosperity, longevity and bliss	Most powerful goddess/the queen of the goddesses Mighty

(续表)

Goddess of the moon	**Changxi/Chang'e**	**Artemis**
Appearance	Beautiful	An eternally young woman, beautiful and vigorous, wearing a short costume A huntress carrying a bow and arrows, a deer
Personality	Kind, gracious, tender, elegant	Chaste(abhor men and marriage/loss of freedom) Independent Impulsive & vengeful
Power	Hou Yi's Wife. Lives in the moon and is known as " the Moon goddess " is believed to make the moon shine and worshipped by girls who want to be a beauty and have a handsome husband immortal	Physically strong Able to defend herself Guardian of women in childbirth and of wildlife
God of the sun	**Xihe**	**Apollo**
Appearance	Three-legged crows Human-animal hybrid	Inhumanly handsome youth with a rayed headdress indicating his solar attributes Beardless, athletic
Personality		Versatile, powerful, tireless Fiery, spiteful, conceited
Power	The mother of ten suns Drive a carriage around the world every day with one of her sun birds	The powers of heat and fire, and the gift of sight(can heal the blind) Gift of music, healing, poetry and knowledge
God of love and marriage (matchmaking)	**Old man under the moon/Yue Lao**	**Eros**
Appearance	An old man under the moon	Beautiful and carefree winged youth, crowned with roses With a bow and arrows
Personality	Kind, gracious	Naughty/mischievous
Power	Appears at night, and "unites" predestined couples with a red silken cord, after which nothing can prevent their union Immortal	Randomly shoot arrows into his targets' hearts to inspire love or hatred

(续表)

God of sea	**The Dragon King**	**Poseidon**
Appearance		A bearded, older man with seashells and other sea life Riding a chariot Holding a trident (three-pronged fish spears)
Personality		Lustful, moodyand unpredictable Warlike
Power	Control weather Get orders from the Jade Emperor	Earth-shaker: the force behind earthquakes Control waves and ocean conditions

Homework

Prepare to introduce another Chinese mythology to the whole class and use the translation strategies we have learned today.

典型案例二

Chinese Cuisine

学情分析：

The target students are of medium level in English. Although they are quite familiar with the Chinese cuisine, they don't know how to introduce them to the foreigners in English. Their difficulty lies in translating some names or proper nouns with culture connotations and further exploration of the underlying cultural values reflected in the Chinese cuisine.

教学目标：

After completing the lessons in this period, students will be able to:

1. Identify the order of seats and courses in a Chinese restaurant.
2. Grasp some principles on how to translate the names of Chinese dishes.
3. Identify the features of the eight famous cuisines.
4. Order dishes to meet the needs of a foreign guest.

教学步骤：

Warm-up

Ask the students some questions to elicit the topic.

1. Why is eating so important in the Chinese culture and mattering most to the Chinese people?

2. How much do you know about the eight great regional cuisines in China? Can you name some famous dishes?

Cuisines	Flavor	Famous Dishes
Lu Cuisine(Shandong Cuisine)		
Chuan Cuisine(Sichuan Cuisine)		
Yue Cuisine(Guangdong Cuisine)		
Min Cuisine(Fujian Cuisine)		
Su Cuisine(Jiangsu Cuisine)		
Zhe Cuisine(Zhejiang Cuisine)		
Xiang Cuisine(Hunan Cuisine)		
Hui Cuisine(Anhui Cuisine)		

Step 1

Ask the students to try to translate the Chinese dishes' names into English, using the following strategies of translation.

Strategies of Translation

1. Main ingredient.

(1) Main ingredient+with+other ingredients

松仁香菇：Chinese Mushrooms with Pine Nuts

(2) Main ingredient+with/in+sauce

蓝莓山药：Chinese Yam with Blueberry Sauce

2. Cooking method.

(1) v-ed+main ingredient

拌黄瓜：Tossed cucumbers

(2) v-ed+main ingredient+with+other ingredients/sauce

豌豆煎辣牛肉：Sautéed Spicy Beef with Green Peas

3. Shape/taste.

Shape/taste+main ingredient

玉兔馒头：Rabbit-shaped Mantou

香酥鸡：Crispy Chicken

糖醋里脊________________ 宫保鸡丁________________

鱼香茄子________________ 番茄炒蛋________________

油焖大虾________________ 剁椒鱼头________________

火腿炖甲鱼________________ 狮子头________________

无锡酱排骨________________ 三杯鸡________________

Step 2

Pair work

A group of eight foreign students are paying your school a visit. They expect to have some authentic Chinese cuisine at weekends and they turn to you and your deskmate for help. Please help them to find out where and what to eat according to their eating habit and preference.

Name	Paul Carter
Nationality	American
Preference	Spicy, numbing, pork
Dislike	Animal organs, blood

Suitable restaurant: a ________ cuisine restaurant
Dishes recommended:

____

____

____

Name	James Porter
Nationality	British
Preference	Light, tender, fresh, dim sum, beef
Dislike	Chicken feet

Suitable restaurant: a ________ cuisine restaurant
Dishes recommended:

____

____

____

Name	Yamamoto Satoshi
Nationality	Japanese
Preference	Soup, seafood, light, duck, ginger, oyster
Dislike	/

Suitable restaurant: a ________ cuisine restaurant
Dishes recommended:

____

____

____

Name	Kim Yoona
Nationality	Korean
Preference	Spicy, sour, fish, stinky tofu
Dislike	Numbing

Suitable restaurant: a ________ cuisine restaurant
Dishes recommended:

____

____

____

Name	Alexander Rowswell
Nationality	Canadian
Preference	Rice, freshwater fish, meatball
Dislike	Salty, seafood

Suitable restaurant: a ________ cuisine restaurant
Dishes recommended:

____

____

____

Name	Sophie Canet
Nationality	French
Preference	Braised, salty, fresh, pork, chicken
Dislike	Animal organs

Suitable restaurant: a ________ cuisine restaurant
Dishes recommended:
____
____
____

Name	Isabella Cruz
Nationality	Spanish
Preference	Seafood, salty, barbeque, pork, mutton
Dislike	Light, fresh water fish

Suitable restaurant: a ________ cuisine restaurant
Dishes recommended:
____
____
____

Name	Angela Sandberg
Nationality	German
Preference	Braised, stewed, stinky tofu, stinky fish
Dislike	Spicy, numbing

Suitable restaurant: a ________ cuisine restaurant
Dishes recommended:
____
____
____

Step 3

Role play: treat a foreign guest in a Chinese restaurant

You are going to accommodate one student from the foreign group at the weekend. And you decide to treat your guest to a Chinese dinner. Put on a conversation in the restaurant. You need to invite other two students to play as your guest and the waiter/waitress of the restaurant.

Procedure

1. Order of seats.

Teachers show the layout of a private room in a Chinese restaurant and then asks questions like the followings.

(1) Q: Where does the host sit?

(2) Q: Where does the hostess sit?

(3) Q: Where does the most distinguished host sit?

(4) Q: What is the "smaller table" used for?

2. Order of courses.

Teachers remind students of the difference ordering between a Chinese restaurant and a Western one, then show four pictures of different types of dishes and ask students to put them into the correct order. Teachers wrap this activity up by eliciting the correct order of courses.

3. Order for your foreign guest.

Teachers ask students to write down the dishes they want to order for their foreign guests. Each group receives an information table of their guest. They need to choose the suitable restaurant and dishes to meet the guest's preference.

Teachers decide on the groups that need to make a presentation on their order by drawing lots. The remaining groups vote for their favorite order.

4. Useful expressions.

May I have a private room for... I've booked/reserved a table for two. Please take my order. What do you have for today's special? What would you recommend? I prefer something... What's the specialty here? I'll leave it to you. Could I have the bill, please? Check, please.	I'll arrange that for you. Do you have any special requirements? Have you booked a table? /Have you made a reservation? May I take your order? It's our chef's recommendation. Would you like to try our latest promotion? Have a nice meal. Well, I would like to suggest you get it to take away. How would you like to pay?

Homework

Food for thought

The Chinese fondness of eating has lent many colorful expressions to their mother tongue. The simple word"chi", to eat, is commonly used as the substitute for the words "have" or "suffer" in English. For example, "Chi kui" is "Have been taken advantage of." Can you name more?

第六章

为有源头活水来——我的研究历程

教育,看似重复劳动,其实重复中充满了各种可能与变化。这决定了教育是一项创造性极强的劳动。多年的教育教学实践让我明白:课堂上任何匠心独运的教学设计依赖的是师者心中的"源头活水"——对教学孜孜不倦的研究。本章节记录了我作为上海市复兴高级中学的英语教研组长,如何带领着自己的研究团队开展语法教学研究和德育研究的历程,希望给广大有志于通过教学研究来提升课堂教学能力的一线教师一些启发。

第一节 高中英语语法教学研究历程

一、研究的缘起

记得多年前,那时的我还是一名初出茅庐的青年教师。虹口区邀请了何亚男老师到我们学校听我和另一位青年教师徐雯的课。徐老师当时开了一节语法课,上的是部分倒装,何老师在评课的时候就说了:"上倒装除了讲解它的结构,还要让学生体会'Never will I forget the experience in the countryside.',这样的表述比正常语序强调了 never 这个否定副词,从而更能表达出学生对这段经历的留恋。"这句话现在听来似是寻常,但在当时真的让我有了醍醐灌顶的感觉,并产生了想要研究语法教学的冲动。这种冲动存在心中,久而久之就变成了一个念想。于是在 2011 年,在我担任了英语组教研组长后就申报了虹口区的区级课题,组织了英语组的老师开始了对语法教学的研究。如今,回望当初就发觉在我们的教师生涯中经常会有来自课堂,来自理论书籍,来自导师或同行的灵感与触动。如果我们能把这些灵感和触动保留下来,深入地探索和研究,最后就有可能在某个教学领域有所突破,正所谓星星之火可以燎原。

二、研究的历程

(一) 第一阶段(2011—2017 年)

1. 问卷调研。

课题组通过对虹口区不同层次的四所学校(复兴高级中学,北郊高级中学,虹口高级中学和鲁迅中学)的英语教师和高二年级的学生进行问卷调查,以及学生语法测试来了解分析目前虹口区高中英语语法教学的现状。调研主要围绕三个方面展开:(1) 目前教师对语法教学的理念如何,以及采用的语法授课的主要模式是什么?(2) 这一模式是否存在着不足?比如,是否能激发学生对语法学习的兴趣,或是否能有效地促进学生语法知识的掌握和巩固,等等。(3) 通过语法测试卷观察:在现有的语法教授模式下,学生是否能把语法知识灵活、恰当地运用到语境中去。比如，学生在客观选择中是否能够正确识别结构的一个语法知识点，在翻译或写作中能否准确地运用。问卷调研的数据为课题组分析高中英语语法教学现状提供了宝贵的一手资料。

2. **文献检索和学习**。

通过文献检索，找到和本课题相关的中外论文和著作，组织课题组成员学习，并定期召开会议，交流学习心得，邀请专家与会指导，力求使课题组各成员掌握先进的理论知识，用以指导语法教案的设计。

3. **教案设计与实践**。

课题组成员各自进行部分语法项目的教案设计，并进行教学实践。在实践的过程中，课题组成员互相听课、交流，并邀请专家来评课、指导。课题组成员根据专家的意见进行深刻的反思，各自调整和完善已有的教案设计，最终形成汇集12个精选教案并附有专家点评的高中英语语法教学成果集。

4. **研究成果**。

研究形成了《基于语用的高中英语情境语法教学案例集》，并基本形成了高中语法课堂教学的模式：

（1）课堂引入部分，教师应从学生熟悉的内容出发，创设既要贴近学生生活，又能激发学生学习情绪和学习兴趣的语境，还要能自然地嵌入目标知识，恰到好处地引出其语用功能。

（2）简单讲解语法知识和规则并辅以单项的机械操练。在这个过程中，教师应充分调动学生的主观能动性，在教师的启发下，由学生自行观察、分析、归纳与总结语法规则。适量的单项机械操练能帮助学生迅速了解熟悉语法形式与意义。

（3）学生初步了解语法形式与意义后，教师让学生在情境中反复地进行有意义的口头或笔头操练。在这个过程中，教师选择的语料应该体现目标语法的典型语用功能，方便学生在日后的应用中借鉴；比如有些语法规则多用于书面语，有些则多用于口语。最后，为了强化课堂教学内容与实际语言运用之间的联系，巩固练习应尽可能地让学生在一个完整、真实的语境中完成。所选语料内容凸显的语用功能也应该与所教授内容相呼应，让学生学有所用，增强自信心。

5. **研究的反思与发展**。

研究告一段落之后，在后续的教学实践中不断涌现出各种关于情境语法教学的困惑：语料的选编有何原则？有哪些渠道可以搜索到合适的语料？如何确定各语法知识的语用功能？先确定语用功能，还是先查找合适语料？情境语法教学有哪些活动设计？不同的活动设计有哪些功效？情境创设是否受制于所选话题？这些困惑让我们对现有的成果和教案又开始了新一轮的反复思考、实践、研讨与修改。

例如，2014年，课题组的陈琼老师开设了一节情境语法教学区级展示课，选取了部分倒装这一语法点，欣赏和讨论诺贝尔和平奖得主埃利·维瑟尔(Elie Wiesel)的代表作 *Night*，话题围绕人性的脆弱和战争的残酷。原文中有一整个段落使用了部分倒装。通过反复朗读，学生能体会到作者的绝望。但在最初的教学设计中，陈老师整节课全是围绕话题，设计了写梗概、访谈、书评等活动，让学生反复在同一话题下使用该语法结构。但试讲后却发现话题太过沉重，学生没有类似经历很难体悟作者情感，语法结构的操练很多，但并没有体现出情境语法教学的优势。话题的贯穿性反而制约了学生的语用能力。在反复修改、试讲后，最终我们决定突破单一话题这一桎梏，仍然使用这一经典段落引出部分倒装的语用功能，但在操练环节从学生喜闻乐见的话题入手，激发学生的表达欲望。例如，陈老师让学生用部分倒装句推荐一部自己喜爱的电影，写一份给食堂的投诉信，写一封情感真挚的 Love Letter。学生的产出让老师出乎意料，有学生写成了诗歌，有学生表达了对母亲的感谢，还有学生赞美了大自然。学生细腻的情感通过倒装句的使用恰到好处地表现出来，取得了突出的教学效果。

时至 2017 年，在我们这几年研究—反思—再研究的基础上，我们把成果进行总结和提炼，推出微视频课程：《高中英语基于语用的情境语法教学策略》。以下为课程目标与大纲：

<table>
<tr><td colspan="3">【课程目标】
本课程针对教师在高中英语语法教学中的困惑和典型问题，提出了注重语用的情境化、交际化的语法教学策略，旨在引导教师转变英语语法教学理念，改进教学方法，提高教学效益。</td></tr>
<tr><td rowspan="5">1. 课程综述</td><td colspan="2">1.1 高中英语语法教学现状分析</td></tr>
<tr><td rowspan="2">1.2 理论基础</td><td>1.2.1 语法教学中的语用原则</td></tr>
<tr><td>1.2.2 语法教学依托情境的必要性</td></tr>
<tr><td rowspan="2">1.3 课程简介</td><td>1.3.1 课程主要目标</td></tr>
<tr><td>1.3.2 课程内容大纲</td></tr>
<tr><td rowspan="4">2. 语用理念</td><td rowspan="2">2.1 语用功能</td><td>2.1.1 语法教学目标的设定</td></tr>
<tr><td>2.1.2 目标语法语用功能的确定</td></tr>
<tr><td rowspan="2">2.2 语用迁移</td><td>2.2.1 利用母语的正迁移</td></tr>
<tr><td>2.2.2 克服母语的负迁移</td></tr>
<tr><td rowspan="7">3. 语料选用</td><td rowspan="3">3.1 语料选取</td><td>3.1.1 符合语法学习的内容和要求</td></tr>
<tr><td>3.1.2 凸显目标语法的语用功能</td></tr>
<tr><td>3.1.3 契合目标语法的适切语境</td></tr>
<tr><td rowspan="2">3.2 语料改编</td><td>3.2.1 语料适切性</td></tr>
<tr><td>3.2.2 语料实时性</td></tr>
<tr><td rowspan="2">3.3 语料积累</td><td>3.3.1 语料获取的途径与方法</td></tr>
<tr><td>3.3.2 语料资源库的构建</td></tr>
</table>

（续表）

4. 活动设计	4.1 情境化	4.1.1 活动的适切性
		4.1.2 活动的可操作性
	4.2 任务化	4.2.1 激发学生学习兴趣
		4.2.2 加强学生学习体验
		4.2.3 提高学生学习能力
	4.3 多元化	4.3.1 阅读活动中的语法学习
		4.3.2 听说活动中的语法学习
		4.3.3 写作活动中的语法学习
5. 课程研发		

（二）第二阶段(2019—2021年)

《课标》首次提出了英语学科核心素养的概念和内容，研制了基于核心素养的学业质量标准，并以核心素养发展为指向，构建学科内容和评价体系，充分体现立德树人的教育理念。新课标中明确指出它所倡导的英语教学语法观，是以语言运用为导向的"形式—意义—使用"三维动态语法观。同时，2020年开始，上海推行了新教材。在这样的"双新"背景下，我在虹口区组建了高中英语学科研修团队，形成了项目组，基于上外版新教材，对之前的语法研究实行了进一步的推进：立足单元，探索如何使语法学习从脱离语境的知识学习变为与大单元各板块紧密联系，知识学习与技能发展融入主题、语境、语篇和语用之中的综合性语言活动，促进学生的文化理解和思维品质的形成，潜移默化地培养学生的核心素养。同时，引导教师转变英语语法教学的理念，改进教学方法，提高教学效益。

1. 组建团队和文献研究。

项目组组建团队，确定项目研究人员以及各人员的实际研究任务。通过学习《课标》，理解《课标》对于高中学生对语法知识的掌握和语言运用能力的要求，确定高中阶段的核心语法项目。梳理有关高中英语语法教学的文献，研读美国应用语言学家戴安·拉森-弗里曼(Larsen-Freeman)的著作《语言教学：从语法到语法技能》(*Teaching Language: from Grammar to Grammaring*)，了解目前语法教学的研究现状，学习先进的理论知识，用以指导语法教案的设计。

2. 课堂教学实践研究。

项目组根据高中《英语》(上外版)的单元主题和语法项目安排开展教学探索，进行语法教学的课堂教学实践。在反复的课堂实践中研究语法教学的模式和策略，并加以不断完善。项目组开设公开展示课并召开中期交流总结会，总结前期工作的经验教训并邀请专家亲临指导。在中期交流总结的基础上，项目组成员进一步明确思想，各自调整和完善已有的教案设计，并在新的理念指导下进行新一轮语法项目的教案设计和实验。改进教学方法和策略，并验证总结，积累大量的课例和实践经验。本项目组在三年过程中举办了两次市级公开活动和一次区级公开活动。项目组成员开设市区级公开课 20 节，其中楼蕾、张皎雯和钱陶然三位老师参与了空中课堂的录制。

3. **研究成果。**

项目组成员对典型案例进行研究和反思；组织研讨、交流活动，邀请专家指导，撰写结题报告。总结三年课题研修的成果，形成典型教学案例集对研究成果在全市推广和辐射。项目成效具体表现为：

(1) 提高课堂教学效益，培养学生语言综合运用能力。

本项目研究立足单元，将语法教学融入情境，基于语用，体现了"悟""融""递"三个特点。"悟"：在语境中引导学生观察，感知和总结目标语法的表达形式、基本意义、使用场合和语用功能。"融"：在语境中融合听、说、读、写、看等技能，设计课堂活动，帮助学生学会应用语法知识理解和表达意义。"递"：在语境中设计不同类型的学习实践活动(学习理解、应用实践、迁移创新)，有层次地引导学生掌握目标语法。在这三年的课堂实践过程中，项目组成员完全转变了英语语法教学的理念，一改之前机械、枯燥的教学方法，积极根据单元主题创设情境，把语法教学与听、说、读、写等技能结合起来。使语法课堂变得生动、有趣，提高了课堂教学效益，强化了学生语言能力和核心素养的培养。

(2) 建设优秀的教学和培训资源，促进教师专业化发展。

本项目在"双新"背景下，坚持任务引领，聚焦个人发展与团队发展，聚焦英语学科核心素养的培育，以交流展示与专家讲座为基本，坚持教师个人学习与团队成员共同学习结合。在理论学习的基础上，加强了实践的操练，旨在提升英语学科的关键能力。在疫情期间坚持开展活动，充分利用信息技术手段，依托微信、腾讯会议等网络平台和教师人才梯队管理平台，多途径、多形式地有序开展各类活动。历时三年的研究目前已经积累了单元视角下指向核心素养的语法教学设计和培训课程资源。其中的课程资源被推荐为上海市"双名"项目学术资助课程。在这三年中，参与研究的教师通过专家讲座，学员的自我研习和交流，加强了自身的学科本体知识，进一步树立了语法教学应该依托单元主题与听、说、读、写活动结合的理念，为之后独自进行语法教学设计打好了基础，为项目研究奠定理论基础；通过专家指导，团队协作，备课磨课和教学实践，学员明确如何从学科核心素养和单元视角出发，扎根课堂，依托新教材的单元主题和语法体系思考教学策略，关注语法教学活动设计的适切性及可操作性，以学生为主体，以任务为驱动，思考如何与单元板块活动相结合，开拓了语法教学思维路径。

此外，本项目形成的《单元视角下指向核心素养的语法教学设计》的微视频培训课程，入选了上海市第四期"双名工程"音视频课程。课程大纲如下：

课程名称	《单元视角下指向核心素养的语法教学设计》微视频课程
课时	课程内容
第一课时	课程综述
第二课时	指向核心素养的高中英语语法教学设计
第三课时	单元视角下的语法教学设计——语法教学结合文化和写作板块
第四课时	单元视角下的语法教学设计——语法教学结合阅读和听说板块
第五课时	单元视角下语法教学语料的选取与改编
第六课时	语法教学任务化
第七课时	语法教学策略化
第八课时	语法教学多元化——语法教学与阅读
第九课时	语法教学多元化——语法教学与写作
第十课时	语法教学的评价

4. **项目反思**。

虽然我们对于语法教学的研究取得了一些成果，然而，我们的教学研究之路却远远没有结束。我们依然还有一些关于语法教学的困惑：比如如何依据教材的单元主题进行高中英语语法教学语料库建设？在形成语法新授课的课堂教学模式的基础上，如何进行语法复习课的活动设计？如何改变传统的以教师教学为中心的课堂模式，在教学过程中能灵活把握“生成性”问题以及尽可能采取“开放式”的策略，让课堂“留白”，给学生自由探索、自主思考的时间和空间，激发学生的个性与潜能？这些困惑将引领我们对现有的成果和教案开始新一轮的思考、实践与探索。

第二节　英语课堂渗透德育研究历程

一、研究的背景

（一）引言

青少年时期是形成世界观、人生观、价值观的关键时期。在高中英语课堂中落实立德树人目标，进行情感道德教育渗透，是培养青少年的优秀道德品质、促进其全面发展的重要途径。如今，人们对英语教学的认识发生了转变，从知识观到工具观再到人文观，英语教学不仅关注语言知识与语言社会功能，还需要增强对人的关注、对学生发展的关注、对学生综合人文素养的关注。

《普通高中英语课程标准》经过两次修订，“核心素养”理念的提出成为高品质教学设计和展示、实现立德树人德育观点的链接。高中英语学科的核心素养包括语言能力、思维品质、文化意识和学习能力四个维度。而在教育部关于印发《中小学德育工作指南》的通知中也明确指出，人文学科要利用课程中语言文字、传统文化、历史常识等丰富的思想道德教育因素，对学生进行世界观、人生观和价值观的引导，培养学生的综合能力。同时外语课要加强对学生国际视野和综合人文素养的培养。由此可见，学科核心素养的内容与德育课程育人的要求高度统一。如思维品质可对应德育内容中学生对自我与世界的认知、对其三观的正确引导。而文化品格也与德育内容中人文素养和文化视野的培养联系紧密。学习能力则涵盖了学生目标的设立和运用所学的能力，分别对应态度与策略。

以高中《英语》(上外版)为例，学科特性与德育目标环环相扣，每个单元的首页都包含四维的学习目标和主题名言，从主课文(Reading A)理解类活动词汇和语法活动帮助学生深入探究主题意义，协同视听实践(Listening and Viewing)和拓展阅读(Reading B)，通过多模态的内容培养学生的语言技能、文化意识和思维品质，以单元为载体形成对文化主题的输入，实现基础学科德育。而新课型思辨板块(Critical Thinking)和项目探究板块(Further Exploration)更是在这一系列的单元输入的基础上，对本单元已学知识、内容和信息进行综合分析，意义建构和信息转换，进一步进行文化与思维的产出，学生的自主探究与自我评价的过程为学科德育提供了新的突破口。

(二) 国内外相关研究述评

“双新”背景下，学科与德育的融合成为重要议题。英语学科除了承担提升学生语言学科能力的重要职责，更在学生人文素养、国际视野与思维品质的发展上起着关键性的作用。课改历时至今，如何引导学生在课堂潜移默化地吸收德育内容并思考优化策略是我们教育从业者应当重视的。目前，国内外对英语教育渗透德育的研究贯穿了从小学到大学的阶段，总结下来，有以下特点：

1. 内容上基本结合教材，从教材中挖掘德育的元素和契机；

2. 德育目标上，尤其在中小学阶段，以爱国主义教育、文明礼貌、遵守社会秩序等目标为主；

3. 德育渗透实施策略方面，主要以创设良好的德育氛围或者开展有关英语德育活动为主。

然而，在日常英语教学中，英语学科的德育渗透还存在一些问题。首先，受传统教学观的影响，教师在制定教学目标时，会更多地关注语言知识与语言技能，忽略德育目标；或者教学设计中虽然包含了德育目标，但目标设计得过于宏大宽泛，不够具体（高攀，2016；戴佳敏，2014）。这不仅使德育目标难以达成且与课堂本身格格不入，也会使后续活动设计失去德育的方向。其次，教师缺乏对教材背后德育内容的深入挖掘，也导致了教材中的德育内容被弱化（戴佳敏，2014）和德育目标的泛化。

冯德正（2015）提出，价值观通常不是直接呈现在教材中，而是“藏”在复杂的人物形象、故事情节之中。教师若忽视对文本内涵的挖掘，便无法发现文本隐性的德育契机，使德育浮于表面，或与语言教学割裂。因此，教师应深入研读教材，挖掘文本背后的人文价值和情感教育因素，找到切入点，适时加以利用，使其巧妙地融汇在语言学习活动中。

德育不同于语言教学，它是隐性的、内在的、非灌输说教式的。如若把握不当极易使学生产生厌烦或抵触情绪，即使认同，但因缺乏具体实践体验过程，也很难内化为自己的价值观。冯德正（2015）指出，道德教育包含三个层面，即理解、认同、实践。因此，在英语课堂中，老师要善于利用学习活动调动学生的生活经验和情感表达，借助现实情境，将德育渗透转化为日常行为，方能提升学生的接受度和代入感。赵钰琳（2018）也强调将道德教育建立在具体语境中，“从情境中来、回情境中去”，鼓励学生结合所学知识，独立思考，合作探究，解决新情境中的新问题。

总之，当下的英语教学主要存在德育目标泛化、教材挖掘不足、缺乏情感认同这三大问题。许多德育相关的研究都强调了“情境”与“实践”的重要性。本课题将从这三个角度入手，探究在英语课堂中如何利用好新教材，充分挖掘文本育人内核，细化可操作、可实践的德育目标，创设基于真实情景语境的课堂学习活动，渗透道德教育和价值观引领。

二、研究目标与过程

（一）研究目标

因高中《英语》（上外版）教材体系庞大，研究时长有限，本研究聚焦高中《英语》（上外版）教材选择性必修 2C 分册，以第一单元作为一个切口，研究阅读课、视听课、思辨课以及项目探究等课型如何与学科德育有效衔接。在新教材刚刚推进两三年的背景下，尚未形成有关德育的、可迁移的教学模式与个性化的课例。因此本课题选择以 2CU1 为切入口，探究将德育教育融入英语课堂教学中，逐步摸索出针对新教材各个课型的行之有效的德育实践策略。

（二）研究内容

- 梳理和整合现有的德育相关的研究成果与理论依据，找出目前英语学科德育渗透的问题和策略，并归纳这些策略的共性。

- 筛选出切实有效的教学策略，以此为基础探索适用于上外版新教材 2CU1 单元各个课型上的新的德育策略。
- 依据学情分析和德育目标，进行具体的单元及单课教学目标、教学环节、作业的设计。
- 根据已有的教学策略进行视听说和思辨课的教案设计，开展区级公开教学和校级教学实践，并在实践中和实践后对教学设计进行反思和再适调。
- 根据 2CU1 单元各板块的教学设计，制定单元德育评价任务表，以检验英语课堂的德育成果。
- 总结研究过程中对前人德育策略在英语学科思辨课中的实践结果，提出学科德育在英语课堂教学中可行的新方法，以结题报告形式产出。
- 在课题研究的基础上形成论文和教学案例用以推广。

(三) 研究过程

1. **准备阶段**(2022.3)。

(1) 查阅相关文献，了解研究现状，归纳总结已成熟的德育策略。

(2) 结合已有课例，设计、完善德育策略与新教材的结合方案。

(3) 专家开题论证，进一步明确研究边界与路径。

2. **实施阶段**(2022.4—2022.6)。

(1) 依据学情分析和德育目标，进行具体的单元及单课教学目标、教学环节、作业的设计。

(2) 运用归纳得到的德育策略，依照教学进度进行新教材 2C 单元各个课型的教学，收集整理教学中的具体课例。

(3) 设计、完善调查问卷与访谈提纲，以调查问卷或访谈形式收集学生反馈，整理问卷及访谈笔录作为下阶段设计教案的依据。

(4) 结合反馈，对教学中使用的具体策略根据可行性原则进行裁汰、删改，并试着从教学实践中总结新的德育策略，阶段性小结汇总为中期报告。

(5) 重点研究各种教学策略的具体操作，比较其效果并为其划定适用范围，完善英语学科渗透德育的方法分析。

(6) 根据 2CU1 单元各板块的教学设计制定单元德育评价任务表，以检验英语课堂的德育成果。

3. **总结阶段**(2022.7—2022.8)。

(1) 提炼形成成熟的德育教学策略，以此设计教案验证其效果并进行最后的调整。

(2) 汇总成果，以结题报告和教学案例论文的形式汇报产出。

三、研究的发现与结论

（一）单元整体设计

1. **单元整体分析**。

本单元属于“人与自我”主题语境、“生活与学习”主题群，语境内容与“减压，抗压”相关，从各个板块来看，Reading A 是一篇阐述青少年压力问题成因、症状和解决方法的说明文，旨在提升青少年就压力问题的自察意识，并引导他们找到疏压和保持身心健康的有效途径。视听说板块是一则关于抗压的专题报道，报告人分享了“和压力做朋友对帮助人们对抗压力”的研究结果，旨在通过一系列活动提升学生面对困难和挫折时的解决问题的能力和坚强乐观的品格。Reading B 是一篇说明青少年焦虑症状和应对方式的说明文，其中的 Culture Link 拓展介绍了可用来缓解焦虑的中国传统文化中的太极拳，希望学生能够在保持身心健康的同时汲取中国文化的精华，形成适合自己的抗压、抗焦虑的方法。写作部分是让学生针对四位同学遭遇的问题和烦恼，提供有效的建议。Further Exploration 部分是一项项目探究活动，学生需要设计一份关于青少年压力的问卷，了解同伴们承受压力的现状。除了引导学生关注身心健康，形成积极乐观的人生态度外，这两个活动还能锻炼学生的沟通合作技能，培养他们的共情能力和互帮互助的品质。总体来看，根据《课标》和《高中英语教材单元德育要求》，本单元希望教师通过开展多种类型和形式的语篇教学活动，能帮助学生进一步理解身心健康的重要性，提高抗压和抗挫折的能力，养成健康的生活和学习习惯。

2. **单元德育目标**。

通过本单元的学习，学生能够做到以下两点：

（1）用积极的态度面对生活学习中的压力和焦虑，用科学的方法进行自我调控；

（2）提升面对困难挫折时自强合作、相互学习、有效沟通的能力，培养友善乐群和坚强乐观的品格。

3. **学情分析**。

本单元的教学对象是来自上海市某市重点高中高二普通班的学生。经过近两年扎实的英语学习，他们已经具备良好的听、说、读、写的能力，能够在语篇中快速捕捉文章主旨和关键信息，能够流畅地使用英语表达自己的想法，但是随着高考迫近，在高强度的学业中，尤其是网课期间，他们更容易出现压力过大和焦虑的情况，且时常不知如何进行疏导。因此，教师应当通过本单元的教学活动，引导学生积极乐观地看待学习生活中的压力，认真审视自己的身心健康状态，找到有效的途径缓解压力和焦虑，形成不畏困难挫折的品格，通过合作沟通提升自己解决问题的能力。

4. **单元各板块活动设计。**

单元板块	德育目标	核心问题	活动链设计
Reading A	1. 明确青少年压力产生的成因、不同类型的压力及其症状。 2. 掌握缓解压力的正确方法。 3. 培养“生活需要平衡”的理念,学会用积极的心态应对生活压力。	1. 你是否曾经为压力所困扰?压力有哪些类型?它们分别有什么症状? 2. 面对压力,你会向谁寻求帮助?哪些方法可以应对压力? 3. 你会如何更好地平衡生活、学习和工作?	1. 分析并完成文章思维导图表格,对文章信息进行梳理。 2. 角色扮演心理医生和寻求缓解压力的病人,借助课文中的信息进行会话。 3. “我为同学解压”小活动:学生先写下自己的压力,通过随机交换,为自己的同学提出缓解他们在学习或生活上的压力的方法,包括但不限于课文所给出的方法。
Listening, Viewing and Speaking	1. 学生能在视听活动中学会提取关键词、获取主要信息,了解适当休息放松的重要性,对待压力的正确态度及解压方法。 2. 通过分析和讨论同伴压力,学会用更积极的态度看待压力、用准确的语言描述压力源并给出如何与其共处的建议。 3. 通过观察 Kelly McGonigal 的演讲,总结有效的视觉工具的特征,并能尝试运用在课后相关演讲实践中。 4. 学生能在语言情境中学会转换心态、“化敌为友”,重新认识压力这位“朋友”;在同伴互助中,讨论各种解压方式,真切感受在关心、帮助他人时自身所汲取的情感力量;培养积极向上、乐观坚韧、互帮互助的优秀品格。	1. 听力材料的主旨是什么? 2. 为什么短暂休息这么重要? 3. 为什么压力能成为我们的好朋友而不是敌人? 4. 我们应该如何调整我们的心态和行动,使得压力成为我们的好朋友?	1. 看前创设情境,为校电视台节目取名,激活个体感知。 2. 揭开讲座标题,预测语篇内容。 3. 一看后,验证看前预测,获取讲座主旨,体悟题眼“朋友”内核。 4. 二看绘制调查流程大纲,梳理调查过程;分析“Caring creates resilience.”等关键词句,诠释实验结果背后的逻辑和启示。看后小组活动,在新的语言情境中运用所学帮助同学解压。
Reading B	1. 了解青少年过度焦虑的不同程度及其表现症状。 2. 掌握应对过度焦虑、放松心情的正确方法。 3. 培养乐观、积极的心态,提高抗压能力。	1. 你的焦虑程度有多大?是否属于过度焦虑? 2. 面对过度焦虑,你知道哪些放松心情的方法吗? 3. 提高抗压能力,你还有哪些好办法?	1. 完成一篇焦虑分类及应对措施表格,对文章信息进行梳理。 2. 借助课文中的信息,用自己的话写一份高中学生常见焦虑分类及应对策略手册。 3. 课前收集班级学生焦虑的问题,将学生分小组,完成对焦虑的分类、定性并分类提出放松焦虑的策略,包括但不限于课文所给出的策略。

（续表）

单元板块	德育目标	核心问题	活动链设计
Critical Thinking	1. 根据补充材料，将应对压力的解决方案进行分类，并推断出面对过度的压力时的不健康的应对方式。 2. 熟悉和学习有关解决压力的表达方式、步骤和策略，使演讲更具逻辑性和合理性。 3. 找出并评估处理压力的健康方法，提高其建立积极生活方式的意识，培养不向挫折屈服的性格。	1. 你从本单元学到哪些应对压力的好办法？ 2. 能否根据压力树描述你在疫情网课期间压力的来源、影响和解决办法？	1. 带领学生在本单元文本中寻找压力的定义、不同压力之间的区别、压力的生理和精神效应及解决压力的策略，完成学习任务单。 2. 通过小组合作的方式，请学生自我绘制压力树，分析自己近期压力的来源、给自己生活带来的影响以及尝试过的应对措施。 3. 将学生分成四组，让学生总结出单元中和补充材料里各种应对压力的方法和策略，在小组讨论中与自己现在应对压力的方式进行对比，以健康或不健康为标准做出评价。 4. 请学生对照自己绘制的压力树，找出对应的应对方式，比较讨论得到的健康的策略和自己原本的应对策略，展开批判性论述，引入相关表达。请学生试着改良自己的一个策略，并通过演说进行展示。
Writing	1. 能够分析他人产生压力或焦虑问题的原因。 2. 能够提出解决压力或焦虑问题的若干措施。 3. 培养更积极的心态来对抗压力、缓解焦虑。	1. 图片中的同学遇到的压力或焦虑的问题是什么？ 2. 你认为这些心理压力和焦虑问题产生的原因是什么？ 3. 你有什么建议帮助他们解决这些心理压力和焦虑问题？	1. 分小组讨论，确定压力或焦虑的类型及其原因。 2. 结合所学课文，每人提出一条建议。 3. 按照教材中的书信模板，完成一封信，帮助你的同学缓解带给他的压力或焦虑问题。
Further Exploration	1. 学生能够提升关心同伴和自身的身心健康的意识。 2. 学生能够以更为积极和合理的方式应对学习和生活中的挑战。	1. 常见的压力的来源有哪些？ 2. 如何帮助同伴应对这些压力？	1. 通过小组讨论，设计问卷的组成部分和维度，明确问题形式：是以选择题形式、量表还是开放式问答的形式呈现问题？ 2. 小组合作设计10—15个表达清晰且具体的问题并有逻辑地排列和整合这些问题。 3. 通过组内同伴互评和小组互评，对问卷进行检查，修改发放问卷，收集数据，对数据结果进行统计分析，最终以小组的形式呈现调查结论。

（二）英语课堂德育渗透策略

1. 体悟德育内核，细化德育目标。

戴佳敏（2014）强调，德育目标的设计要注意“具体化”和“实践化”，重点突出，而非面面俱到。在挖掘教材语篇内涵的时候，不仅基于文本显性的教学内容确立德育目标，也要善于发现文本隐性的德育契机。

以本单元为例，文本的德育内涵不应止于意识到压力对健康的影响（德育类别 D1：身心健康），而应该进一步认识到自身的所思所行能够改变自己、影响别人（德育类别 D4：自强合作）。正如贝克先生（Judith S. Beck，2013）在《认知疗法：基础与应用》一书中提到，意识到消极情绪的积极作用至关重要，就像内疚可以激励你去做真正重要的事情，焦虑可以给你应对挑战的能量，悲伤正在告诉你去填补生活中缺失的东西。教师需要通过活动设计让学生意识到这一点，引导他们从应对压力的启示迁移到应对生活中的任何挑战，培养其积极向上、乐观坚韧、互帮互助的优秀品格。基于文本、主题和目标的教学设计是英语学习活动设计的根本，只有做好这一步，后续的德育渗透策略的实施才能有据可依，落到实处。

2. **挖掘文本内涵，设计核心问题。**

教材中每一篇文本材料都是紧扣主题、蕴含丰富的教育意义的，教师需要深入文本，抽丝剥茧，确定文本的价值内核。在设计学习活动前，依据主题和文本内容确定德育核心目标，进而找到切入点，确定需要解决的核心问题，加深学生对于本课时核心问题的思考和价值观的体悟。

以本单元视听说课为例，它共有两个文本材料，短小精练、观点清晰，具体文本分析如下表：

教材视听材料	标题及体裁	文本内容分析	切入点和核心问题
Listening	*Dealing with School Stress* 广播节目	强调了休息的重要性（Everyone needs a break.）。通过引用教育专家的话，说明休息为何重要（Ms. Tocci adds that taking breaks while studying can help a student remember.）。通过 Danielle 的访谈实例和研究结果介绍美国青少年如何休息。	切入点：观点的呈现角度 1. What is the recording mainly about? 2. Why is it important to take breaks? 3. How does Danielle relax?
Viewing	*How to Make Stress Your Friend* TED 演讲	通过介绍一个压力和寿命相关性的研究发现指出，只要坚强乐观地面对压力（choose to view your stress as helpful）就能规避其对人的危害，并且介绍了一种减压方式：帮助他人（Caring creates resilience.）。	切入点：标题 1. Why could stress be our FRIEND instead of our enemy according to the professor? 2. How do we adapt our mind and action to make stress our friend?

3. **创设真实情境，增强情感认同。**

高中《英语》（上外版）中，包含诸多与学生日常生活联系紧密的文章和教学资料，话题涵盖生活、语言、美食、体育、艺术等，在英语课堂中，教学内容如能结合学生实际经历，基于情景语境设计德育渗透，则可以通过提升代入感和课堂参与度，从而更有效地激发学生主动思考语篇内容和其中包含的价值观，避免因教师灌输价值而造成的德育渗透无效（或是反效果)，促进道德教育和德育渗透的最终效果。

熊华(2021)强调教师要在课堂中创设真实情境，鼓励学生结合所学知识，独立思考，合作探究，解决新情境中的新问题。在视听说课堂中，教师不仅需要设计学习理解类活动帮助学生获取、梳理相关价值观，更需要巧妙设计应用实践类活动和迁移创新类活动，并在新的情境中践行价值观。

4. 分层设计活动，逐层渗透价值。

根据新课标"学习活动观"的要求，英语课堂学习活动按照"学习理解类、应用实践类、迁移创新类"一系列体现综合性、关联性和实践性的"活动观"逐层设计，表现出学习方法和技能的综合水平的梯级变化。通过学习理解类活动，帮助学生获取和梳理文本中承载的价值观，通过应用实践类活动使学生逐步内化并认同这一价值观，最后借助迁移创新类活动为学生提供新情境以践行这一价值观，形成德育渗透的活动链。学习活动设计环环紧扣，对能力要求逐步提升，对价值感知能力要求亦逐阶增加。每一个活动的完成都是基于学生自己或小组上一环节的学习和理解所得，整个学习过程，由易到难，由浅入深。学生在活动链的不断推进和逐步深入中感知、内化核心价值，锻炼逻辑思考、合作探究能力，生成自己个性的学习思考链，完成德育渗透目标。

(三) 单元德育评价任务量表

板块	德育目标	情境与评价任务	量表
Reading A	一级目标：人格养成。 二级目标：身心健康 理解身心健康的重要性，能用英语描述健康问题、分析问题和解决问题。	情境： 两个同学一组进行角色扮演活动。一个扮作近期为烦恼所困的学生(其烦恼内容和不适症状可参考 getting started 部分所圈内容)，另一个扮作学校的心理老师。 评价任务： 情景对话中，学生需要尽可能整合并运用 Reading A 文本主要内容。 若学生能描述压力的具体感受，解释何为压力、分析压力来源、症状和类别，并分享有效的抗压方法和建议，则目标达成。	量表： A 档： 学生间能自然地互动交谈。来访学生能具体描述压力带来的身心不适感，从肢体语言和语气表现出无助感。咨询师扮演者能专业地引出压力的概念，能正确分析出来访者压力来源、指出相应症状并准确判断出压力类型，能有针对性地给予有效的抗压方法和建议。 B 档： 学生间能较自然地推进交谈。来访学生能描述出压力带来的身心不适感。咨询师扮演者能引用压力定义，能分析出压力原因，能提及压力类型，能给予有效的抗压方法和建议。 C 档： 学生间的交谈略微自然。来访学生能基本表达出身心不适的感觉。咨询师扮演者能分析压力原因，能提出有效的抗压方法和建议。 D 档： 学生间的交谈比较生硬。来访学生不能有效描述出身心的不适感。咨询师扮演者不能准确找出压力原因，但能提出一些抗压方法和建议。 E 档： 学生间的交谈显得生硬。来访学生不能清楚地表达出身心不适感。咨询师扮演者分析原因没有针对性，给出的建议比较笼统。

（续表）

板块	德育目标	情境与评价任务	量表
Listening, Viewing and Speaking	一级目标：人格养成。 二级目标：自强合作 在综合英语实践活动中，培养不畏艰难、不怕挫折的品格；友善乐群，形成相互学习、良好沟通的习惯。	情境： 校团委学生会信箱收到许多同学来信求助，反映高中学习生活压力太大，让人无所适从。团委学生会要求其成员采访周围的一些同学，然后整合信息，制作一期关于如何正确对待和缓解压力的微讲座，在校园广播。 采访包括 3 点内容： 1. 请描述自己深感压力的经历； 2. 请例举自己最喜欢也最有效的放松方式； 3. 请谈论一下自己对压力本身的看法和态度。 班级学生分成四大组，每组一位学生扮作学生会成员，负责采访其他组员，剩余部分组员为被采访者或者访谈笔录员。 评价任务： 采访双方能自然地就 3 方面内容进行沟通交流。被访者能结合自身经历和特点做出具体回答。笔录者能在他人交谈时快速记下核心内容。全组最后将采访内容有效整合。最终制作出一个关于如何正确对待和缓解压力的微讲座，则目标达成。	量表： A 档： 采访学生能循循善诱，自然推进 3 个采访问题。被采访学生能条理清晰地描述自己深感压力的经历，能结合个人特点分享有效的放松技巧，能从辩证的角度看待压力，能反映出积极面对压力的心态。做笔录的学生能在他人交谈时准确记下核心内容。全组成员能将采访内容有效整合，微讲座具有主题鲜明、信息丰富，层次分明、内容贴近学生，开阔思路、语言流畅简洁等特征。 B 档： 采访学生能较自然推进 3 个采访问题。被采访学生能完整描述自己深感压力的经历，能分享放松技巧，能正确看待压力。做笔录的学生能在他人交谈时记录下大部分内容。全组成员能将采访内容完整组合，微讲座具有主题鲜明、信息丰富、语言流畅等特征。 C 档： 采访学生能提出 3 个采访问题。被采访学生能描述自己深感压力的经历，能分享自己的放松技巧，能提及自己对压力的看法。做笔录的学生能在他人交谈时记录下部分有效内容。全组成员能将采访内容完整组合，微讲座的主题明确、内容较丰富、语言表达清晰。 D 档： 采访学生能提出 3 个采访问题。被采访学生能有效提及自己经历过的压力，说出自己的放松技巧，或表达自己对压力的看法之中的 2 个。做笔录的学生能在他人交谈时记录的有效内容较少。全组成员能将采访内容组合，微讲座有主题，有具体内容，语言表达基本正确。 E 档： 采访学生能提出 3 个采访问题。被采访学生能有效提及自己经历过的压力，说出自己的放松技巧，或表达自己对压力的看法之中的 1 个。做笔录的学生在他人交谈时记录的有效内容很少。全组成员能将采访内容组合，微讲座主题不明确，内容不充分，语言表达基本准确。

（续表）

板块	德育目标	情境与评价任务	量表
Reading B	一级目标：人格养成。 二级目标：身心健康 掌握应对焦虑的方法，保持身心健康，养成健康的生活方式，提高抗压能力。	情境： 午间休息时，一对好朋友就其中一个学生过度焦虑的问题开展对话，试图找出解决方法。一个扮演焦虑程度过高的学生，另一个扮作开导该生的朋友。 评价任务： 情境对话中，学生需要根据 Reading B 文本中对于过度焦虑的定义，结合自身实际情况或个人经历，描述出过度焦虑的具体行为症状和典型特征。 若焦虑学生能描述出过度焦虑的表现症状，开导角色的学生能合理分析并给出有效建议，则目标达成。	量表： A 档： 学生能正确区别一般焦虑情绪和过度焦虑症状。焦虑学生能合理描述出符合过度焦虑症的 2 种及以上的具体行为和表现形式，扮演开导角色的学生能准确做出分析，并有针对性地提出有效的放松技巧和缓解方法。 B 档： 学生能意识到一般焦虑情绪和过度焦虑症状的不同。焦虑学生能有效地描述 1 种过度焦虑的症状，扮演开导角色的学生能准确做出分析，并提出放松技巧或缓解方法。 C 档： 学生能理解什么是焦虑，但无法清楚区别一般焦虑和过度焦虑。焦虑学生描述的行为表现同时包括一般焦虑和过度焦虑，扮演开导角色的学生给出相关的建议。 D 档： 学生将紧张情绪和焦虑情绪混淆。有情绪困扰的学生描述的行为特征属于紧张情绪而非焦虑情绪，扮演开导角色的学生给出相关的建议。 E 档： 有情绪困扰的学生错误地举了其他情绪问题的例子，扮演开导角色的学生给出相关建议。
Critical Thinking	一级目标：人格养成。 二级目标：身心健康 健康科学的生活和心理。	情境 1：读后反思（通过文本阅读，学到了以下哪些方面的内容？） 评价任务： 学生能够从压力定义、压力的差异、身体的反应、情绪的问题、不健康的解压方法 5 个方面选择所学到的内容，可以是一方面，也可以是多方面，能够作出判断，即达成目标。 情境 2：案例分析（Andy，面对即将参加的英语辩论赛，表现出焦虑，如何解决？） 评价任务： 学生能够根据 Andy 的焦虑症状，提出有效的解决方法，或者提供有建设性的建议，即达成目标。	情境 1：量表： A 档：识别出 5 个方面，能清晰回忆出具体内容或者关键信息，并能具体表达自己的理解。 B 档：识别出 4—5 个方面，并且能清晰回忆出具体内容或者关键信息，并能具体表达自己的理解。 C 档：识别出 2—3 个方面，并且能清晰回忆出具体内容或者关键信息，并能具体表达自己的理解。 D 档：识别出 2—3 个方面，并且基本能回忆出具体内容或者关键信息，并能简单表达自己的理解。 E 档：仅能识别出 1—2 个方面，或者只能回忆出 1—2 具体内容或者关键信息，或者只能对 1—2 点表达自己的理解。 情境 2　量表： A 档：积极参与讨论，能提出 3 个以上的解决方案或建设性建议，并能够整合相似的内容，或去除无关信息。 B 档：积极参加讨论，能提出 2 个以上的解决方案或建设性建议，并能够协助整合相似内容，或去除无关信息。 C 档：能参加讨论，并提出 1 个解决方案或建设性建议，或协助整合相似内容，去除无关信息。 D 档：能参加讨论，虽未提出解决方案或建设性建议，但能协助整合相似内容，去除无关信息。 E 档：不参加讨论。

(续表)

板块	德育目标	情境与评价任务	量表
Writing	一级目标：人格养成。 二级目标：自强合作 自立自强，不畏艰险，友善热情，包容沟通。	情境： 案例分析＋指导性写作。 评价任务： 1. 参与确定研究目标讨论； 2. 参与罗列问题； 3. 参与讨论措辞。	A档：积极参与讨论，提供2—3个以上的解决方案，并整合相似的内容，提供恰当的语言表达或帮助修改语言表达，使之更适合建议对象。 B档：积极参与讨论，提供1个以上的解决方案，并整合相似的内容，提供恰当的语言表达或帮助修改语言表达，使之更适合建议对象。 C档：参与讨论，提供1个解决方案，并整合相似的内容，提供恰当的语言表达或帮助修改语言表达，使之更适合建议对象。 D档：积极参与讨论，提供1个解决方案，或帮助整合相似的内容，或提供恰当的语言表达或帮助修改语言表达，使之更适合建议对象。 E档：未参与讨论，未对信件修改提供任何帮助。
Further Exploration	一级目标：文化自信。 二级目标：时代精神 生命意义和社会责任感。	情境： 设计青年人压力问卷。 评价任务： 1. 头脑风暴罗列问题； 2. 参与讨论问题逻辑； 3. 参与试填问卷； 4. 参与调整问题问法及顺序。	A档：提供15个以上的问卷问题，或负责调整问题先后顺序，使其逻辑顺序更为合理，或能够根据实验结果，对问卷的提问形式和排列顺序进行修改。 B档：提供10个以上的问卷问题，或协助调整问题先后顺序，使其逻辑顺序更为合理，或根据实验结果，协助对问卷的提问形式和排列顺序进行修改。 C档：提供5个以上的问卷问题，或参与调整问题先后顺序，使其逻辑顺序更为合理，或根据实验结果，参与对问卷的提问形式和排列顺序进行修改。 D档：提供1个以上的问卷问题，或参与调整问题先后顺序，使其逻辑顺序更为合理，或根据实验结果，参与对问卷的提问形式和排列顺序进行修改。 E档：没有提供任何问卷问题，或没有参与任何活动。

四、研究的成果与反思

（一）研究成果

（1）本项目在大量文献梳理和总结的基础上，通过课堂实践和打磨形成了可推广、可借鉴的英语课堂德育渗透的策略，为英语学科教育的德育研究提供具体的实践依据，为德育在英语学科其他方面的教学策略提供启发。

（2）本项目基于高中《英语（上外版）》2CU1单元，完成了单元各板块实施德育渗透的问题链和任务链设计，并制定了单元德育评价任务量表，用以检验德育实施的效果。

（二）研究反思

（1）由于受到线上课程的限制，两节公开课在实际的课堂效果呈现中仍然存在一些问题和不足。比如在某些环节就略显仓促，未能给学生充分表达的空间。

（2）由于疫情的关系，无法顺利开展对学生的问卷调查或访谈，无法及时收集学生反馈。

参 考 文 献

[1] 贝克. 认知疗法：基础与应用[M]. 北京：中国轻工业出版社，2013.

[2] 蔡颖. 试论在听说中内化语法[J]. 上海教育，1996(第 11 期).

[3] 曹冬月. 汉语负迁移现象对英语学习的影响及对策[J]. 教育理论与实践，2010(第 24 期)：55—57.

[4] 陈锡麟. 高中英语语法教学活动设计[M]. 上海：上海教育出版社，2011.

[5] 陈则航，王蔷. 以主题意义为核心的词汇教学探究[J]. 中小学外语教学(中学篇)，2010(第 3 期)：20—25.

[6] 戴佳敏. 基于英语学科特点的德育路径探寻[J]. 上海教育科研，2014(第 7 期)：62—63，72.

[7] 戴军熔. 新课标下的高中英语报刊阅读教学[J]. 中小学外语教学(中学篇)，2007(第 1 期)：3—7.

[8] 戴炜栋，王栋. 语言迁移研究：问题与思考[J]. 外国语，2002(第 6 期).

[9] 邓鹂鸣. 注重背诵输入　克服英语写作中的负迁移[J]. 外语教学，2001(第 4 期)：42—44.

[10] 范琪. 以“任务驱动教学法”为例探究在大学英语教学中渗透跨文化交际意识[J]. 大学教育，2015(第 6 期)：29—30.

[11] 冯德正. 英语教学中的人文道德教育：正面价值观的多模态语篇建构[J]. 外语界，2015，(第 5 期)：27—34.

[12] [美]H. 道格拉斯・布朗. 语言学习与语言教学的原则[M]. 北京：外语教学与研究出版社，2021.

[13] [英]盖恩，雷德曼. 如何提高词汇教学成效[M]. 北京：外语教学与研究出版社；剑桥大学出版社，2012. 08.

[14] 高攀. 高中英语阅读教学中的情感教育与德育渗透探究——山东省 2016 年高中英语德育优秀课例观摩感悟[J]. 英语教师，2016(第 19 期)：61—63，66.

[15] 郭翔. 英语阅读教学中落实文化意识培养目标的实践探究[J]. 中小学外语教学，2021(第 2 期)：39.

[16] 韩金龙. 英语写作教学过程体裁教学法[J]. 外语界，2001(第 4 期)：35—40.

[17] 曹瑜. “过程写作法”较之“结果写作法”在高中英语写作教学中的有效性研究[D]. 上海：华东师范大学，2007.

[18] 何亚男,应晓球.落实学科核心素养在课堂高中英语词汇教学[M].上海：上海教育出版社,2021.
[19] 黄源深.思辨缺席[J].外语与外语教学,1998(第7期)：1,19.
[20] 江淑玲.高中英语教学中文化意识薄弱问题管窥[J].教育学术月刊,2012(第4期)：102—104.
[21] 金莉.浅议新课改下英语教师对教材的改编[J].学理论,2010(第9期)：160—161.
[22] 李杰,李楠.语义场和语言建构[J].科技信息,2013(第11期)：12—16.
[23] 刘晓燕.指向学科核心素养发展的高中英语词汇教学探究[J].英语教师,2019(第12期)：141—143.
[24] 梅德明.改什么？如何教？怎样考？高中英语新课标解析[M].北京：外语教学与研究出版社,2018.
[25] 孟冬梅,胡华芳.二语习得中语法层面的母语负向迁移[J].华东交通大学学报,2008(第6期)：112—116.
[26] 蒙坤.基于语篇的英语语法教学[J].基础教育研究,2015(第13期)：5—8.
[27] 彭梅.写作对高中英语语法学习的积极作用[D].上海：华东师范大学,2006.
[28] 上海市普教系统双名工程英语学科何亚男、金怡名师培养基地,张育青、吴彩霞名师培养基地.高中英语词汇教学活动设计[M].上海：上海教育出版社,2015.
[29] 沈冬梅.情境教学法在高中英语语法教学中的实证研究[D].上海：华东师范大学,2012.
[30] 孙东阵,孙迎阵.国外英语教材的编写特色及设计思路评析[J].中小学外语教学(中学版),2007(第8期)：13—15.
[31] 唐承贤.第二语言习得中的母语迁移研究述评[J].解放军外国语学院学报(社会科学版),2003(第5期)：37—42.
[32] 王琳.纸质广告真实语料在对外汉语任务型口语活动中的应用研究[D].上海：华东师范大学,2010.
[33] 王蔷.理解与实施好《义务教育英语课程标准(2011年版)》[J].江苏教育,2013(第5期)：7—9.
[34] 王申英.从双语心理词库角度看中国大学生英语写作中的负迁移现象[D].上海：上海交通大学,2005.
[35] 熊华."立德树人"视域下,中学英语教学德育渗透的有效策略[J].华夏教师,2021(第35期)：41—42.
[36] 徐佩璐.英语阅读教学中的语法渗透[J].教学月刊(中学版),2016(第C1期)：38—41.
[37] 赵筱菲.初中英语课堂教学中培养学生文化品格的实践探索[J].中小学外语教学

（中学篇），2019（第 7 期）.

［38］喻洁.巧设情境探究规则关注语用——例析高中英语语法情景教学［J］.中学生英语（高中高教课堂探究），2014（第 3 期）：053.

［39］余善沐.外语学习中的迁移［J］.外语教学与研究，1986（第 4 期）：41—46.

［40］张逸.外语教材的“真实性”之我见［J］.国外外语教学，1998（第 1 期）：35—36.

［41］赵秀英.对比在短期强化教学中的应用［J］.外语与外语教学，2000（第 3 期）：38—39.

［42］赵钰琳.英语阅读教学中道德教育的模型探究［J］.基础外语教育，2018（第 4 期）：42—49.

［43］钟晓亮.中学生英语写作语法错误分析及语法教学对策研究［D］.长沙：湖南师范大学，2012.

［44］何亚男，应晓球著；上海市普教系统双名工程英语学科名师培养基地编.高中英语课堂教学设计丛书高中英语语法教学活动设计［M］.上海：上海教育出版社，2011.

［45］［新加坡］昌德思格乐.写作过程中的教师介入［M］.北京：人民教育出版社.2007.

［46］Alice Omaggio Hadley. Teaching Language in Context ［M］. Boston, Mass: Heinle and Heinle. 1988.

［47］Badger, R. & G. White. A Process Genre Approach to Teaching Writing English Language ［J］. Teaching Journal, 2000,54(2): 153—160.

［48］H. Douglas Brown. Teaching by Principles: an interactive approach to language pedagogy ［M］. New Jersey: Prentice Hall Regents. 1994.

［49］Alan Cunningsworth. Choosing your coursebook ［M］. London: Macmillan Publishers Limited. 1995.

［50］Hedge T. Teaching and Learning in the Language Classroom ［M］. New York: Oxford University Press. 2002.

［51］Jay Maurer. Focus on Grammar 5 ［M］. Pearson Education ESL. 2005.

［52］Jo McDonough, Christopher Shaw. Materials and Methods in ELT: A Teacher's Guide ［M］. Adapting Materials, New Jersey: Wiley-Blackwell. 2012.

［53］Krashen, S. Principles and Practice in Second Language Acquisition ［M］. New York: Pergamon Institute of English. 1982.

［54］Larsen-Freeman D. Teaching Language: from Grammar to Grammaring ［M］. Boston, Mass: Heinle ELT. 2003.

［55］Marjorie Fuchs, Margaret Bonner. Focus on Grammar 4 ［M］. New York: Pearson Education ESL. 2005.

［56］Michael McCarthy, Felicity O'Dell. English Vocabulary in Use Advanced ［M］.

Cambridge University Press. 2002.

[57] Nation, I. S. P. Learning Vocabulary in Another Language [M]. Cambridge: Cambridge University Press. 2001.

[58] Odlin, T. Language Transfer [M]. Cambridge: Cambridge University Press. 1989.

[59] Schmidt, R. W. The role of consciousness in second language learning [J]. Applied Linguistics, 1990,11(2): 129—158.

[60] Swain, M. Communicative Competence: Some Roles of Comprehensible Input and Comprehensible Output in Its Development [M]//S. Gass & C. Madden. Input in Second Language Acquisition. Rowley, MA: Newbury House, 1985: 235—255.

[61] The Assessment Reform Group, U. K. Assessment for learning: beyond the black box [R]. Cambridge, U. K: University of Cambridge School of Education. 1999.

[62] Williams, E. Classroom reading through activating content-based schemata [J]. Reading in a Foreign Language, 1987,(1): 1—7.

[63] Williams M, Burden R L. Psychology for Language Teachers (A Social Constructivist Approach) [M]. Cambridge: Cambridge University Press. 2011.

[64] Winnie, L. Authenticity revisited: text authenticity and learner authenticity [J]. ELT Journal, 1995,49(4): 323—328.

本书案例索引

（续表）

案例	年级	书中页码	案例类型
部分倒装	高二	P83—91	教学设计与解析
让步状语从句	高二	P91—98	教学设计与解析
非限制性定语从句	高一	P98—104	教学设计与解析
被动语态	高一	P105—111	教学设计与解析
Where history comes alive	高一	P116—121	教学设计
上下文猜测词义 drawback	高一	P123—124	教学设计
语境中深入理解 wander	高一	P125	教学设计
语境中深入理解 growl/order/demand/command	高二	P125—126	教学设计
语义图策略	高一	P128—129	教学设计
构词法策略中的词缀分析	高二	P130	教学设计
构词法策略中的拼缀法	高三	P131	教学设计
构词法策略中的合词法	高一	P131—132	教学设计
Care for Your Hair 核心词汇	高一	P135	教学片段
Homecoming 核心词汇	高一	P136	教学片段
上下文猜测词义 atrophy	高二	P137—138	教学设计
释义法/直观定义法	高一	P138—139	教学片段
Two Geniuses 核心词汇	高一	P140	教学片段
Very Vegetarian 核心词汇	高一	P140	教学片段
Places of Interest 核心词汇	高一	P141	教学片段
Scientists 视听说前词汇教学	高二	P143	教学片段
Travel 视听说前词汇教学	高一	P143	教学片段
Disaster Survival 视听说前词汇教学	高二	P144	教学片段
Earthquake 视听说中词汇教学	高二	P144	教学片段
Disaster Survival 视听说中词汇教学	高二	P145	教学片段
Animal Heroes 视听说后词汇教学	高一	P146	教学片段
Plants 视听说后词汇教学	高一	P146—147	教学片段

（续表）

案例	年级	书中页码	案例类型
Online Shopping 视听说后词汇教学	高二	P147	教学片段
写前阶段的词汇教学	高二	P148—150	教学设计
写中阶段的词汇教学	高二	P150—152	教学设计
写后阶段的词汇教学	高三	P153—155	教学设计
表示建议的语块教学	高二	P155—158	教学设计与解析
语境中学习和操练词汇 consult	高三	P158—161	教学设计与解析
上下文猜测词义 stimulate	高二	P161—163	教学设计与解析
构词法中的合词法 breathtaking/masterpiece	高一	P163—165	教学设计与解析
记叙文写作对比	高一	P171—172	案例分析
描述写作对比	高一	P172—173	案例分析
记叙文写作课堂观察	高一	P182—185	课堂观察
记叙文写作评价	高二	P186—190	评价案例
记叙文写作教学案例	高一	P190—194	教学设计与解析
议论文写作教学案例	高二	P194—197	教学设计与解析
说明文写作教学案例	高二	P197—201	教学设计与解析
“博雅”听说课案例	高二	P207—214	教学设计
“博雅”泛读课案例	高二	P216—222	教学设计
“博雅”微课案例	高一	P223—240	教学设计
《探索英语语言与文化Ⅰ》案例	高一	P241—248	教学设计
《探索英语语言与文化Ⅱ》案例	高二	P249—252	教学设计
《英语话中华》案例Ⅰ	高二	P254—259	教学设计
《英语话中华》案例Ⅱ	高一	P259—263	教学设计